IRMGARD LOCHER

Glücklich leben ab 40

Buchreihe für optimale
Arbeits- und Lebensgestaltung

JOSEF HIRT VERLAG ZÜRICH

Edition 1983 / 3. Auflage, neu überarbeitet

Schutzumschlag und Illustrationen: Gisela Brückel
Herstellung: Holzmann-Druck-Service, 8939 Bad Wörishofen
Printed in Germany 1983
ISBN 3-273-00000-7

Inhaltsverzeichnis

Für Robert, nachträglich zum Vierzigsten

Das Telefon klingelt mich vom Fernseh-Krimi weg.
«Robert, du?»
«Ja, störe ich? – Bist du allein? Kann ich noch vorbeikommen?» Seine Stimme überschlägt sich förmlich.

Ich schalte den Krimi ab; soll der Inspektor nur sehen, wie er den Mörder ohne mich findet! Statt dessen gehe ich in die Küche und mache Kaffee. Ich kenne das noch von Roberts früheren Besuchen – es kann eine lange Nacht werden.

Robert und ich sind als Nachbarskinder aufgewachsen; er ist für mich so eine Art kleiner Bruder, und ich kann die Nächte nicht zählen, die wir schon miteinander durchdiskutiert haben.

In den letzten Jahren sind unsere Begegnungen etwas spärlicher geworden. Robert ist inzwischen verheiratet und hat nicht mehr so viel Zeit wie früher. «Bring Susi mit!» hatte ich noch gesagt, als Robert den Hörer gerade wieder auflegen wollte. Doch Robert kam allein; seine Frau war mit der kleinen Tochter in den Skiferien.

Es wurde, wie ich vorausgesehen hatte, ein recht ausgedehnter Abend. Robert mußte sich wieder einmal aussprechen; er war so bedrückt, daß es mir gleich auffiel. Wie ein Häufchen Elend kauerte er mir gegenüber im Sessel, und endlich kam es heraus: «Es ist entsetzlich; ich mag gar nicht daran denken. Stell dir vor: nächste Woche werde ich Vierzig.»

«Na und?» grinste ich, «das soll anderen auch schon passiert sein! – Mir übrigens auch.»

Sich selbst zum 40. Geburtstag
Du weißt, mein Bester, daß ich nichts beschönige,
Deshalb vergiß nicht, was man sehr leicht vergißt:
Doppelt so alt, wie du heute geworden bist,
werden nur wenige.

Erich Kästner (1899–1974)

Aber Robert war nicht zum Spaßen aufgelegt. In dieser Nacht erlebte ich zum ersten Mal die vielzitierte Midlife Crisis in natura, und ich sah, wie sie zu einem echten menschlichen Problem werden kann.
Dabei hat Robert eigentlich gar keinen Grund, sich zu beklagen. Er leitet mit Erfolg die von seinem Vater aufgebaute Fabrik – modische Herrenkonfektion –, hat ein hübsches Häuschen am Stadtrand und versteht sich mit Susi ausgezeichnet. Außerdem ist er der stolze, liebevolle und zärtliche Vater eines Töchterchens.

Aber augenblicklich sieht Robert alles in moll. «Du kannst einwenden, was du willst», sagt er, «selbst wenn ich die Lebenserwartungs-Statistik sehr optimistisch auslege, habe ich die Hälfte meines Lebens hinter mir; wahrscheinlich sogar schon mehr. In den letzten Tagen ist mir das plötzlich so richtig zum Bewußtsein gekommen, und es wurde mir klar: Jetzt geht es nur noch bergab.»

Und nach einer Pause: «Wenn ich so zurückschaue, frage ich mich: Warum habe ich nicht mehr aus meinem Leben gemacht? Soll das wirklich alles sein?»

Zugegeben, als wir noch jung waren, hatte Robert sich sein künftiges Leben anders vorgestellt. Wir hatten oft darüber gesprochen, damals, als wir mit ständig verschrammten Knien hinter der Hecke saßen und Luftschlösser bauten. So oft wir uns auch stritten – wenn Robert von seinen Zukunftsplänen sprach, waren wir ein Herz und eine Seele. Und wir vergaßen sogar, uns, wie wir das sonst zu tun pflegten, mit «Affe», «Giftzwerg» oder «Miststück» zu titulieren.

Architekt wollte er werden. Nicht irgend so ein Wald- und Wiesenarchitekt, sondern ein ganz großer. Le Corbusier, Neutra, Niemeyer, Alvar Aalto – das waren seine Vorbilder.

> *In der Jugend traut man sich zu, daß man den Menschen Paläste bauen könne, und, wenn's um und an kömmt, so hat man alle Hände voll zu tun, um ihren Mist beiseite bringen zu können.*
>
> *Johann Wolfgang von Goethe (1749–1832)*

Und nicht nur Häuser wollte er bauen, sondern ganze Städte, lauter utopische Brasilias, aber noch großzügiger, noch funktioneller, noch ästhetischer.

Kaum hatte er die ersten drei Semester Architekturstudium hinter sich, starb sein Vater, ganz unerwartet. Robert ließ sich von seinen Angehörigen, vorweg seiner Mutter, zum schwersten Entschluß seines Lebens drängen: Er brach sein Studium ab und übernahm die väterliche Fabrik.

Obwohl er anfänglich nur mit halbem Herzen bei der neuen Aufgabe war, begann sie ihm schließlich doch Spaß zu machen. Es gelang ihm, wie er sagte, «den Laden in Schwung zu bringen». Er organisierte den veralteten Betrieb total um, baute den Export aus und wurde bald zu dem, was man Branchen-Leader nennt. Über dem gerüttelten Maß an Arbeit vergaß er allmählich seine Jugendträume.

Hatte er sie wirklich vergessen? Nein, er hatte sie nur verdrängt. Jetzt, kurz vor seinem vierzigsten Geburtstag, standen seine unerfüllten Wünsche und Sehnsüchte wieder genauso plastisch vor ihm wie damals in unserer Kinderzeit.

> *Wenn man Vierzig ist, scheint es, als hätte das Jahr nur noch sechs Monate.*
>
> *Ein Zeitgenosse*

Robert schiebt das Whiskyglas weg und geht zum Kaffee über.

«Und was mache ich jetzt?» Sein Lächeln wird plötzlich sarkastisch. «Jetzt baue ich nicht Städte, sondern Herrenanzüge. Immer nach der neuesten läppischen Mode. Mal mit breitem, dann wieder mit schmalem Revers, die Hosen einmal mit Aufschlag und einmal ohne. Sag selber, ist das ein Lebensziel, ist das Selbsterfüllung?»

Was soll ich ihm antworten!

Ich versuche es mit einem Schuß Realistik. «Sei froh, daß du nicht Architekt geworden bist. Star-Architekt hin oder her, wenn du heute ohne Aufträge dasäßest und nicht wüßtest, wie du dich und deine Familie durchbringen solltest, könnte ich vielleicht eher Verständnis für deine Lage aufbringen. So hast du immerhin deine gutgehende Firma und kannst dir so ziemlich alles leisten, was du willst.»

Aber o weh, mit diesem Argument komme ich schlecht an. «Geld ist nicht alles», doziert mein Gegenüber grimmig.

«Nein, Geld ist nicht alles, aber alles ist nichts ohne Geld.»

Doch Robert ist nicht in der Stimmung, auf Wortspiele zu reagieren. «Und wie wird es weitergehen, mein Leben? – Die Zeit rast nur so dahin. Eines Tages bin ich Fünfundsechzig und setze mich zur Ruhe, und dann ist ohnehin alles vorbei. Diese Angst vor dem Altwerden – das ist sowieso das schlimmste. Ich sehe mich schon am Stock zur nächsten Parkbank humpeln, die Tauben füttern und allmählich senil werden. Und dann werde ich nicht einmal mehr den Mut haben, mich zu fragen: War das nun wirklich alles?»

Wir redeten in dieser Nacht noch viel, vor allem viel aneinander vorbei. Ich versuchte, ihn immer wieder aufzuheitern – ohne Erfolg. «Jugendträume», warf ich ein, «erfüllen sich nur sehr, sehr selten, das weißt du so gut wie ich. Wäre ja auch gräßlich: eine

Nenne dich nicht arm, weil deine Träume nicht in Erfüllung gegangen sind. Wirklich arm ist nur, wer nie geträumt hat.

Marie von Ebner-Eschenbach (1830–1916)

Welt nur mit Lokomotivführern und Piloten! Es wäre doch viel vernünftiger, solche Träume endgültig zu begraben, als ihnen nachzutrauern.»

Robert hatte für diese Lebensweisheiten nur ein müdes Lächeln übrig.

«Man darf nur nicht resignieren», fuhr ich fort, spürte aber gleich selber, wie hohl und abgedroschen Phrasen dieser Art klingen. «Das Leben beginnt mit Vierzig», wollte ich gerade noch sagen, aber ich sprach es nicht aus. Denn schließlich ist der Beginn des «wirklichen» Lebens ja an keine Alterszahl geknüpft; es beginnt jeden Tag aufs neue. Und nur, wer den Mut und die Kraft hat, sich mit den Aufgaben voll und ganz zu identifizieren, die ihm das Leben stellt – sei es nun Städtebau oder Herrenmode –, hat auch Aussicht, das Leben zu meistern. Oder doch wenigstens einigermaßen über die Runden zu kommen.

Doch mit solchen Argumenten war bei Robert in dieser Nacht nichts zu machen. Er saß da, zog trübsinnig Bilanz und war mit sich und der ganzen Welt uneins.

«Der Menschheit ganzer Jammer faßt ihn an», versuchte ich noch zu spötteln, doch dann gab ich es auf. Denn leider wußte auch ich kein Patentrezept für ein glückliches Leben nach Vierzig. Aber immerhin begann ich mir Gedanken darüber zu machen. Alles, was ich Robert heute nicht geantwortet habe, beschloß ich, werde ich für ihn aufschreiben – als nachträgliches Geschenk zu seinem vierzigsten Geburtstag.

Robert hat den Geburtstag übrigens gut überstanden, mit einem

Heute dreht sich alles
um die Jugend.
Sie gilt als das
große Vorbild,
auf das sich
alles ausrichtet.

rauschenden Fest und in einem Smoking-Eigenbau, für dessen Kreation fast schon die geniale Schöpferkraft eines Oskar Niemeyer nötig war. Oder eines Le Corbusier. Oder eines Neutra.

Irgendwann einmal, beim Anstoßen in der Menschenmenge, zwinkerte er mir mit Verschwörermiene zu. Ich wußte, was er damit meinte: Vergiß das alles, die ganze Spinnerei von neulich. Das waren nur neblige, verschwommene Nachtgedanken, und schließlich hat jeder mal einen Tiefpunkt. Heute, bei diesem Fest, sieht alles schon wieder ganz anders aus.

«Prosit», sagte er laut und hob mir das Glas entgegen.

«Prosit», sagte ich, «auf eine glückliche Zukunft!»

«Du Miststück», zischelte er durch die Zähne, ohne sein charmantes Lächeln zu verlieren.

Aber ich meinte es ernst.

Dreißig werde ich nie!

Angst vor dem Alter – das haben mir inzwischen Dutzende von Leuten weit jenseits des «Mittelalters» bestätigt – hat man höchstens, solange man jung ist. Später gibt sich das von selbst.

Man muß nicht unbedingt ein Lebenskünstler sein, um immer gerade der gegenwärtigen Lebensphase die guten Seiten abzugewinnen. Gewiß, ein paar Jährchen jünger, das wäre schon schön, aber auf die Frage etwa, ob er oder sie noch einmal Siebzehn sein möchten, bekommt man meist ein entsetztes «Nur das nicht!» zu hören.

Als ich mit Zwanzig als Volontärin in einer Redaktion arbeitete, lernte ich eine Kollegin kennen, die bereits fertig ausgebildet und für meine damaligen Begriffe schon recht alt war: Vierundzwanzig mindestens! Wir freundeten uns an, mit einer gewissen Distanz allerdings, denn ich respektierte die vier Jahre Lebens- und Berufserfahrung, die sie mir voraus hatte.

Sie gehörte zur Feuilleton-Redaktion, was ihr in meinen Augen ohnehin einen etwas esoterischen Nimbus verlieh.

> *Die verschiedenen Altersstufen des Menschen halten einander für verschiedene Rassen: Alte haben gewöhnlich vergessen, daß sie jung gewesen sind, oder sie vergessen, daß sie alt sind, und Junge begreifen nie, daß sie alt werden können.*
>
> *Kurt Tucholsky (1890–1935)*

Und mit nicht ganz neidloser Bewunderung las ich ihre erste

Theaterkritik über eine Aufführung von Ibsens «Wildente». Zwanzig Zeilen waren es zwar nur, und der Feuilleton-Chef hatte sie nur deswegen ins Schauspielhaus geschickt, weil er an diesem Abend etwas Besseres vorhatte, aber das tat meiner Wertschätzung keinen Abbruch.

Ich hingegen arbeitete «nur» in der Lokalredaktion und mußte, wenn der Kollege vom Sport gerade an einem Fußballmatch war, Berichte über Eishockeyspiele und Pferderennen redigieren. Eines Tages kam der sonst so unnahbare Lokalredakteur mit einem undefinierbaren Lächeln auf meinen Schreibtisch zu. «Daß Sie schreiben können», begann er etwas unbeholfen, «habe ich schon bemerkt; ich hoffe, daß Sie auch verschwiegen sind.»

Als ich ihn etwas ratlos anschaute, legte er mir einen Stapel Gedrucktes und Geschriebenes auf den Tisch, und nun geriet er vollends ins Stottern. «Es ist wegen... Sie müssen wissen... eigentlich wäre es ja meine Aufgabe, aber ich habe dazu einfach keine Zeit. Und da dachte ich, vielleicht könnten Sie . . .»

Es dauerte eine ganze Weile, bis ich begriff: Ich sollte einen Nekrolog auf unseren Verleger schreiben. Fürs Archiv, denn trotz seiner siebenundsiebzig Jahre war der noch recht munter und quicklebendig. Aber wenn er eines vielleicht nicht fernen Tages in die ewigen Jagdgründe abberufen werden sollte, mußte der Nachruf für ihn natürlich schon druckreif vorliegen. Auch der kluge Redakteur baut vor, und für ein paar Zeilen zur Aktualisierung würde sich dann schon noch Zeit finden.

Ich verstand ganz und gar nicht, warum dieser Auftrag meinem Chef so entsetzlich peinlich war. Ein Mann von siebenundsiebzig Jahren! Da mußte man doch keine Hemmungen haben, an seinen

Wer in der Jugend nicht töricht war, wird im Alter nicht weise sein.

Sprichwort

Tod zu denken und Entsprechendes zu Papier zu bringen! Ich entledigte mich meiner Aufgabe mit Bravour, und jedesmal, wenn ich dem alten Herrn im Korridor oder im Lift begegnete, mußte ich mich zusammennehmen, um ihm nicht vertraulich zuzublinzeln. Am liebsten hätte ich zu ihm gesagt: «Sie können in Ruhe sterben, Herr Doktor – Ihr Nekrolog ist wirklich prima!»

Doch zurück zu meiner Kollegin vom Feuilleton. Bald lernte ich sie etwas näher kennen. Ihr Vater war ein angesehener Arzt, ihre Mutter das, was man damals «eine Dame» nannte. Ein paarmal war ich in ihrem sehr kultivierten Elternhaus zu Gast.

Eines Abends, als ich mich am Gartentor von ihr verabschieden wollte, sagte sie, so ganz nebenbei: «Meine Eltern sind ganz schockiert. Ich habe ihnen kürzlich gesagt, daß ich einmal früh sterbe, daß ich bestimmt nie Dreißig werde. – Finden Sie das auch so schlimm?»

Ich starrte sie an. Aber nicht etwa, weil mich die Aussicht bedrückte, sie so früh vonhinnen scheiden zu sehen; nein, nur deswegen, weil ihre Eltern, die ich doch so sehr schätzen gelernt hatte, sich urplötzlich als solche entsetzlichen Spießer entpuppten.

Natürlich konnte auch ich mir nicht vorstellen, daß meine Kollegin je so alt werden könnte. Dreißig – nein, das war wirklich absurd! So alt wird doch nicht, wer etwas auf sich hält!

Denn bei dem Volk wie bei den Frauen
Steht immerfort die Jugend obenan.
Johann Wolfgang von Goethe (1749–1832)

Doch, wir diskutierten damals ganz ernsthaft über dieses vermeintliche Problem. Und wir waren uns vollkommen darüber einig, daß ein kurzes Leben das beste Leben sei.

Uns vorzustellen, daß wir einmal Vierzig, Fünfzig oder gar Sechzig werden könnten, kam uns gar nicht erst in den Sinn.

Kurz darauf ging ich in eine andere Stadt und verlor meine Kollegin aus den Augen. Ich habe nie wieder etwas von ihr gehört, aber ich bin fast sicher, daß sie auch jenseits der Dreißig das Leben genießt. –

Heute dreht sich alles um die Jugend. Sie gilt als das große Vorbild, auf das sich alles ausrichtet; sie wird idealisiert und maßlos überbewertet; wir lassen uns von einer regelrechten Juvenilitäts-Psychose einschüchtern.

Dabei ist die Jugend gar nicht so glücklich, wie wir meinen. Und sie war es nie, heute nicht und auch nicht zur Zeit unserer Eltern und Großeltern. Daß sich diese Periode des Lebens in unserer Erinnerung so verklärt, ist eher ein Zeichen schlechten Gedächtnisses.

Die Jungen fühlen sich – oft weit über die Pubertät hinaus – unsicher und so ziemlich in jeder Beziehung mißverstanden. Es fehlt ihnen an Selbstbewußtsein, weil sie noch gar keine Möglichkeit gehabt haben, es zu entwickeln. Und das Leben, das vor ihnen liegt, betrachten sie nicht nur als ein wunderbares, vielversprechendes Abenteuer, sondern weit öfter sind sie von Zweifeln und

> *Die Jugend ist etwas Wundervolles. Es ist eine wahre Schande, daß man sie an Kinder vergeudet.*
> *George Bernard Shaw (1856–1950)*

Ängsten geplagt. Sie kennen ihren Weg noch nicht und wissen nicht, was ihnen das Leben bringen wird.

Erst mit den Jahren, wenn die erste Experimentierphase vorüber ist und ihr ganz persönliches Leben Gestalt anzunehmen beginnt, werden sie freier und gelöster und sehen gelassener in die Zukunft. Und erst dann fangen sie an, ihre Jugend richtig zu genießen.

Halt, da muß ich mich korrigieren: Sie könnten anfangen . . ., aber die Sache hat einen Haken, denn zu diesem Zeitpunkt haben sie – bei rechtem Licht besehen – die Jugend schon hinter sich.

Doch vielleicht sollte man den Begriff «jung» nicht allzu eng auslegen. Denn es gibt Dreißigjährige, die schon steinalt und Siebzigjährige, die im wahrsten Sinne des Wortes jung sind. Jean Cocteau hat das einmal sehr treffend ausgedrückt, als er feststellte: «Wahre Jugend ist eine Eigenschaft, die sich nur mit den Jahren erwerben läßt.»

Nicht mehr modern: Beschwerden in den Wechseljahren

«Ich brauche dringend eine ‹Bloody Mary›», sagt Irene und zieht mich mit sich in die nächste Bar.

«Aber hör mal, jetzt, am hellen Vormittag?»

«Ja gerade», erklärt meine vierundvierzigjährige Freundin kategorisch, «wir haben letzte Nacht durchgefeiert, bis drei Uhr früh, und heute bin ich wie gerädert und brauche dringend einen Aufsteller, der mich wieder auf die Beine bringt. Ich bin regelrecht verkatert, obwohl ich nicht einmal viel getrunken habe.»

Nachdem der Barmann ihr den Drink aus Wodka, Tomatensaft und Zitrone gemixt hat, geht es ihr sichtlich besser. «Weißt du», beginnt sie zu philosophieren, «daran merke ich, daß ich älter werde. Früher machte es mir gar nichts aus, mir eine Nacht – oder auch mehrere – um die Ohren zu schlagen, aber heute bin ich am Tag darauf ein Wrack.» –

So überrascht viele Menschen auch eines Tages ihrem eigenen Alter gegenüberstehen mögen — ganz plötzlich und unangemeldet kommt es nie. Schon in mittleren Jahren pflegt es sich auf irgendeine Art anzuzeigen, und nicht immer äußert es sich so harmlos wie bei einem handfesten Kater. Irgendwelche Wehwehchen treten in diesen Jahren bei den meisten Menschen auf.

Nicht alle geraten bei den ersten Anzeichen des Alterns in Panik. Meine Schulfreundin Barbara verstand die ihren sogar ins Positive umzumünzen und damit auch noch heftig zu kokettieren.

«Was», fragte sie halb entsetzt, als wir uns nach Jahren zum erstenmal wieder begegneten, «was, du trägst noch keine Brille?» Der Vorwurf in ihrer Stimme – im Moment wußte ich wirklich nicht, ob er echt oder gespielt war – ließ sich nicht überhören, und in den folgenden Tagen unseres Beisammenseins wiederholte sie

> *Dumme Gedanken hat jeder – nur der Weise verschweigt sie.*
>
> *Wilhelm Busch (1832–1908)*

ihn noch so oft, daß ich fast Minderwertigkeitskomplexe bekam und es als Mangel und Makel empfand, meine Lektüre brillenlos zu bewältigen und die angeschriebenen Preise im Selbstbedienungsladen mit bloßem Auge erkennen zu können.

Als ich dann eines Tages auch eine Brille brauchte, war ich beinahe versucht, «endlich» zu sagen. Und als ich Barbara dieses Ereignis mitteilte, schwang sogar leiser Triumph in meiner Stimme mit.

«Das wurde aber auch allmählich Zeit», stellte sie sachlich fest, «jetzt bis du endlich ein normaler Mensch unter normalen Menschen.»

Und die Moral von der Geschicht'? Es kommt eben immer auf den Point de vue an, auf den Blickwinkel, mit dem man etwas betrachtet – und sei es auch nur die eigene Unzulänglichkeit.

Nun, es gibt auch Brillenträger, die jung an Jahren sind; der Beginn des Klimakteriums ist schon etwas anderes: Dabei handelt es sich um einen wichtigen biologischen Einschnitt und den Beginn einer neuen Lebensphase – das läßt sich nicht mit billigen Späßen wegleugnen.

Die Wechseljahre der Frau hatten noch nie einen guten Ruf. Ein für seine Zeit fortschrittlicher amerikanischer Arzt mit Namen John Fothergill schrieb darüber im 18. Jahrhundert: «Es gibt im Leben der Frauen eine Periode, die man sie meist mit einiger Besorgnis zu erwarten lehrt; die verschiedenen und absurden Ansichten über das Aufhören der Menstruations-Ausscheidung, die im Lauf der Zeiten verbreitet wurden, haben das Leben vieler vernünftiger Frauen allmählich verbittert. Manche in anderer Hinsicht fähige und vernünftige Praktiker scheinen diese falschen und furchterregenden Vorstellungen, wenn sie sie auch nicht unterstützen, doch nicht mit dem für einen solchen Gegenstand erforderlichen Eifer und Menschenliebe zu korrigieren.»

Selbst im 20. Jahrhundert fürchten sich viele Frauen noch immer vor den Wechseljahren, auch wenn man ihnen hundertmal erklärt, daß es sich ja um einen ganz normalen, natürlichen Vorgang handelt, der nichts mit dem mystischen Dunkel der Ammenmärchen zu tun hat. Das Klimakterium bedeutet das Ende der

> *In jedes Lebensalter treten wir als Neulinge und ermangeln darin der Erfahrung, trotz der Zahl der Jahre.*
> *François de La Rochefoucauld (1613–1680)*

monatlichen Blutungen und damit den Übergang der Frau von dem Lebensabschnitt, in dem sie Kinder bekommen kann, in den der Unfruchtbarkeit. Mehr nicht. Die Menstruation wird nach und nach unregelmäßig und hört schließlich ganz auf. Medizinisch gesehen, handelt es sich lediglich um eine Umstellung des weiblichen Hormonhaushalts.

Bei mir in der Redaktion erschien einmal ein wissenschaftlicher Mitarbeiter, um mir eine Artikelserie über die neuesten Erkenntnisse auf dem Gebiet der Hormonforschung zu offerieren. Durch die sensationellen Forschungsergebnisse eines Ärzteteams, setzte er mir begeistert auseinander, ergäben sich ganz großartige, noch nie dagewesene Perspektiven zu Nutz und Frommen des weiblichen Geschlechts. Die Forscher seien nämlich der Möglichkeit auf der Spur – und ihr schon so gut wie auf den Fersen –, das Klimakterium der Frau hinauszuschieben und damit die Periode bis an ihr Lebensende, zumindest jedoch bis ins achte oder neunte Lebensjahrzehnt hinein, zu verlängern.

«Ja und?» fragte ich schließlich, seinen von medizinischen Fachausdrücken nur so wimmelnden Redefluß sanft unterbrechend.

Er sah mich mitleidig an; mit jenem nachsichtigen Lächeln, das ein gewisses Verwundern ob der Unwissenheit des Gesprächspartners nicht ausschließt. Und mit dem Experten etwelcher Art wenigstens visuell zu verstehen geben, daß sie gezwungen sind, ihre Perlen vor die Säue – sprich: vor die Laien – zu werfen. Er bohrte eindringlich mit der Frage nach: «Verstehen Sie denn nicht, was das bedeutet?»

Ich verstand nicht. Oder wollte wenigstens nicht verstehen.

Er hob die Stimme und dozierte mit Nachdruck: «Es geht schlechthin um die Erhaltung der Jugend. Ein echter, ein wunderbarer

Der Baum des Wissens ist nicht der des Lebens.
Lord Byron (1788–1824)

Fortschritt in der Entwicklung des weiblichen Lebens! Die Frau kann mit Siebzig oder Achtzig noch genauso jung, vital und anziehend sein wie mit Dreißig.»

«Und auch noch Kinder kriegen?» erkundigte ich mich vorsichtig.
«Ja, natürlich, theoretisch wäre das durchaus denkbar.»

«Aber sicher nicht erstrebenswert», antwortete ich und komplimentierte ihn hinaus. Die von ihm vorgeschlagene Artikelserie blieb unveröffentlicht. –

Warum ich das erzähle? Weil es sich um ein typisches Beispiel für das festgefahrene Scheuklappendenken mancher Wissenschaftler handelt. Da mühen sie sich redlich und gründlich ab, ein Geschenk zu finden, mit dem sie die weibliche Welt beglücken könnten, aber auf die Idee, die Frauen vorher zu fragen, ob ihnen an einem solchen Präsent überhaupt etwas liegt, kommen sie nicht.

Natürlich freut sich jede Frau, wenn sie das Glück hat, jünger zu wirken, als sie tatsächlich ist, wenn sie mit Fünfzig noch für Vierzig oder mit Siebzig für Sechzig gehalten wird. Trotzdem – wäre der Preis, die Periode bis ans Ende ihrer Tage mit sich herumschleppen zu müssen, dafür nicht doch etwas zu hoch?

So erfreulich ist die Menstruation ja nun auch wieder nicht. Die Frau nimmt sie in Kauf, weil ihr nichts anderes übrigbleibt, aber trotz Tampons und allen Errungenschaften der modernen Hygiene sind «die Tage» doch manchmal recht belastend und hinderlich: beim Baden und beim Sport ebenso wie beim intimen Zusammensein. Ganz zu schweigen von dem Stimmungstief, das dem

> *Man hat allerdings Stimmungen; aber wehe dem, den die Stimmungen haben!*
> *Ernst Freiherr von Feuchtersleben (1806–1849)*

Einsetzen der Blutungen häufig vorausgeht, von Krämpfen, Kopfschmerzen und ähnlichen unangenehmen Begleiterscheinungen.

Eine Frau, die noch nie ihre Periode verwünscht hat, weil sie ausgerechnet im ungünstigsten Moment kam und all ihre Pläne durchkreuzte, müßte wohl erst geboren werden. Ich kenne jedenfalls keine. Dafür kenne ich etliche, die trotz feinster, untadeliger und hochkarätiger Erziehung angesichts dieser Situation wie die Bierkutscher zu fluchen beginnen.

Und so sind die meisten Frauen denn auch heilfroh, wenn sie diese im großen und ganzen doch recht lästige Plage der monatlichen Blutungen eines Tages endgültig hinter sich haben. Nichts gegen die Männer, aber auf den abwegigen Gedanken, diese Einrichtung der Natur bis ins hohe Alter hinein zu verlängern, kann wirklich nur ein Mann kommen!

Die meisten Frauen erschrecken zwar, wenn «es soweit ist», aber nach einiger Zeit, wenn sie sich hinreichend an den Gedanken gewöhnt und sich mit den Tatsachen abgefunden haben, gehen sie im allgemeinen erleichtert zur Tagesordnung über – und damit zu einem neuen, freieren Lebensabschnitt, dem Leben ohne Kalender und Pille.

Natürlich schließt das nicht aus, daß es immer noch Frauen gibt, die sich nicht so rasch mit der Realität abfinden können. Aller Jammer dieser Welt stürzt auf sie ein, sie trauern der verflossenen Jugend

> *Kein Mensch ist reich genug, um sich die eigene Vergangenheit zurückzukaufen.*
> *Oscar Wilde (1854–1900)*

nach und malen sich in den schwärzesten Farben aus, was jetzt alles auf sie zukommen wird. Denn gar Erschröckliches weiß die Fama hie und da von der kommenden Zeit zu berichten.

Tatsächlich spukt durch unsere ansonsten doch ziemlich zivilisierte Welt noch oft die Vorstellung, daß die Menopause zu Depressionen, Neurosen oder gar zu Persönlichkeitsveränderungen führe.

Es gibt viele Ärzte, die ihren Patientinnen mit Östrogenspritzen und ähnlichen Hormonbehandlungen diese Zeit erleichtern, aber noch besser ist vielleicht der Arzt, der es versteht, der Frau in diesem für sie oft problematischen Zeitraum, dessen rein medizinische Ursachen noch immer unbekannt sind, psychologische Hilfestellung zu leisten und ihr alle Angstgefühle zu nehmen.

Doch, doch, ich kenne sogar einen von dieser Art.

«Aber meine Liebe», sagte er mit ungläubigem Kopfschütteln zu seiner Patientin, «Klimakteriums-Beschwerden sind heute doch gar nicht mehr Mode. Ihre Mutter oder Ihre Großmutter mögen sich damit noch herumgeplagt haben, aber Sie, eine intelligente, aufgeschlossene Frau . . .?»

> *Frauen haben nur dann ihre Wechseljahre, wenn sie sie haben wollen.*
> *J. H. Schultz (1884–1970)*

Und als die Dame ihn noch etwas mißtrauisch anschaute, fuhr er fort: «Wissen Sie, es gibt da heute ganz phantastische Mittel, diese Hormontablette zum Beispiel. Nehmen Sie davon jeden Abend eine vor dem Schlafengehen. Aber um Gotteswillen nicht mehr, denn die Wirkung ist außerordentlich stark. Und dann werden Sie sehen, schon in einer Woche spüren Sie nichts mehr und sind ein ganz neuer Mensch!»

Die Dame schluckte Abend für Abend brav die kleine rote Wunderpille, und schon nach drei Tagen ging es ihr tatsächlich so gut wie nie zuvor. Ihr Arzt verriet ihr erst nach Jahren, daß er den Placebo-Trick angewandt hatte. Die Tabletten waren völlig wirkungslos, und statt Hormonpräparaten enthielten sie lediglich ein bißchen Farbe und Zucker. Wichtig war nur, daß die Frau fest an den Erfolg geglaubt hatte.

Die Ängste rund um das Klimakterium wurzeln noch in einer Zeit, als die Frau das Kinderkriegen als ihre einzige und eigentliche Lebensaufgabe betrachtete. Und wenn dann ihre Fortpflanzungsfähigkeit aufhörte, kam sie sich naturgemäß biologisch unnütz und überflüssig vor. Daß das ein guter Nährboden für alle möglichen Depressionen war, versteht sich von selbst. Und nicht nur die Wechseljahre als Zeichen des herannahenden Alters bedrückten die Frau, sondern darüber hinaus auch noch das Gefühl, damit ihre Weiblichkeit zu verlieren, nicht mehr attraktiv und anziehend und

> *Staub lieber als ein Weib sein, das nicht reizt.*
> *Heinrich von Kleist (1777–1811)*

schon gar nicht mehr liebesfähig zu sein. Inzwischen dürfte es sich aber doch wohl herumgesprochen haben, daß das Klimakterium ganz und gar nicht auch das Ende der Sexualität bedeutet.

Großuntersuchungen der letzten Jahre in Schweden, England, Holland und in der Schweiz haben ergeben, daß psychische Störungen bei Frauen zwischen Vierzig und Sechzig, die sich in der

Menopause befinden, nicht häufiger vorkommen als bei jüngeren. Nur ganz zu Beginn dieser Zeit, wenn die Periode noch regelmäßig kommt, können etwas mehr nervöse Spannungen oder Ängste auftreten, doch gehen diese Störungen sehr rasch vorüber und machen sich auch später nicht wieder bemerkbar.

Frauen, die schon in jungen Jahren psychisch anfällig sind, können natürlich nicht erwarten, daß sie nun ausgerechnet in den Wechseljahren ihr seelisches Gleichgewicht wiederfinden, aber schlimmer wird ihr Zustand dadurch im allgemeinen nicht.

Das Fazit all dieser Untersuchungen lautet, auf einen kurzen Nenner gebracht: Die hormonelle Umstellung selbst ist für das seelische Befinden kaum ausschlaggebend, wohl aber kommt es auf die Persönlichkeit der Frau und auf ihre Lebensumstände an. Und für diese beiden Faktoren ist sie zum großen Teil selbst verantwortlich und kann sie mehr oder weniger steuern.

Eine Frau zum Beispiel, die finanzielle Sorgen oder Probleme mit der Familie und den heranwachsenden Kindern hat, die durch die Doppelbelastung von Haushalt und Beruf in ständigem Streß lebt, eine Frau, in deren Ehe es kriselt oder die als Alleinstehende beruflichen Schwierigkeiten ausgesetzt ist, leidet in dieser Zeit eher unter Störungen als ihre ausgeglichene Geschlechtsgenossin, die mit sich und der Welt in harmonischem Einklang lebt.

Ein jeder, dem gut und bieder das Herz ist,
liebt sein Weib und pflegt sie mit Zärtlichkeit.
Homer (8. Jahrhundert v. Chr.)

Der Mann, sei es der Ehemann oder der Freund, ist für die psychische Anfälligkeit der Frau während des Klimakteriums mitverantwortlich. Gerade in dieser für sie schwierigen Zeit der biologischen Umwandlung braucht sie – über das normale Alltagsleben hinaus – mehr Zuwendung und mehr Anerkennung, mehr Liebe und mehr Zärtlichkeit.

Nur so wird sich in ihrem Unterbewußtsein nicht die Urangst festklammern, vom Leben ausrangiert zu werden.

Unter den Alleinstehenden ohne festen Partner – den Ledigen, Geschiedenen oder Verwitweten – ist die berufstätige Frau in dieser Zeit ihren nicht berufstätigen Geschlechtsgenossinnen gegenüber im Vorteil, vor allem dann, wenn sie ihren Beruf gern ausübt, darin Anerkennung findet und ihn nicht nur als Erwerbsquelle betrachtet. Sie ist ohnehin daran gewöhnt, ihr Leben selber in die Hand zu nehmen, sie hat nicht so viel Zeit zum Grübeln, und vor allem kann sie es sich gar nicht leisten, sich gehen zu lassen. Diese längst eingeübte Selbstdisziplin bewährt sich gerade jetzt in

> *Wer schlägt den Leu'n, wer schlägt den Riesen?*
> *Wer überwindet den und diesen?*
> *Das tuet jener, der sich selbst bezwinget.*
> *Walther von der Vogelweide (um 1170–1230)*

den Wechseljahren, die an ihr, etwas guten Willen vorausgesetzt, spurlos vorübergehen können.

Letzthin fragte ich Frau Dr. M., eine gute Bekannte unserer Familie, die mit einem sehr viel älteren, bereits seit Jahren gelähmten Mann zusammenlebt, ob sie die Wechseljahre eigentlich schon hinter sich habe.

«Doch, ja», antwortete sie. Etwas zögernd und unsicher, wie mir schien.

«Schon lange?» insistierte ich.

Da schaute sie mich an und lachte: «Ich weiß es wirklich nicht, ich habe gar nicht darauf geachtet. Sie kennen ja mein Leben und wissen, was alles an mir hängt – wie sollte ich da noch Zeit haben, mich mit solchen Lappalien zu beschäftigen!»

Sie ist wirklich eine bewundernswerte Frau. Ihre tierärztliche

Praxis in der Stadt hat sie aufgegeben und ist aufs Land gezogen. Dort lebt sie nun mit zehn Pferden, vier Hunden, einem Dutzend Katzen und allerlei anderem Getier. Sie schuftet von früh bis spät, sorgt rührend für ihren Lebensgefährten und mäht sogar die großen Weiden selber, um nicht all das teure Heu kaufen zu müssen. Die Nächte, die sie bei einem kranken Tier im Stall verbringt, sind kaum zu zählen.

Das alles kostet sie nicht nur enorm viel Arbeit und Energie, sondern auch viel Geld. Sie verdient es sich mehr schlecht als recht mit wissenschaftlichen Arbeiten für Veterinär-Fachzeitschriften, mit ein paar seltenen Gastvorlesungen an der Hochschule und mit

> *Laßt uns arbeiten, ohne zu grübeln; das ist das einzige Mittel, das Leben erträglich zu machen!*
>
> *Voltaire (1694–1778)*

Reitunterricht am Wochenende. Und das wenige, das hereinkommt, muß ja nicht nur für die Tiere, sondern auch für den eigenen Lebensunterhalt und den ihres Gefährten reichen.

«Ich dachte immer», seufzte sie, «mit zunehmendem Alter würde man weniger Arbeit und Pflichten haben – aber bei mir wird es immer mehr!»

Bei ihrem anstrengenden, turbulenten Leben hatte sie wirklich keine Zeit gehabt, das Klimakterium zur Kenntnis zu nehmen. Und Beschwerden schon gar nicht. – So einfach ist das!

Andere Frauen haben mehr Zeit, oft sogar viel zuviel Zeit, über sich und ihr Leben und über das Älterwerden nachzudenken. Mir fällt dabei die Gräfin von G. ein, die ich früher oft bei gesellschaftlichen Anlässen traf, für die ich von meiner Redaktion zur Berichterstattung abkommandiert worden war.

Auch Frau von G. betätigte sich hin und wieder journalistisch, aber eigentlich nur zum Zeitvertreib. Sie war mit einem berühmten

Wissenschaftler verheiratet, etliche Jahre älter als sie und nicht gerade ein Adonis. Sie selbst dagegen verkörperte in meinen Augen die vollkommene Schönheit – eine Schönheit, die nicht nur ihr Äußeres betraf und von der Eleganz ihrer teuren Haute-Couture-Kleider noch unterstrichen wurde, sondern die auch die innere Harmonie einschloß. Mit ihrem berühmten Mann zusammen – er hoffte damals gerade auf den Nobelpreis – bewohnte sie ein altes Schloß. Ich fragte mich oft, ob sie wohl mehr für ihn bedeutete als nur ein dekoratives Anhängsel.

In einem vornehmen Grand-Hotel mit dicken Teppichen, roten Samtportieren und kostbaren Gemälden trafen wir eines Abends wieder einmal zusammen. Das war wirklich der Rahmen, der zu ihr paßte, stellte ich, wie schon so oft zuvor, im stillen fest.

Eine Kollegin trat hinzu und fragte: «Nun, Gräfin, wie geht's?» Frau von G. lächelte ein bißchen wehmütig und seufzte: «Wie soll's mir schon gehen – man welkt so dahin!»

Ihre Worte trafen mich, die sehr viel Jüngere, tief. Wie konnte diese schöne, sympathische Frau nur so reden? Zum erstenmal betrachtete ich sie genauer und sah die Fältchen rund um die Augen und die Mundwinkel und auch ein paar vereinzelte graue Haare in der perfekten Frisur.

Da ich bald neue berufliche Aufgaben bekam, begegnete ich Frau von G. nicht mehr. Erst nach Jahren sah ich sie zufällig wieder: strahlend, schöner und jünger denn je. Und an der Seite eines gutaussehenden Mannes, der erheblich jünger war als sie.

Ein hoffnungsvoller, aber mit irdischen Gütern nicht – oder wenigstens noch nicht – gesegneter Bildhauer, wie ich später erfuhr. Seinetwegen hatte sie sich scheiden lassen und lebte nun mit ihm zusammen; mehr bescheiden als luxuriös, aber sichtbar glücklich.

So wie sie halten viele Frauen in mittleren Jahren heute Umschau nach einem jüngeren Partner. Und das gilt beileibe nicht nur für diejenigen, die sich auf irgendeine Art vernachlässigt fühlen. Sie wollen sich selbst beweisen, daß sie noch nicht zum alten Eisen gehören, daß sie noch jugendlichen Schwung besitzen und – last not least – begehrenswert sind.

Auch wenn eine Art Torschlußpanik die Triebfeder dafür sein mag, nehmen solche Verbindungen oft einen ausgesprochen guten Verlauf. Bei einem sehr großen Altersunterschied ist sich die Frau

> *Alter schützt vor Liebe nicht, aber Liebe schützt bis zu einem gewissen Grade vor Alter.*
> *Jeanne Moreau, Filmschauspielerin*

allerdings manchmal im klaren darüber, daß die Liebe nicht ewig währen wird, aber wenn sie klug genug ist, betrachtet sie die vor ihr liegende Zeit trotzdem als ein Geschenk. Sollte es auch später einmal zur Trennung kommen – die Jahre des Glücks, die sie dann genossen hat und die sie ohne den Mut zu dieser Bindung nie erlebt hätte, kann ihr niemand nehmen.

Ist der Altersunterschied nicht gar so groß, der Mann also etwa fünf bis zehn Jahre jünger, wird daraus oft eine ebenso gute wie dauerhafte Verbindung; dies um so eher, wenn beide Partner schon eine oder gar mehrere gescheiterte Ehen hinter sich haben und bereit sind, ihre schlechten Erfahrungen ins Positive umzumünzen, wenn sie also aus ihren eigenen Fehlern gelernt haben.

Bereits erwachsene Kinder der Frau finden sich, entgegen allen Befürchtungen, immer wieder erstaunlich rasch mit der neuen Situation ab; sie müssen nur erst einmal ihre Fehlvorstellung korrigieren, daß ihre Mutter ein ganz und gar geschlechtsloses Wesen sei. Ist das geschehen, gehen sie ohne weiteres zur Tagesordnung über; und im Idealfall akzeptieren sie den neuen Mann sogar als Freund. Auch wenn sie nicht gerade begeistert sein sollten, sind sie doch meist viel zu sehr mit sich selbst beschäftigt, um sich zurückgesetzt und beleidigt zu fühlen, in der Mutter eine

Verräterin zu sehen und einen entsprechenden Theatercoup zu inszenieren.

Die Frau in mittleren Jahren – hat sie sich erst einmal für einen jüngeren Mann entschlossen — blüht förmlich auf.

> *O Menschen, Menschen! Faßt das Leben schnell,*
> *laßt keiner Stunde Zeigerschlag vorüber,*
> *wo ihr nicht sagt: der Augenblick war mein,*
> *ich habe seine Freuden ausgekostet.*
> *Theodor Körner (1791–1813)*

Gewiß wird sie nun mehr gefordert und muß sich erheblich anstrengen, mit dem jungen Partner Schritt zu halten, aber gerade das erhält sie jung, aktiv und elastisch. Und auch der Mann, der in diesem Alter seine Sturm- und Drang-Periode ja ebenfalls schon hinter sich hat, fühlt sich in der neuen Rolle meist ausgesprochen wohl.

Zugegeben, Verbindungen dieser Art gelten noch immer als Ausnahmen, und beide Partner müssen sich über etliche gesellschaftliche Tabus hinwegsetzen, aber das schmiedet sie auch wiederum fester zusammen. Jedenfalls hat die Zahl solcher Verbindungen in den letzten Jahren erheblich zugenommen.

Wie aus dem Johannistrieb das Klimakterium virile wurde

Ein mit Liebe und Blumendünger gehegter Weihnachtsstern erlebt oft sogar noch das Pfingstfest blühend, und dem Weihnachtskaktus, der zum Christfest keinen Käufer gefunden hat, begegnet man im Blumengeschäft später ebenfalls wieder; aber dann heißt er Osterkaktus. Die Natur läßt sich eben nicht gern von starren Regeln einengen.

So gibt es auch Bäume und Sträucher – die Eichen zum Beispiel gehören dazu –, die lange nach dem Ausschlagen im Frühling noch einmal neue Knospen bilden. Da das um die Sommersonnenwende und den Johannistag herum geschieht, spricht der Gärtner von Johannistrieben.

Nicht-Gärtner verstehen darunter eher etwas anderes, nämlich die späten Liebestriebe beim männlichen Geschlecht; volkstümlicher ausgedrückt: den zweiten Frühling.

Gegen ihn war offenbar noch nie ein Kraut gewachsen; nicht einmal der Johannistau half dagegen. Dieser am frühen Morgen von den Blüten des Johanniskrauts, der Arnika und der Kamille eingesammelte Tau sollte hingegen unreine Haut heilen und zudem auch noch bei Gicht, Rheuma und Zahnschmerzen Wunder wirken.

Und am 24. Juni, dem Johannistag, holte man früher einen Blumenstrauß aus neun verschiedenen Heilkräutern ins Haus und stellte ihn in eine Vase. Zum Schutz vor Krankheiten, Hexen, Dämonen, Blitzschlag und Feuersbrunst. Doch gegen das Feuer, das der Johannistrieb in männlichen Wesen fortgeschrittenen Alters entfacht, konnte auch er nichts ausrichten.

Wer kennt sie nicht, die Romanze des alten Herrn Geheimrat Goethe, der in Marienbad auf späten Freiersfüßen wandelte! Dreiundsiebzig war er und verliebte sich leidenschaftlich in Ulrike von Levetzow, eine hübsche Siebzehnjährige. Er hielt sogar um ihre Hand an, doch gab sie ihm, obwohl es sie einen schweren Kampf kostete, einen Korb. Zwar liebte sie ihn von Herzen, aber die Aussicht, dann auch mit seinem Sohn und dessen Frau zusammenleben zu müssen, jagte dem jungen Mädchen Furcht ein.

Gleich hauen die Männer über die Schnur, wenn man ihnen ein bißchen Luft läßt.
Johann Wolfgang von Goethe (1749–1832)

Und die Frau Mama war sowieso dagegen, ihr Töchterchen dem zwar reichen und angesehenen, aber doch nicht mehr ganz knusprigen Goethe anzuvertrauen.

Auch Goethes Sohn und Schwiegertochter waren entsetzt über die Liebe des alten Herrn. «Die Familie hat Goethes Heiratsgedanken auf eine undelikate, harte Art aufgenommen, statt ihm Anteil zu zeigen», schilderte es Charlotte von Schiller. «Der Sohn soll mit ihm sehr hart gewesen sein. Ottilie bekam Krämpfe. Alles war in Verzweiflung. Das ist nicht der Weg, sein Herz zu besänftigen. Er hat die Natur, daß ihn der Widerstand verhärtet. Ich weiß nicht, wie es enden wird.»

Nun, ein Happy-End gab's jedenfalls nicht. Und die schöne Ulrike blieb zeitlebens unverheiratet. Fragte sie jemand, warum sie allein geblieben sei, antwortete sie stolz: «Ich bin von Goethe geliebt worden.»

Nicht bei jedem Mann kommt der zweite Frühling so spät zum Ausbruch. Doch, im Vertrauen, auch bei Goethe handelte es sich keineswegs um den «zweiten» Frühling. Zwischen Sesenheim und Marienbad hatte es eine beträchtliche Anzahl zweiter Frühlinge und manche mehr oder weniger heftige mittlere und späte Frühlingsgefühle gegeben.

Auch von dem, was wir heute mit dem Wort «Midlife Crisis» – oder, ein bißchen vornehmer, als «mlc» – bezeichnen, blieb Goethe nicht verschont. Bei ihm kam sie sogar schon mit Siebenunddreißig. Da floh er vor seinen beruflichen und menschlichen Bindungen auf und davon und reiste bei Nacht und Nebel nach Italien. «Er eilte im Stillen», bemerkte eine Freundin dazu, «ohne es den vertrautesten Freunden zu sagen, fort.» Tatsächlich stahl er sich regelrecht aus Karlsruhe weg und reiste sogar inkognito, unter dem Namen «Möller». In sein Tagebuch schrieb er: «Ich hoffe, auf dieser Reise ein paar Hauptfehler, die mir ankleben, loszuwerden.»

Kaum jünger war Paul Gauguin, der «Vater der modernen Malerei», als er mit Fünfunddreißig sein Leben total umkrempelte. Er gab seine Karriere in der Bank und seine ohnehin nicht sehr erfolgreichen Finanzgeschäfte und Handelsvertretungen auf, verließ Paris, seine Frau und seine Kinder und begann zu malen. Sein ruheloses Wanderleben führte ihn in die Südsee, wo er die kaffeebraunen Schönen am Strand von Tahiti malte, inmitten der tropischen Vegetation mit ihrer faszinierenden Leuchtkraft.

In der Malerei fand er die Erfüllung, die ihm das bürgerliche Leben nicht geben konnte. Aber sein Sprung in die Künstlerfreiheit auf

> *Man kann die Zeit festhalten, wenn man sie in die Tat umsetzt. Das ist Leben.*
>
> *Peter Rosegger (1843–1918)*

Kosten anderer machte ihm doch manchmal arg zu schaffen, und in dieser Beziehung fühlte er sich – nicht zu Unrecht – als Versager. Trotzdem liebte er seine acht Kinder, gezeugt mit einer Dänin, einer Französin und zwei exotischen Schönheiten von den Marquesa-Inseln, mit großer Zärtlichkeit; wenn er auch nicht allzuviel zu ihrem Lebensunterhalt beisteuern konnte.

«Die Träume hatten ihn gefesselt, und deshalb mußte er vieles andere vernachlässigen», entschuldigte ihn später seine Tochter Germaine Chardon, selber Malerin, voller Verständnis.

Trotz seiner inneren Zerrissenheit lohnte sich, zumindest in künstlerischer Hinsicht, für Paul Gauguin der radikale Bruch mit seiner Vergangenheit; ihm blieben noch zwanzig Jahre erfüllten Schaffens. Er hatte es verstanden – und auch den Mut dazu aufgebracht –, seinem Leben einen neuen Sinn zu geben. Heute redet kein

> *Die ersten vierzig Lebensjahre liefern den Text,*
> *der Rest den Kommentar dazu.*
> *Arthur Schopenhauer (1788–1860)*

Mensch mehr davon, was er seiner persönlichen Umwelt zumutete; aber jeder lobt und bewundert das Werk des großen Malers.

Bei den meisten Männern von heute beginnt es so in den Vierzigern psychisch und physisch zu rumoren, also ebenfalls in der berühmt-berüchtigten Lebensmitte, wenn die Hoffnungen und Erwartungen der früheren Jahre nicht zu dem gewünschten Erfolg geführt haben. Es gibt da einen recht bösen Aberglauben, der besagt, daß man das, was man mit Vierzig nicht geschafft hat, nie mehr schaffen wird. Auch wenn die Vernunft einem sagt, daß das heute sicher nicht mehr die Regel ist, und wenn man hundertmal in den Zeitungen von Leuten liest, die es erst in weit späteren Jahren zu etwas gebracht haben – ein winziger Stachel der Unsicherheit bleibt.

Gewiß – Julius Cäsar war bereits Dreiundfünfzig und versuchte geschickt, seine Kahlköpfigkeit mit einem Lorbeerkranz zu tarnen, als er das ägyptische Reich und das Herz der blutjungen Kleopatra eroberte. Aber nicht jeder kann das Format eines Cäsar haben; als Staatsmann ebensowenig wie als Liebhaber!

Am anfälligsten für solches Unbehagen ist der Mann, der beruflich keine Erfüllung gefunden hat, der mit seiner täglichen Arbeit unzufrieden ist, der Ärger mit den Kollegen und Vorgesetzten hat und der – dies vor allem – seine Leistung nicht genügend anerkannt sieht. Man kann es ihm kaum verargen, daß er Ausschau zu halten beginnt, ob er seine fehlende Selbstbestätigung nicht woanders findet.

In dieser Unsicherheitsphase versuchen manche Männer, sich außerhalb ihres Berufs in Clubs, Vereinen oder Parteien mehr Ansehen zu verschaffen. Es kann auch beim Kartenspielen, beim Golf oder irgendeinem anderen Hobby sein. Der Angler, der die größten Fische aus dem Wasser zieht, und der Schrebergärtner, der die höchsten Sonnenblumen züchtet, nimmt sich selbst ebenso wichtig – und hofft, auch von den anderen wichtig genommen zu werden – wie der Kassierer im Philatelisten-Club oder der zweite Tenor im Männergesangverein.

Irgendwo und irgendwie möchte eben jeder über die Masse hinausragen und wenn schon nicht der Größte, so doch «jemand» sein. Irgendwo möchte er Beachtung, Anerkennung oder gar Bewunderung finden.

Vielleicht auch in der Ehe, in der eigenen Familie! Aber die heranwachsenden Kinder, die ihren Vater rückhaltlos bewundern, sind dünn gesät. Und welche Angetraute eines solchen Mannes in den mittleren Jahren sieht in ihm noch immer den strahlenden Helden und findet alles, was er tut und läßt, einfach großartig!

Vielleicht ist er sogar das, was man glücklich verheiratet nennt. Bei näherem Hinsehen entpuppt sich seine Ehe jedenfalls zumindest als «normal» – eine Ehe also wie viele andere. Nur ist das Eheglück in all den Jahren vielleicht schon etwas glanzlos geworden. Zwar kommt man ganz gut miteinander aus, doch hat die Monotonie des ständigen Zusammenlebens zu einem gewissen Abstumpfungsprozeß und deutlichen Abnützungserscheinungen geführt, manchmal sogar zur ausgesprochenen ehelichen Langeweile.

Er ist nicht mehr der himmelstürmende Liebhaber von einst, und die Angetraute – je nun, auch sie ist älter geworden und gleicht nicht mehr so ganz dem zauberhaften Wesen aus den Flitterwochen. Früher, zu Beginn der Ehe, spielte sie nur eine einzige Rolle: die der Geliebten. Dann kamen bald eine ganze Reihe anderer Aufgaben hinzu, die sie bewältigen mußte, und sie spielte nicht mehr nur den einen Part, sondern auch die Rolle der Hausfrau, der

Mutter, der Erzieherin; samt den nicht unwichtigen Rollen der Köchin, der Putzfrau, der Vermögensverwalterin und mancher anderen Charge, die das Leben ihr diktierte. Oft erledigt sie das alles sogar nur im Nebenamt, weil sie auch noch – oder wieder – ihren Beruf ausübt. Kurz gesagt: Sie ist nicht immer nur ausschließlich für ihren Mann da, allzeit bereit, ihm seine Wünsche von den Augen abzulesen.

Und selbst, wenn sie es täte – die sexuellen Kontakte zwischen den Ehepartnern laufen oft nur noch auf Schwachstrom, und an die Stelle der Spontaneität ist längst die Gewohnheit getreten. Zwar boykottiert die Frau das sexuelle Zusammensein nicht gerade, aber

> *Im Alter von mehr als vierzig Jahren sind die Männer bereits mit ihren Gewohnheiten verheiratet, und ihre Frau ist darunter nicht einmal die wichtigste.*
> *George Meredith (1828–1909)*

nur zu oft gibt sie ihm das Gefühl, daß sie nur gerade ein Pflichtpensum absolviert. Jedenfalls ist es schon lange her, daß sie die aktive Rolle übernommen, daß sie versucht hat, ihn zu animieren oder gar zu verführen.

Wenn er mit ihr schlafen will, entzieht sie sich ihm nicht etwa mit der klassischen Ausrede unserer Großmütter, die da sagten: «Heute bitte nicht, Liebling, du weißt doch, ich habe große Wäsche gehabt und bin entsetzlich müde!» Wie sollte sie auch – da müßte sie sich im Zeitalter der vollautomatischen Waschmaschinen und Tumbler schon etwas Originelleres einfallen lassen! Nein, sie ist immer für ihn da. Nur spürt er bei ihr keine große Begeisterung, kein echtes Bedürfnis; von wilder Leidenschaft schon gar nicht zu reden.

Und Männer sind, so wohlgepolstert ihr Gefühlsleben sonst auch sein mag, in diesen Jahren sehr sensibel; genauso wie die Frau in ihren Wechseljahren. Sie entwickeln, vielleicht aus einem gewissen Selbstmitleid heraus, mehr Feinfühligkeit als sonst. Das schlimmste für sie ist, wenn sie sich nur geduldet glauben. Wie auch die Frauen, so haben sie gerade in diesen Jahren einen großen, wenn auch meist ungedeckten Bedarf an dem, was man heute im halbwissenschaftlichen Jargon so gern «Streichel-Einheiten» nennt. Dabei sind die Streichel-Einheiten im physischen Sinn ebenso wichtig wie die im psychischen. Eine solche Ehesituation, in der jeder vom anderen mehr erwartet, als er bekommt, ist der beste Nährboden für das Ausscheren eines Partners, in diesem Falle des Mannes.

Abwechslung ist immer süß.

Euripides (480–406 v. Chr.)

In einem kleinen Pariser Bistro hängt über der Theke folgender Spruch: «Es gibt zwei kritische Augenblicke im Leben eines Mannes: den unvermeidbaren Stimmbruch mit Vierzehn und den vermeidbaren Ehebruch mit Vierzig.»

Vermeidbar sicher – bleibt nur die Frage, ob der Mann ihn vermeiden will! Denn es kann vorkommen, daß bei allen vernünftigen Überlegungen halt doch ein seltsames Prickeln zurückbleibt, und einen gewissen Nervenkitzel haben Männer gar nicht so ungern.

Der Standhafte, der sich in dieser Lage selber zur Ordnung ruft und heroisch beschließt, keinen Finger breit vom Pfad der ehelichen Treue abzuweichen, verdankt seine Festigkeit (so zwiespältig und unberechenbar ist der menschliche Charakter!) meist eher seinem Hang zur Bequemlichkeit und einem Mangel an persönlichem Mut. Der andere hingegen, der Unternehmungslustige, der gern etwas wagt und der sich ebenso gern seinen eigenen Mut bestätigt, beginnt — vorerst allerdings ganz im geheimen – mit Ausbruchgedanken zu spielen.

Zugegeben, es können auch ganz andere Charaktereigenschaften und Beweggründe mit im Spiel sein: Dummheit zum Beispiel, fehlende Phantasie oder ganz schlicht die Unfähigkeit, einen Gedanken konsequent zu Ende zu denken.

«Ich bin doch noch nicht alt», sagt er sich, während er vor dem Spiegel steht. Und zwischen den Fratzen, die er natürlich nur der gründlichen Rasur zuliebe schneidet, legt er eine Besinnungspause ein und probt einen Gesichtsausdruck, den er schon lange nicht

> *Lieb' ist Eitelkeit,*
> *und Selbstsucht ist ihr Anfang und ihr Ende.*
> *Lord Byron (1788–1824)*

mehr hatte: ein draufgängerisches Lächeln. «Eigentlich», stellt er zufrieden fest, «sehe ich doch noch recht passabel aus.» Und nach dem After-Shave (ein paar Tropfen mehr als sonst): «Das wäre doch gelacht, wenn ich keine Chancen mehr hätte!»

Wie war das doch gestern, als die Neue im Büro ihm fast vertraulich zulächelte? Und die hübsche Blonde im Laden an der Ecke, wo er immer seinen Lottoschein abgibt? «Es ist nur eine Frage des Wollens», redet er sich ein, «ich brauche meine Chancen nur auszunutzen.» Und an Zivilcourage fehlt's ihm nicht, ihm ganz gewiß nicht!

Dann kann es eben passieren, daß er sich am nächsten Tag Hals über Kopf in ein weibliches Wesen verliebt, das zumeist jünger und attraktiver ist als seine Frau. Mit Verwunderung stellt er fest, daß er ein ganz anderer Mensch wird. Er fühlt sich wieder jung und vital; sein eingerosteter Charme feiert fröhliche Urständ, als hätte man ihn frisch geölt, und verfehlt nicht seine Wirkung auf die Auserwählte.

Da ist er also, der zweite Frühling, der Johannistrieb beginnt munter zu sprießen, und manchmal ist die eigene Frau so blind – nicht vor Liebe, sondern vor Gleichgültigkeit –, daß sie es nicht einmal bemerkt.

Für den Mann ist jetzt alles neu und alles wunderbar. Er genießt den zweiten Frühling intensiver und bewußter als den ersten, und seine neu erwachte Lebensfreude ist nicht umzubringen. Höchstens dadurch, daß seine Eheliebste ihm eines Tages auf die Schliche kommt.

> *Eine Frau soll man nicht beschwindeln. Es sei denn, man ist ganz sicher, daß es nicht an den Tag kommt.*
> *Curt Goetz (1888–1960)*

So weit ist die Geschichte, die sich oft genug so oder ähnlich abspielt, eigentlich recht alltäglich. Es fragt sich nur, wie sie endet oder weitergeht. Da gibt es die verschiedensten Versionen, und meistens liegt die Regie im zweiten und dritten Akt des Eheausbruch-Dramas gar nicht mehr beim Mann, sondern bei der Frau – manchmal bei der neuen Liebe, die sich nach dem ersten Höhenflug seines zweiten Frühlings enttäuscht zurückzieht, öfter aber noch bei der Ehefrau. Ob sie nur etwas ahnt oder Gewißheit hat, ist dabei nicht einmal entscheidend. Vielmehr kommt es darauf an, ob und wie sie diese Situation zu meistern versteht.

In zahllosen Frauenzeitschriften und Magazinen geben professionelle Lebensberater und Briefkastentanten ihr einfältige Ratschläge, was sie tun und was sie nicht tun soll. Meist bewegen sie sich in solch banalen Ermutigungen wie: «Haben Sie Geduld mit ihm. Versuchen Sie nicht, ihn mit einem anderen Mann eifersüchtig zu machen, sondern warten Sie geduldig ab, bis er von selber zu Ihnen zurückkehrt!»

Bis zu diesem Tag X soll die Betrogene immer nur lächeln, sich vom Friseur, der Masseuse und der Kosmetikerin zur Traumfrau hochtrimmen lassen, strahlend und mit perfektem Make-up am Frühstückstisch erscheinen und ihm, wenn er abends nach Hause kommt, sein Leibgericht servieren. Blumen und Kerzen auf den Tisch, bitte, und keinesfalls das liebreizende Lächeln vergessen! — Wenn man solche abgedroschenen Phrasen liest, fragt man sich wirklich, in welchem Jahrhundert wir denn eigentlich leben.

Davon, wie die Frau in dieser Lage mit der psychischen Belastung fertig wird, mit dem Vertrauensbruch, dem verletzten Stolz und den Demütigungen, die der Mann ihr zufügt, ist weit weniger die Rede. Dabei ist es doch ein ganz schöner Brocken, den sie da plötzlich vorgesetzt bekommt und den sie verkraften muß. Darüber tröstet sie auch die achselzuckende Bemerkung ihres Mannes nicht hinweg, daß er ja eigentlich gar nichts dafür könne, der Mann sei von der Natur nun einmal nicht zum monogamen Leben geschaffen. Daß das Klimakterium virile schuld an der Misere sei, bekommt sie allerdings nie zu hören.

Nicht jeder Frau ist es gegeben, still vor sich hin zu leiden und ergeben auf bessere Zeiten zu hoffen. Es paßt auch nicht ganz ins

> *Gute Weiber gönnen einander alles,*
> *ausgenommen Kleider, Männer und Flachs.*
> *Jean Paul (1763–1825)*

Bild unserer Zeit, wenn sie sich wie ein geduldiges Lamm zur Schlachtbank führen läßt, ohne aufzumucken oder auch nur ein einziges wütendes «Mäh» von sich zu geben. Die Frauen von heute sind nicht nur selbständiger, sondern auch selbstbewußter als ihre Mütter, und die meisten sind auch in der Lage, ihr Leben selbst in die Hand zu nehmen. Es kann also durchaus passieren, daß sie nicht darauf warten, wann und wie er sich entscheiden wird. Frauen, die selbst die Initiative ergreifen und ihrem Mann den Stuhl vor die Tür setzen, sind gar nicht mehr so selten wie vierblättrige Kleeblätter.

Trotzdem – in den meisten Fällen geht ein solcher Seitensprung des Mannes vorüber wie ein kräftiges Sommergewitter, mit Blitz und Donner zwar, aber nachher ist die Luft spürbar gereinigt. Schon manche Ehe ist auf diese Weise mit dem guten Willen beider Partner wieder aufgefrischt worden.

Natürlich gibt es Männer, die immer wieder auszubrechen versuchen, im allgemeinen jedoch sind die Auswirkungen des Johannistriebs doch eher singulär. Und wenn sie sich wiederholen, dann kaum noch mit der gleichen, alles Bisherige sprengenden Leidenschaft.

Den vom Johannistrieb geplagten Männern genügt meist ein einziges Abenteuer. Trotz allem Wirbel, den es verursacht hat, gehen sie daraus mit gestärktem Selbstbewußtsein hervor, und wenn man bereit ist, der Fama zu glauben, entwickeln sie sich danach zu liebevollen, treuen Ehemännern.

Der Charakter des Mannes spielt, entgegen den Vorwürfen seiner besseren Hälfte, bei einem Ehebruch in mittleren Jahren eine weit

> *Zufall ist das Pseudonym Gottes, wenn er nicht persönlich unterschreiben will.*
>
> *Anatole France (1844–1924)*

geringere Rolle als der Zufall. Es gibt Ehemänner, die ihrer Frau getreu bis in den Tod sind und sich entsprechend viel auf ihre Charakterfestigkeit einbilden. Aber vermutlich sind sie nur rein zufällig von einem Seitensprung verschont geblieben. Sie sind in einer ihrer labilen Phasen eben nie in eine Situation geraten, die sie zum Ausbrechen verlockt hätte.

Und Zufall ist es ebenso, an was für eine Frau sie gerade geraten, wenn sich die männlichen Wechseljahre «auf diese nicht mehr ungewöhnliche» Art bemerkbar machen. Die neue Partnerin muß nicht einmal jünger, hübscher und klüger sein als die bisherige; oft geben ganz andere Dinge den Ausschlag: eine bestimmte Ausstrahlung und Anziehungskraft etwa oder ein unverhofftes gegenseitiges Verstehen und gemeinsame Interessen. Das sexuelle Verlangen allein genügt nur selten, eine Ehe zu zerstören.

Nicht immer übrigens läßt sich das Schwarz-Weiß-Schema anwenden, wonach die Ehefrau die aufopfernde, edle Unschuldige und die Geliebte die falsche Schlange ist, die alle Kunst daransetzt, ihre Beute zu erlegen. Mitunter muß man schon etwas differenzieren. Und wenn eine Ehe trotzdem hält oder neu zusammengenagelt wird, kann das noch ganz andere Gründe haben. Finanzielle zum Beispiel, denn allein die Aussicht, zeitlebens hohe Alimente an die

> *Viel tut die Liebe, aber mehr noch das Geld.*
> *Serbisches Sprichwort*

Verflossene zahlen oder das Vermögen mit ihr teilen zu müssen, heilt manchen Mann spontan von den Folgen seiner Johannistriebe und läßt ihn «zur Vernunft» kommen.

Zwar gibt es Statistiken genug über gescheiterte Ehen, doch die eigentlichen Gründe bleiben dabei im dunkeln. Die Intensität menschlicher Beziehungen und Bindungen läßt sich nur schwerlich in den Kolonnen der Statistik ausdrücken. Einen Trost immerhin haben die Statistiker für die Ehefrauen bereit, deren Männer den Anfechtungen des zweiten Frühlings erliegen: Zu einer Trennung von seiten des Mannes kommt es im allgemeinen nur in den ersten drei Monaten der neuen Liebe oder gar nicht. Nachher, wenn die ersten Begeisterungswogen allmählich verebben, kriegt der Ausbrecher wahrscheinlich Angst vor seiner eigenen Courage und kehrt über kurz oder lang in den Hafen der Ehe und den Schoß seiner Familie zurück.

Um eine Erfahrung reicher, enttäuscht oder geläutert? Das kommt wohl immer ganz auf den einzelnen Fall an.

> *O, hüte dich vor allem Bösen!*
> *Es macht Pläsier, wenn man es ist,*
> *es macht Verdruß, wenn man's gewesen.*
> *Wilhelm Busch (1832–1908)*

Fest steht lediglich, daß schon manche Ehe, für die man vor dem Seitensprung des Mannes keinen roten Rappen mehr gegeben hätte, aus einem solchen für beide Teile aufrüttelnden Erlebnis gestärkt und dauerhaft hervorgegangen ist.

Womit das Klimakterium virile also durchaus auch seine positiven Seiten haben kann.

Die besten Jahre – wann erlebt man sie?

«Dreiundzwanzig Jahre, und nichts für die Unsterblichkeit getan!» läßt Schiller seinen Don Carlos seufzen, und während einer Forschungsreise in Südamerika stellte Alexander von Humboldt 1799 betrübt fest: «Heute ist mein dreißigster Geburtstag. Ich bin schon fast ein alter Mann und habe erst so wenig geleistet!»

Der spanische Prinz mußte sich tatsächlich beeilen, denn sein nächstes Jahr erlebte er nicht mehr. Der deutsche Naturforscher Humboldt indessen brachte es auf stattliche neunzig Jahre. Für die damalige Zeit ein recht ungewöhnliches Alter! Die Zeitnot, in die der junge Humboldt zu geraten glaubte, grenzte fast schon an Panik; später nahm er's gelassener, obwohl er zeitlebens nicht aufhörte, unter großen Strapazen zu forschen und Neues zu entdecken.

Er bereiste Venezuela und Kolumbien und bestieg in Ekuador den 5760 Meter hohen Chimborasso. Weitere Forschungsreisen führten ihn unter anderem nach Mexiko, und als Sechzigjähriger rechnete er sich durchaus noch nicht zum alten Eisen; er bereiste den Ural und China. Der Humboldt-Fluß in Nevada erinnert noch ebenso an ihn wie die Humboldt-Bai in Kalifornien, der Humboldt-Gletscher in Grönland oder das Humboldt-Gebirge im chinesischen Nanschan.

«Das nachdenkende, betrachtende, forschende Leben», konstatierte er, als er bereits ein alter Mann war, «ist eigentlich das Höchste; allein in gewisser Art läßt es sich doch nur im höheren Alter vollkommen genießen.» Sein größtes und wichtigstes Werk, «Der Kosmos», schrieb Alexander von Humboldt in seinen letzten Lebensjahren; erst mit Neunzig, kurz vor seinem Tod, vollendete er es.

Wer allzusehr
in der Vergangenheit lebt,
verpaßt das Heute.
Dieses Heute
dann später in der Rückblende
als herrliche Zeit
zu empfinden,
ist nur ein sehr
schwacher Trost.

Die Höhe eines Lebens wird nicht erreicht, damit man sich hinaufsetzt, sondern damit man in besserer Luft weitergeht.

Heimito von Doderer (1896–1966)

Wir Heutigen haben die besten Aussichten, ein hohes Lebensalter zu erreichen. Doch alt und alt ist zweierlei.

«Ich glaube, ich werde alt», klagt der Achtzigjährige, der gerade von seinem täglichen Spaziergang zurückkommt. «Bei dem Weg auf den kleinen Hügel mußte ich doch tatsächlich zweimal stehenbleiben und mich ausruhen!»

«Nur zweimal?» fragt sein Sohn. «Das schaffe ich ja nicht mal mehr. Mir bleibt die Puste schon nach den ersten zehn Metern weg.» Er ist Dreiundvierzig.

Die fünfundsechzigjährige Dame, die gerade eine gründliche Untersuchung hinter sich hat, strahlt über das ganze Gesicht: «Mein Arzt sagt, daß mein gesamter Organismus wie der einer Fünfzigjährigen funktioniert.»

Man sieht, das Alter ist eine relative Sache und richtet sich durchaus nicht nur nach dem Geburtsschein. Die Fachleute sprechen daher heute auch von einem zweifachen Alter: dem kalendarischen und dem biologischen.

Für das biologische Alter gilt die Devise: Man ist so alt, wie man sich fühlt. (Kenner der Materie fügen hinzu: « . . . und eine Frau ist so alt, wie sie sich anfühlt.») Selbstverständlich ist für das biologische Alter eine vernünftige Lebensweise mitverantwortlich. Aber nicht jeder, der asketisch an einem Salatblättchen knabbert, der weder raucht noch trinkt, der täglich seine zwanzig Kniebeugen absolviert und stets um seine Gesundheit besorgt ist, bleibt deswegen lange jung. Die körperliche Gesundheit ist zwar erstrebenswert, aber sie ist nicht alles. Auch ein kerngesunder Mann kann mit Fünfzig älter sein als sein Kollege, der weit unbekümmerter lebt und kaum je an seine Gesundheit denkt.

Die Frau, die sich jeden Morgen ängstlich im Spiegel betrachtet und ihre Falten zählt, bekommt im Laufe der Zeit zu den Altersfalten

> *Sich im Spiegel zu beschauen,*
> *kann den Affen nur erbauen.*
> *Friedrich Rückert (1788–1866)*

garantiert noch ein paar Sorgenfalten hinzu; da helfen auch kosmetische Tricks nichts.

Ein Kollege feierte seinen fünfzigsten Geburtstag. Seine Frau hatte ein kaltes Buffet aufgebaut, das sich sehen lassen konnte. Und darüber hing ein Spruch, von ihr in einem Anflug äußerster Selbstverleugnung dem Eheliebsten zum Geschenk gemacht. Schwarz auf weiß konnte man es da lesen: «Jeder Mensch muß das begreifen – Frauen altern, Männer reifen!» – Die Herren Gäste wieherten triumphal.

Ein paar Monate später beging auch die Dame des Hauses ihren Fünfzigsten. Sonst pflegte sie sich an ihrem Geburtstag meist geistig in Sack und Asche zu hüllen; diesmal strahlte sie. Und zeigte mir den Brief einer sechzigjährigen Freundin. «Genieße es, Fünfzig zu sein», las ich, «mit Sechzig ist eh alles vorbei!»

Diese kleine Episode liegt übrigens schon zehn Jahre zurück. Ich hatte sie nicht vergessen und war gespannt, mit welcher Lebensweisheit die ältere Freundin diesmal aufwarten würde.

Tatsächlich bekam die Frau meines Kollegen wieder einen Brief von ihr. «Herzlichen Glückwunsch zum Sechzigsten», schrieb sie. «Du hast es gut – mit Sechzig ist man noch jung, frisch und unternehmungslustig. Aber wenn man erst mal Siebzig ist . . .»

Ich hoffe sehr, daß die Gratulantin auch noch ihren Achtzigsten erlebt. Und dann ein Loblied auf die Siebzigjährigen anstimmt . . .

Wann finden sie denn eigentlich statt, die vielzitierten besten Jahre? Sind es tatsächlich immer nur die verflossenen, denen man nachtrauert? Sicher nicht. Aber wer allzusehr in der Vergangenheit lebt, verpaßt dabei leicht das Heute. Dieses Heute dann später in der Rückblende wiederum als herrliche Zeit zu empfinden, ist nur

> *Denn wie der Jüngling in der Zukunft lebt,*
> *so lebt der Mann mit der Vergangenheit;*
> *die Gegenwart weiß keiner recht zu leben.*
> *Franz Grillparzer (1791–1872)*

ein sehr schwacher Trost. Lieber also das Heute heute genießen! Mit der nötigen Einsicht und etwas gutem Willen läßt sich das recht gut erlernen.

Dann verliert sowohl das kalendarische wie auch das biologische Alter an Wichtigkeit. Was zählt, sind allein die besten Jahre, und deren Zeitbestimmung ist in erster Linie psychologisch bedingt. Wie gesagt – mit der richtigen Einstellung lassen sich dem Leben jederzeit die besten Jahre abgewinnen.

C. G. Jung, des Psychoanalytikers Sigmund Freud eigenwilliger und abtrünniger Schüler, baute seine eigene Lehre von der psychischen Energie und der Entwicklung der individuellen Persönlichkeit auf. Die Midlife Crisis kannte er noch nicht; für ihn war sie eine Problemphase wie viele andere, die sich im Laufe des Lebens immer wieder einstellen und dem Menschen zu schaffen machen. Er sprach auf gut deutsch von einem «Mittags-Umsturz».

So positiv das Wort «Mittag» auch klingt, das Wort «Umsturz» läßt aufhorchen. Bei einem Umsturz passiert ja etwas, meist sogar etwas Entscheidendes: Altes, was bisher stabil schien, bricht zusammen, und Neues muß an seine Stelle treten. Ohne Trümmer und Scherben geht das meist nicht ab. Aber am Mittag ist man andererseits noch jung genug, Vergangenem nicht nachzutrauern. Und tatkräftig genug, Neues aufzubauen.

Auch schon der Lebensnachmittag bedarf der Vorbereitung. Jung konstatiert: «Aufs tiefste unvorbereitet treten wir in den Lebensnachmittag ein, schlimmer noch, wir tun es unter falschen Voraussetzungen unserer bisherigen Wahrheiten und Ideale.» Und warnend erhebt er seine Stimme: «Wir können den Nachmittag des Lebens nicht nach demselben Programm leben wie den Morgen.»

Für C. G. Jung und viele seiner Nachfolger sollte dieser Zeitpunkt dazu angetan sein, dem Leben einen neuen Sinn zu geben. Wem das mit Vierzig nicht gelingt, der steht mit Fünfzig vor der Resignation. Eine Denkpause lohnt sich also. Nur darf es sich dabei nicht (obwohl das recht häufig praktiziert wird) um eine Pause vom Denken handeln. Eine Pause vielmehr zum Nachdenken über

> *Nur der Denkende erlebt sein Leben,*
> *am Gedankenlosen zieht es vorbei.*
> *Marie von Ebner-Eschenbach (1830–1916)*

Vergangenheit und Zukunft, in der man neue Maßstäbe setzt und sich neue Ziele steckt.

Die Denkpause ist zwar ein relativ neuer Begriff, aber daß Menschen irgendwann einmal gründlich über ihr Leben nachdenken, ist keineswegs neu. Auch Goethes Faust tat das, wenn auch erst am Lebensabend, als es für eine Korrektur schon zu spät war. Auf die Frage, ob er die Sorge nie gekannt habe, bekennt der alte Faust:

«Ich bin nur durch die Welt gerannt;
Ein jed Gelüst ergriff ich bei den Haaren,
Was nicht genügte, ließ ich fahren,
Was mir entwischte, ließ ich ziehn.
Ich habe nur begehrt und nur vollbracht
Und abermals gewünscht und so mit Macht
Mein Leben durchgestürmt.»

Nach Jung verfügen wir mit Vierzig wie nie zuvor in unserem Leben über ein maximales Potential zur Verwirklichung unserer Persönlichkeit. Zweifellos birgt die Lebensmitte, um es wieder mit einem Modewort zu sagen, eine Identitätskrise. Anders ausgedrückt: Man stimmt nicht mehr mit sich selbst überein, man zweifelt an sich.

Diese Krise – auch wenn sie eine Negativbilanz nicht ausschließt – kann der Ausgangspunkt für die eigentliche persönliche Reife werden, für ein endgültiges Erwachsenwerden. Wir sind zu diesem Zeitpunkt bereits an Trennungen und Verluste gewöhnt, und wenn wir alte Bindungen aufgeben wollen, fällt es uns nicht mehr so schwer, denn allmählich haben wir es gelernt, Entscheidungen zu treffen; ganz für uns allein. Zwar lassen sich alte Fundamente nicht einfach aus der Erde reißen wie ein paar Grashalme, aber man kann jederzeit neu auf ihnen aufbauen.

> *Es muß das Herz bei jedem Lebensrufe*
> *bereit zum Abschied sein und Neubeginne,*
> *um sich in Tapferkeit und ohne Trauern*
> *in andere, neue Bindungen zu geben.*
> *Hermann Hesse (1877–1962)*

Auch den Prozeß des Älterwerdens und Altwerdens muß jeder einzelne für sich ganz allein durchstehen; ähnlich wie das Kind, das seine eigenen Erfahrungen machen muß, um die Welt zu begreifen. Dadurch, daß man in der Lebensmitte in den wesentlichen Dingen auf sich allein gestellt ist, besteht manchmal allerdings die Gefahr der Vereinsamung, die Gefahr auch, sich selbst zu wichtig zu nehmen oder gar vor lauter Seelenschmerz und übermäßiger Ich-Bezogenheit zum hoffnungslosen Egozentriker zu werden.

Nicht ohne Grund empfiehlt deshalb Alexander Mitscherlich, der große alte Mann der Psychoanalyse unserer Zeit, für diesen Lebensabschnitt ganz besonders, die Fähigkeit zur Anteilnahme nicht zu verlieren. Man hat die Welt ja nicht für sich allein gepachtet, man lebt mit anderen Menschen zusammen, und die haben oft ganz ähnliche Sorgen und Bedrängnisse.

«Man sollte sich auch nicht schämen», sagt Mitscherlich, «sich in seiner Not an einen anderen zu wenden und ihn um Hilfe bei der Lösung seiner Probleme zu bitten.» Man vergibt sich nichts damit, sondern baut vielmehr im Bereich zwischenmenschlicher Beziehungen etwas Neues auf, ein neues Vertrauensverhältnis vielleicht, das dem von Mitscherlich zitierten «Defizit an Wärme» entgegenwirkt.

Möglicherweise spürt der eine oder der andere in der Lebensmitte bereits einen biologischen Leistungsabfall: seine Konzentrationsfähigkeit läßt nach, er ermüdet schneller, oder seine Bandscheiben beginnen zu rebellieren. Aber trotz mancher kleiner Mängel oder Beschwerden machen ihn sein Wissen und seine Erfahrung in diesen Jahren leistungsfähiger denn je. Diese Erkenntnis kann wesentlich dazu beitragen, seine Selbstsicherheit zu steigern; sie

> *Die Zeit schreitet voran. Und du, Mensch?*
> *Stanislaw Jerzy Lec (1909–1966)*

gibt ihm Kraft, die Krise der Lebensmitte zu überwinden, Kraft auch, den neuen Lebensabschnitt – und damit seine besten Jahre – voller Zuversicht in Angriff zu nehmen.

Sind die Brüder Grimm schuld?

In der Zeit, als die Tuberkulose noch viele Todesopfer forderte, besuchte ich einmal ein TBC-Sanatorium. Um den Tuberkelbazillus zu bestimmen, impfte man damals Meerschweinchen mit dem Sputum der Erkrankten. Der Chefarzt nahm mich auf einem Rundgang durch die Krankenzimmer mit, und noch heute sehe ich den Patienten deutlich vor mir, der in einem Anflug von Galgenhumor die bange Frage stellte: «Herr Doktor, hustet mein Meerschweinchen schon?»

Diese kleine Episode fiel mir wieder ein, als ich kürzlich von einem Spitalversuch mit zwei verschiedenen Patientengruppen hörte. Bei beiden Gruppen handelte es sich um Männer und Frauen, denen schwere Operationen bevorstanden.

Die erste Gruppe bekam von den Ärzten optimistische Prognosen und viele aufmunternde Worte zu hören. Auch den Patienten der zweiten Gruppe sprachen die Ärzte Mut zu, aber darüber hinaus schilderten sie ihnen den Verlauf und die Folgen der Operation sehr ausführlich und realistisch. Sie nahmen kein Blatt vor den Mund, so daß die Patienten genau wußten, was auf sie zukam.

Und das Ergebnis? Die Patienten der zweiten Gruppe überstanden

> *Es gibt nur ein einziges Gut für den Menschen: das Wissen, und nur ein einziges Übel: die Unwissenheit.*
> *Sokrates (470–399 v. Chr.)*

die Operation besser, sie brauchten fünfzig Prozent weniger schmerzstillende Mittel und wurden schneller gesund als die

Patienten der Gruppe eins, die nur vage Vorstellungen von dem hatten, was mit ihnen vorging.

Ein anderes Beispiel: Wer plötzlich von Beschwerden oder Schmerzen befallen wird, deren Ursache er nicht kennt, der bekommt es meist mit der Angst zu tun. «Was ist das nur, was kann das bedeuten?» grübelt er, sieht gleich alles in schwärzesten Farben und läßt im Geist sämtliche furchterregenden Krankheiten Revue passieren, von denen er schon einmal gehört hat.

Geht er dann zum Arzt, stellen sich oftmals nur relativ harmlose Störungen heraus, und die ganze Sorge war umsonst. Aber auch im Fall einer weniger günstigen Diagnose ist der erste Schreck vielleicht groß, doch dann wird der Patient mit der Wahrheit meist besser fertig als mit dem Zustand der Ungewißheit. Mit der Zeit bekommt er sogar eine positive Einstellung zu «seiner Krankheit», weil er allmählich mit ihr vertraut wird und sie kennt. Das ist dann bereits der erste Schritt zu einer erfolgreichen Behandlung.

Mit dem Wissen um die Realitäten – auch wenn sie nicht nur Gutes versprechen – läßt sich eben doch leichter leben als mit der Angst vor etwas Fremdem, Unbekanntem, das einen bedroht. Ändern kann man die Tatsachen zwar nicht, aber man kann sich auf sie einstellen. Und dann ist alles nur noch halb so schlimm.

Das Älterwerden und das Altwerden ist zwar keine Krankheit, sondern ein ganz natürlicher Vorgang, aber trotzdem verdrängen viele Menschen den Gedanken daran. Die Vorstellung, einmal alt

> *Ein jeder wünscht, lange zu leben;*
> *aber niemand möchte alt werden.*
> *Jonathan Swift (1667–1745)*

zu sein, ist ihnen unbequem, und so ziehen sie es vor, einfach den Kopf in den Sand zu stecken. Natürlich ändern sie dadurch nichts am Lauf der Dinge, riskieren jedoch, von ihnen überrollt zu

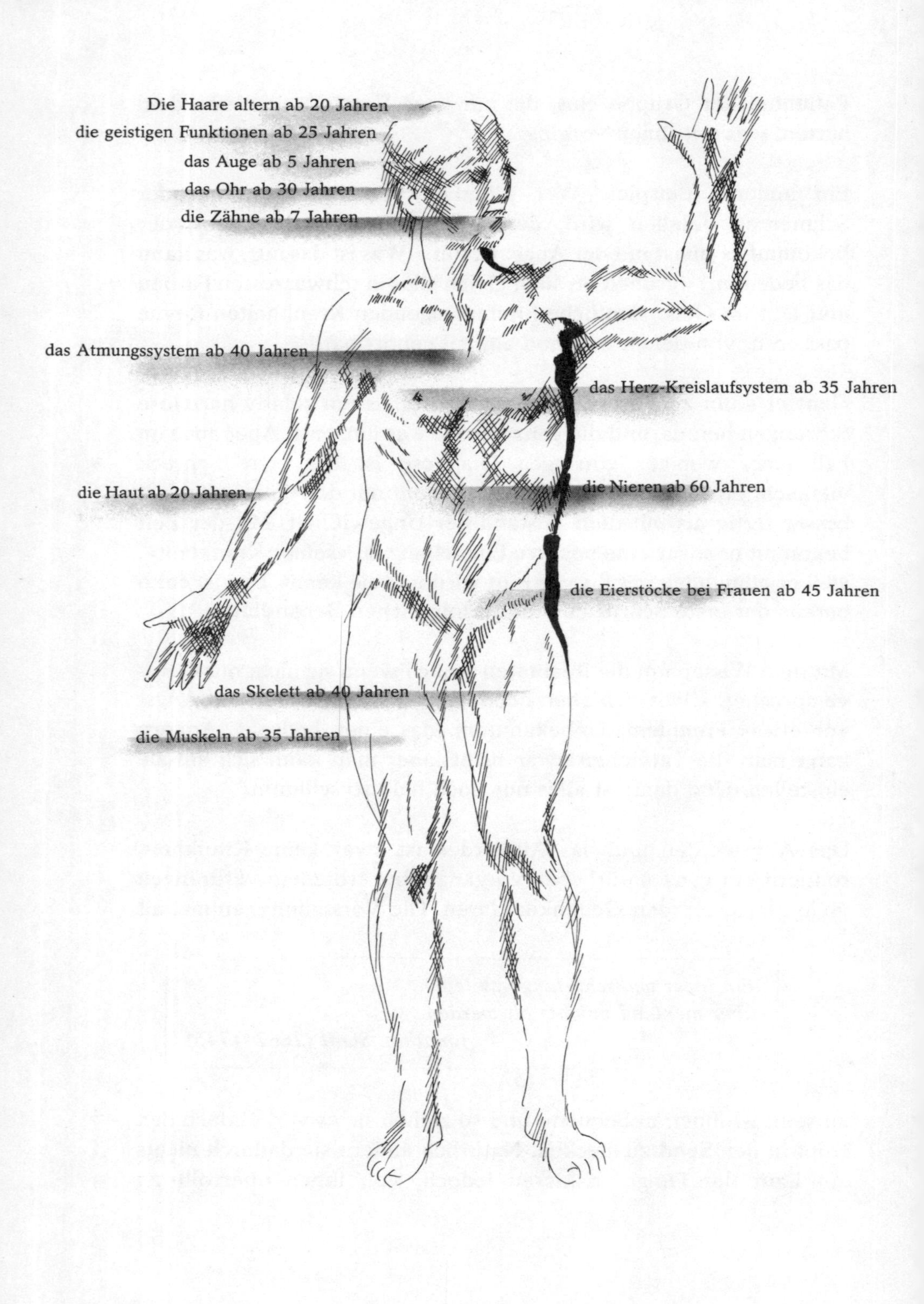
Die Haare altern ab 20 Jahren
die geistigen Funktionen ab 25 Jahren
das Auge ab 5 Jahren
das Ohr ab 30 Jahren
die Zähne ab 7 Jahren
das Atmungssystem ab 40 Jahren
das Herz-Kreislaufsystem ab 35 Jahren
die Haut ab 20 Jahren
die Nieren ab 60 Jahren
die Eierstöcke bei Frauen ab 45 Jahren
das Skelett ab 40 Jahren
die Muskeln ab 35 Jahren

werden. Sehen sie sich dann eines Tages mit den Problemen ihres eigenen Alters konfrontiert, sind sie ratlos und wissen sich nicht zu helfen. Dabei lassen sich diese Probleme entschieden besser lösen, wenn man sich rechtzeitig darauf vorbereitet.

Rechtzeitig – wann ist das?

Namhafte Altersforscher plädieren schon seit Jahren dafür, bereits in der Schule das Lehrfach «Alterskunde» einzuführen. Mangelnde Aufklärung und Schulung, meinen sie, verhindere das «richtige Altern». Und das führe dann dazu, daß der Mensch sich irgendwann ganz unvermittelt einer Situation gegenübersieht, der er nicht gewachsen ist.

Eigentlich sollten wir uns jetzt erst einmal klarmachen, wie das Altern, rein biologisch gesehen, überhaupt vor sich geht. Aber das ist leichter gesagt als getan, denn es gibt eine ganze Reihe verschiedener Theorien über die Ursachen des Alterns. Am verbreitetsten ist heute die wissenschaftliche Variante, wonach die kleinsten Bausteine der Zellen und Gewebe den Altersprozeß verursachen. Die Eiweißmoleküle in den Zellkernen, die Steuersubstanzen des Zell-Lebens, nützen sich ab, und schließlich teilen und erneuern sich die Zellen nicht mehr, sondern sterben ab. Das ist sehr vereinfacht ausgedrückt, und in Wirklichkeit wickelt sich das alles viel komplizierter ab, aber vielleicht ist ja auch diese Theorie in ein paar Jahren schon wieder überholt und wird durch eine neue ersetzt.

Die Wissenschaftler der humanbiologischen Altersforschung sind intensiv damit beschäftigt, die molekular-genetischen Mechanismen des Alterns der Zellen, der Organe und der Organismen aufzuklären, und vielleicht können sie eines Tages den durch das Altern bedingten Abbau tatsächlich beeinflussen und stoppen. In zwanzig bis dreißig Jahren, meinen sie, könnte es soweit sein, und wenn sie dann in weiteren zehn bis zwanzig Jahren die nötigen Pillen dafür entwickelt haben, würden die Menschen «routinemäßig» um zehn bis dreißig Jahre älter.

Nun, das ist eine arithmetisch etwas verwirrende Zukunftsmusik, und ob wir von den Entdeckungen noch profitieren können, bleibt ungewiß. Wie aber auch immer das Altern genau vor sich gehen mag – die Auswirkungen des Alterns werden davon nicht betroffen.

Was man im allgemeinen unter Alterserscheinungen versteht, ist folgendes: Verschiedene Organe des Körpers verlangsamen ihre Funktion; Herz und Kreislauf zum Beispiel. Das Herz transportiert das Blut nicht mehr so rasch, und dadurch werden die Organe schlechter durchblutet; das kann wiederum zu Ablagerungen und zur Verhärtung der Arterien führen. Der Stoffwechsel geht langsamer vor sich, die Knochen verlieren Kalk und werden spröder, die Gelenke können sich versteifen. Die Sehkraft läßt im Lauf der Jahre nach, und oft verschlechtert sich auch das Gehör. Ebenfalls kann die Reaktions- und Auffassungsfähigkeit abnehmen.

Für unseren Gesundheitszustand und unser Wohlbefinden kommt es aber gar nicht so sehr darauf an, daß noch alle unsere Organe völlig intakt sind; wichtig ist vielmehr, daß sie noch über Reserven verfügen, mit denen sie ihre Funktion aufrechterhalten können.

Die Gelehrten streiten sich darüber, wann der Mensch eigentlich zu altern beginnt. Spätestens mit Vierzig, sagt der eine, denn dann läßt seine Muskelkraft nach. Mit fünfundzwanzig Jahren, behauptet der zweite, beginnt bei jedem Menschen der Altersprozeß; das sieht man ja an den Spitzensportlern. Und der dritte schüttelt gewichtig den Kopf und erklärt, daß sich die ersten Alterserscheinungen

> *Mit Fünfzig beginnt das Alter der Jugend*
> *und mit sechzig Jahren die Jugend des Alters.*
> *Victor Hugo (1802–1885)*

schon bei dem Kind bemerkbar machen, das seine Milchzähne verliert. Wiederum anders und noch viel detaillierter sieht es der vierte, der gleich eine ganze Altersskala zusammengetragen hat.

Danach altern die Zähne zwar erst mit sieben, die Augen aber schon mit fünf Jahren. Und weiter: Haut und Haare mit zwanzig Jahren, die geistigen Funktionen mit fünfundzwanzig, Ohren und Muskeln mit dreißig, Herz und Kreislauf mit fünfunddreißig, das Skelett und die Atemorgane mit vierzig, die weiblichen Eierstöcke mit fünfundvierzig und die Nieren schließlich mit sechzig Jahren.

Einig sind sich die Wissenschaftler wohl nur darüber, daß das Altwerden ein komplexer Prozeß ist, daß es sich dabei um eine Wechselwirkung von körperlichen und geistigen, von inneren und äußeren Faktoren, von Erbanlagen und Lebensweise handelt. Und darüber, daß das Altern eine sehr individuelle Sache ist, die sich bei jedem Menschen anders auswirken kann; allgemeingültige Regeln lassen sich jedenfalls nicht aufstellen.

Das Tröstliche daran ist, daß die physischen Veränderungen nicht an bestimmte Lebensjahre gebunden sind und daß sie sich durch eine entsprechende Lebensführung beeinflussen und zumindest verlangsamen lassen.

Das Schwinden der Leistungsreserven sei das erste Anzeichen für das Altwerden, meinen die Fachleute, und sie fügen hinzu: «In der Regel ist man so alt, wie man fähig ist, sich an die Umwelt anzupassen.»

Manchmal sind die Zeichen des Alters, die man zu spüren glaubt, nicht einmal existent. Fragen Sie nur einmal die Augen- und Ohrenärzte, und Sie werden staunen, wie viele vermeintliche Altersleiden auf einfachste Art aus der Welt geschafft werden können: durch eine neue Brille etwa oder durch das Ausspülen der Ohren, in denen sich ein Pfropfen Ohrenschmalz festgesetzt hat.

«Macht Alter krank?» fragte kürzlich in einer Diskussion mit Medizinern und Pharmazeuten ein naiver Teilnehmer. Aber so naiv, wie es schien, war er gar nicht. Denn ein berühmter Professor stand auf und sagte: «Es gibt keine Krankheit, die man im Alter zwangsläufig bekommt. Nur kriegt man einige Krankheiten im

Alter häufiger als in der Jugend.» Schließlich sind auch jüngere Leute nicht gegen Krankheiten gefeit, bei älteren hingegen kann es länger dauern, bis sie wieder auf die Beine kommen. Schlimm wird

> *Das Gefühl von Gesundheit erwirbt man sich nur durch Krankheit.*
>
> *Georg Christoph Lichtenberg (1742–1799)*

es vor allem dann, wenn ein alter Mensch von mehreren Krankheiten gleichzeitig befallen wird. Es gibt tatsächlich alte Patienten, die sieben oder acht Krankheiten aufs Mal haben; «Multimorbidität» heißt das in der ärztlichen Fachsprache.

Aber das sind Ausnahmen. Dr. Glyn Thomas von der Weltgesundheits-Organisation räumte vor kurzem an einer Expertentagung in Paris mit dem Vorurteil auf, daß alte Leute besonders kränklich seien. Aufgrund einer Analyse jüngerer Studien hält er diese Bevölkerungsgruppe allgemein für körperlich und geistig gesund.

Als Beispiel dafür führte er eine Erhebung an, die in einer skandinavischen Großstadt unter 88 Prozent aller Siebzigjährigen durchgeführt wurde. Nur ein Prozent der Befragten hatte ernsthafte Gehschwierigkeiten, nur zwei Prozent brauchten Hilfe beim Ankleiden, und nicht mehr als drei Prozent waren im Krankenhaus. 99 Prozent der Befragten hatten keinerlei Schwierigkeiten, Zeitungen und Bücher zu lesen, und lediglich ein Prozent konnte wegen Schwerhörigkeit einen normal sprechenden Partner in einem Meter Entfernung nicht mehr verstehen. Und gelenkig waren die Siebzigjährigen auch noch: 80 Prozent der Männer und sogar 90 Prozent der Frauen waren in der Lage, bei durchgedrückten Knien den Boden – oder doch zumindest eine Toleranzgrenze von weniger als zehn Zentimetern darüber – mit den Fingerspitzen zu erreichen.

Wenn wir nicht mehr so schnell rennen können wie in jüngeren Jahren, wenn wir Falten und graue Haare bekommen und uns an die dritten Zähne gewöhnen müssen, dann sind das alles Alterser-

> *Hundertprozentige Gesundheit ist eine*
> *Stoffwechsel-Erkrankung.* *Curt Goetz (1888–1960)*

scheinungen, aber deswegen ist das Alter noch lange keine Krankheit, sondern ein ganz natürlicher Prozeß.

In einer Klasse sollen zwölfjährige Schüler alte Leute zeichnen. Und was bringen sie zu Papier? Einen gebeugten Mann mit Krückstock, eine fast blinde Frau mit Spitzenhäubchen, einen Weißhaarigen, der im Rollstuhl gefahren wird. Fragt der Lehrer: «Sind das eure Großeltern, die ihr da abkonterfeit habt?»

«Aber nein», wehren die Kinder ab, «wir meinen doch die richtigen Alten!»

Die gebrechlichen Alten, die Greise mit allen möglichen Alterskrankheiten, spuken hartnäckig in den Köpfen der Kinder herum. Es ist ein Klischee, das sich nicht so schnell aus dem überlieferten Bewußtsein schaffen läßt. Dabei sind im europäischen Durchschnitt, was ja im großen ganzen auch mit der skandinavischen Untersuchung übereinstimmt, nur drei bis höchstens fünf Prozent der über Fünfundsechzigjährigen dauernd hilfs- oder pflegebedürftig.

Wer weiß, vielleicht sind auch zu Asterix' und Supermans Zeiten die Brüder Grimm noch ein bißchen mit schuld an dem Bild, das sich die Jungen von den Alten machen. Die alte Hexe etwa ist ja nun wirklich weder ein Glamour-Girl vorgeschrittenen Semesters noch das Abbild einer normalen alten Frau. Sie wird als reine Karikatur dargestellt – eine Karikatur jedoch, die von den Kindern ernstgenommen wird und ihr Bild von den Alten mitprägt. Daß die Seele der alten Hexe womöglich noch schwärzer ist als der Kater auf ihrer Schulter, trägt auch nicht gerade zu einem besseren Alten-Image bei und hilft kräftig mit, bei den Kindern die Angst vor den Alten zu schüren.

Oder die Alte im Märchen ist krank und schwach wie Rotkäppchens Großmutter und liegt, die Nachthaube tief über den Kopf gezogen, im Bett, so daß der Wolf ohne Schwierigkeiten in ihre Rolle schlüpfen und dem Rotkäppchen die gefährliche Maskerade vorspielen kann, bevor er das arme Kind verschluckt.

> *Die Art, wie wir unsere alten Leute behandeln, ist ein entscheidender Beweis für unsere nationale Qualität. Eine Nation, welche die Dankbarkeit gegen jene vergißt, die in der Vergangenheit redlich für sie gearbeitet haben, verdient keine Zukunft, da sie ihren Sinn für Gerechtigkeit und Barmherzigkeit verloren hat.*
>
> *Lloyd George (1863–1945)*

Doch gehen wir mit den Brüdern Grimm nicht zu streng ins Gericht. Sie haben ja schließlich auch die rührende Geschichte von faustdickem erzieherischem Wert zu Papier gebracht, die von dem steinalten, tauben und halbblinden Großvater erzählt, dem beim Essen die Schüssel aus der zittrigen Hand fiel und am Boden zerschellte. Worauf die Schwiegertochter ihn beschimpfte und ihm eine unzerbrechliche hölzerne Schüssel kaufte, aus der er fortan essen mußte.

Erinnern Sie sich, lieber Leser, noch an das Happy-End, bei dem sich der moralische Zeigefinger nicht übersehen läßt? Zur Auffrischung Ihres Gedächtnisses sei es hier wiedergegeben:

«Wie sie so dasitzen, trägt der kleine Enkel von vier Jahren auf der Erde kleine Brettlein zusammen. ›Was machst du da?‹ fragt der Vater. ›Ich mache ein Tröglein‹, antwortet das Kind, ›daraus sollen Vater und Mutter essen, wenn ich groß bin.‹ Da sahen sich Mann und Frau eine Weile an, fingen endlich an zu weinen, holten alsofort den alten Großvater an den Tisch und ließen ihn von nun an immer sich satt essen, sagten auch nichts, wenn er ein wenig verschüttete».

Jakob und Wilhelm Grimm sammelten die Kinder- und Hausmärchen in den Jahren zwischen 1812 und 1822, und auch damals waren sie ja nicht gerade erst entstanden, sondern schon lange Zeit von Generation zu Generation weitergereicht worden. Dies nur kurz zur Grimmschen Ehrenrettung. Heute würden sie gewiß ein anderes Bild der alten Leute zeichnen.

Und wenn sie nicht gestorben sind, dann leben sie noch heute. – Was ich auch von dem Berliner hoch in den Siebzigern hoffe, der in seinem Leib- und Magenblatt einen Artikel über Altersbeschwerden liest und die Zeitung, noch bevor er die Lektüre beendet hat, unwirsch auf den Tisch knallt. «Was ist denn?» fragt seine bessere Hälfte teilnehmend. Da nimmt er seine Brille von der Nase und antwortet mit wiedergewonnener Gelassenheit und im Brustton tiefster Überzeugung: «Det betrifft mir nich!»

Die unzähligen Beispiele der «gut erhaltenen» Alten dürfen für uns Jüngere natürlich kein Freipaß sein, ihre wirklichen Beschwerden nicht ernstzunehmen. Wenn sie nicht mehr so geschwind reagieren, wenn sie in unseren Augen etwas «falsch» machen, wenn sie sich unbeholfen benehmen – dann ist es an uns, Geduld, Rücksichtnahme und vor allem Toleranz zu üben. Was nicht heißen will, daß man sie bedauern muß. Ihnen ist weit mehr damit gedient, wenn man sie zu einer ihren Kräften gemäßen Aktivität ermuntert und auch etwas von ihnen verlangt.

> *Gesundheit erflehn die Menschen von Göttern.*
> *Daß es aber auch in ihrer Hand liegt, diese zu erhalten,*
> *daran denken sie nicht.*
>
> *Demokrit (lebte im 5. Jahrhundert v. Chr.*
> *und wurde über hundert Jahre alt)*

Die heutige Generation in mittleren Jahren hat zwar entschieden mehr Chancen, mit dem eigenen Alter einmal besser fertigzuwerden, aber ein gesundes Alter ist eben nicht nur ein Verdienst, das wir uns durch das nötige Wissen und eine entsprechende Lebensweise selber erwerben können, sondern vor allem ein Geschenk.

Alter schützt vor Scharfsinn nicht!

Ich wollte, dieses hübsche Bonmot wäre von mir; ist es aber nicht. «Alter schützt vor Scharfsinn nicht» heißt vielmehr der Titel eines der letzten Krimis von Agatha Christie, der großen alten Dame des englischen Detektivromans, die 1976 mit fünfundachtzig Jahren starb. Auch in ihrem eigenen Alter hatte sie sich ihren berühmten Scharfsinn erhalten.

Der heute weit verbreiteten Angst vor dem Alter liegt häufig die Furcht vor dem Nachlassen der geistigen Fähigkeiten zugrunde. Diese Furcht ist auch noch so ein Überbleibsel einer überholten Lebensanschauung, ein Vorurteil, mit dem die heutige mittlere Generation aufgewachsen ist.

> *Welch triste Epoche, in der es leichter ist,*
> *ein Atom zu zertrümmern als ein Vorurteil!*
> *Albert Einstein (1879–1955)*

Man hat alles getan, den Menschen einzuimpfen, daß Alter automatisch Verblödung bedeutet oder – etwas gebildeter ausgedrückt – Senilität.

Und noch heute kann man sich nur wundern, wenn man etwa in der Zeitung liest: «Trotz seines hohen Alters ist der Jubilar geistig noch immer rege.» Das tönt fast schon wie ein Vorwurf gegen einen, der es wagt, aus der Reihe zu tanzen. Denn es scheint ja wirklich von einem absoluten Ausnahmefall die Rede zu sein.

Genauso gedankenlos gehen die Schreiberlinge mit den Jungen um, die «ungeachtet ihrer Jugend» schon einen Bestseller geschrieben haben oder Minister geworden sind.

Dabei ist das Lebensalter doch völlig unabhängig von dem, was man leistet, und läßt sich nicht in ein Schema pressen. Bernhard Scherz hat sich einmal in einer Glosse vehement gegen diese ungerechtfertigte Klassifizierung gewehrt und geschrieben:

«Das kann einem die Angst einjagen, zeitlebens von Altersgrenzen eingeengt zu sein. Denn wer es in den Augen der Public-Relations-Onkel heute noch irgendwohin bringen will, der sollte wohl mit vier Jahren fließend lesen können, mit Siebzehn eine Supernova entdecken, mit Vierzig die Tour de France gewinnen oder Papst werden und mit Siebzig als Skilehrer oder Gigolo debütieren.»

Und er kommt zu dem Schluß: «In jedem Alter kann man spielen, in jedem Alter kann man sich ändern, kann erfinden, lachen, dösen, hören, singen, abstumpfen, schwimmen, predigen, lieben, entdekken, bewahren . . .»

Heute sollte es sich eigentlich herumgesprochen haben, daß es nicht in erster Linie auf die Zahl der Lebensjahre ankommt, sondern auf den Menschen, auf das Individuum. Und die Wirklichkeit hat die völlig unbegründete These von der Altersdummheit ja schon etliche tausendmal ad absurdum geführt.

Man weiß längst – und es ist nicht nur einmal wissenschaftlich bewiesen worden –, daß die Intelligenz im Alter keineswegs abnehmen muß. Der IQ, der vielzitierte Intelligenz-Quotient, läßt sich bei entsprechendem Training mit den zunehmenden Lebensjahren sogar noch steigern. Wenn dieser IQ zugegebenermaßen auch umstritten ist, haben wir doch leider noch keine andere Methode, mit der die Intelligenz sich einigermaßen exakt messen läßt. Begnügen wir uns also vorderhand mit seinen Resultaten.

John Kangas von der Universität von Kalifornien in San Diego begann 1931 eine Testserie mit Kindern, die er noch immer fortsetzt. Er kam dabei zu erstaunlichen Ergebnissen: Während man bisher annahm, daß der Intelligenz-Quotient vom fünfundzwanzigsten Lebensjahr an langsam aber sicher sinke, stellte

Kangas bei seinen nun bald fünfzigjährigen Versuchspersonen fest, daß sich ihr IQ im Laufe der Jahre von durchschnittlich 110 auf 130 steigerte. Diese Steigerung, vermutet er – und diese Auffassung vertreten auch andere Wissenschaftler –, dürfte mindestens bis zum fünfundsechzigsten Lebensjahr anhalten. Auch zahlreiche seiner Kollegen haben inzwischen festgestellt, daß die Lernfähigkeit sich nicht mit dem Alter automatisch reduzieren muß.

Uns unsere Intelligenz zu erhalten und sie auch im Alter noch zu steigern, liegt bei uns selber. Mit den geistigen Fähigkeiten ist es wie mit den Muskeln und Gelenken: wer sie nicht gebraucht, läßt sie verkümmern und einrosten; wer sie hingegen trainiert, kann sich auf ihre Funktionstüchtigkeit auch im Alter noch verlassen.

> *Hundert Menschen schärfen ihren Säbel, Tausende ihre Messer, aber Zehntausende lassen ihren Verstand ungeschärft, weil sie ihn nicht üben.*
>
> *Heinrich Pestalozzi (1746–1827)*

Fitnesstraining fürs Gehirn kann man nicht genug betreiben, und geistige Herausforderungen halten jünger als jedes Medikament. Wir dürfen uns nur nicht von den Vorurteilen einschüchtern lassen, unter denen viele Vertreter der heutigen alten Generation in Sachen Intelligenz, Auffassungsgabe und Lernfähigkeit, allen wissenschaftlichen Gegenbeweisen zum Trotz, noch immer leiden.

Zwar soll es Leute geben, die erst nach der Pensionierung anfangen, geistig rege zu werden, und vereinzelt haben sie vielleicht sogar Erfolg damit, aber das sind Ausnahmefälle. Das beste Rezept lautet, wie auch bei der körperlichen Fitness, ganz einfach: Schon in jungen Jahren mit dem Training beginnen und dann auch später nicht pausieren oder gar aufhören, sondern weitermachen. Der Hochleistungssportler ist auch hier ein gutes Beispiel: wenn er nur schon eine Trainingspause von fünf oder sechs Wochen einlegt, kann er nachher nicht einfach dort wieder beginnen, wo er aufgehört hat.

Wer sich zeitlebens weiterbildet und stets bereit ist, Neues hinzuzulernen, der braucht sich im Alter nicht vor dem Abbau seiner geistigen Fähigkeiten zu fürchten.

Im Vorteil sind natürlich diejenigen, denen in ihrem Beruf ständig Intelligenz abverlangt wird. Und auch die Menschen des täglichen Umgangs spielen dabei eine beträchtliche Rolle: wer es immer nur mit «Halbschlauen» und Leuten zu tun hat, die an geistigen Dingen total uninteressiert sind, kann nicht erwarten, daß er durch diesen Umgang gewinnt, daß sein Intellekt von ganz allein lustig weiter-

> *Im engen Kreis verengert sich der Sinn.*
> *Friedrich Schiller (1759–1805)*

sprießt; da muß er schon den Mut haben, «geistig fremdzugehen» und das Fitnesstraining seiner grauen Zellen auf andere Art zu betreiben. Was nicht nur mit Lesen möglich ist; sogar das vielgeschmähte Fernsehen kann dazu beitragen.

Letzthin war ich bei einer reizenden alten Dame zu Gast, einer Schriftstellerin, deren anspruchsvolle Bücher Millionenauflage haben. Sie wurde Achtzig, und ich sollte aus diesem Anlaß einen Artikel über sie schreiben.

Sie wohnt draußen auf dem Land, in einem einsam gelegenen Häuschen, weitab von allem, was man gemeinhin als Kultur bezeichnet. Ihr Mann, mit dem sie in überaus glücklicher Ehe gelebt hatte, war vor kurzem gestorben, und obwohl sie die Einsamkeit liebt, fühlte sie sich nun doch sehr verlassen.

Da kam sie auf die Idee, sich einen Fernsehapparat zuzulegen. Nicht, daß sie nun Abend für Abend davorsitzt und sich an Derrick & Co. ergötzt oder sich gar die «Schaukelstuhl»- oder ähnliche Alterssendungen anschaut! Nein, sie benutzt den Fernseher als universales Unterrichtsmittel.

Voller Begeisterung berichtet sie mir von ihrer neuen Errungenschaft: «Sie glauben ja gar nicht, was man da alles lernen kann! Ich schaue mir alle Sendungen an, die irgendwie mit Wissenschaft, Forschung und natürlich mit Literatur zu tun haben, ich übe mich in französischer Konversation und frische mein eingerostetes Englisch wieder auf. Manchmal, wenn mich etwas besonders fesselt, passiert es mir sogar, daß ich nach meinem Mann rufe, um ihn daran teilnehmen zu lassen. Ich vergesse dann vollkommen, daß er ja nicht mehr hier ist.»

Ich sagte es schon: Sie schreibt Bücher, die ziemlich hohe Anforderungen an sie stellen, in den letzten Jahren vorwiegend Biographien berühmter Männer und Frauen. Das Material dafür muß sie mühsam zusammensuchen, vergleichen und werten. Diese Art Schriftstellerei verlangt von ihr, sich einerseits völlig in eine andere Person hineinzuversetzen und sich schließlich ganz mit ihr zu identifizieren, ohne andererseits den kritischen Abstand zu verlieren.

Sie kann sich also nicht einfach an den Schreibtisch setzen, eine Romanhandlung erfinden und dann munter drauflosschreiben. Womit nichts gegen Roman-Autoren gesagt sein soll, aber die Arbeit dieser Schriftstellerin ist unendlich viel aufwendiger und differenzierter. Und hält sie ununterbrochen auf Trab.

Eine Woche später besuchte ich eine andere alte Dame im gleichen Alter; diesmal die Frau eines berühmten Schriftstellers, seine treue Weggefährtin, die ihm vorbildlich das Haus geführt und ihm stets den lästigen Alltag vom Hals gehalten hatte. Sie war ebenfalls

> *Ein Haus ohne Frau ist wie eine Wiese ohne Tau.*
> *Amerikanisches Sprichwort*

intellektuell und kultiviert, aber sie hatte ihren Geist doch nicht Tag für Tag so strapazieren müssen wie die Schriftstellerin.

Sie verstand es, charmant zu plaudern und aus ihrem interessanten

Leben an der Seite des berühmten Mannes zu erzählen. Eigentlich war sie eine ideale Interview-Partnerin, denn ich mußte sie kaum etwas fragen; es plätscherte nur alles so aus ihr heraus. Sie konnte sich an jede Einzelheit erinnern, die vierzig oder gar fünfzig Jahre zurücklag, doch dafür haperte es mit der Gegenwart.

Mitten in unserer Unterhaltung kam ihr Hund hereingesprungen, ein quicklebendiger Pudel, der gerade von seinem Spaziergang mit der Haushälterin zurückgekehrt war. Er begrüßte seine Herrin stürmisch und beschnupperte auch mich freundlich und interessiert. «Salü Hund», sagte ich, wie das hierzulande der Hundeterminologie entspricht, und kraulte ihn hinter den Ohren. Ihm schien's zu gefallen, und er traf keine Anstalten, sich wieder davonzumachen.

«Wie heißt er denn?» fragte ich schließlich, denn ihn immer nur mit «Hund» anzureden, fand ich denn doch etwas unschicklich. Da stutzte die Dame des Hauses und meinte nach einer kleinen Pause entschuldigend: «Es fällt mir gerade nicht ein.»

Ich erschrak zutiefst. Plötzlich wurde mir der Unterschied zwischen Langzeit- und Kurzzeitgedächtnis bewußt. Auch verglich ich die

> *Das Gedächtnis nimmt ab, wenn man es nicht übt.*
> *Marcus Tullius Cicero (106–43 v. Chr.)*

beiden achtzigjährigen Damen, die Schriftstellerin mit ihrer hellwachen, stets aufs neue geforderten Intelligenz und die Frau des Schriftstellers, die doch eben in erster Linie Hausfrau gewesen und dadurch nie gezwungen war, ihren Geist ständig zu trainieren.

Vielleicht sind diese Schlußfolgerungen überspitzt, denn selbstverständlich können da auch ganz andere Komponenten im Spiel sein. Man erlebt es ja oft bei alten Leuten, daß sie ihre Jugenderlebnisse bis ins letzte Detail schildern, doch im Handumdrehen vergessen, was sich gestern oder heute zugetragen hat. Die medizinische Erklärung dafür klingt plausibel: Für die Abnahme des Kurzzeit-

oder Frischgedächtnisses sind Prozesse im Gehirn verantwortlich, die man als Altersabbau bezeichnet und die einer Arterienverkalkung zuzuschreiben sind.

Trotzdem gibt es genügend Wissenschaftler, die behaupten, daß sich auch Alterserscheinungen dieser Art durch entsprechendes Training steuern und weitgehend vermeiden lassen. Schachspielen, Scrabble oder das simple Lösen von Kreuzworträtseln, sagen sie, seien ausgezeichnete Gegenmittel; ebenso das tägliche Auswendiglernen von Vokabeln oder Gedichten.

Bisher wurde allgemein angenommen, das menschliche Erinnerungsvermögen sei so liebenswürdig, uns über längere Zeiträume hinweg nur die schönen, positiven Dinge behalten zu lassen; unangenehme dagegen würden verdrängt und vergessen. Diese Theorie geht noch auf den Psychoanalytiker Sigmund Freud zurück. An die angenehmen Ereignisse, konstatierte er, bei denen die eigene Person im vorteilhaften Licht erschien, erinnere man sich bereitwillig und gern; alles andere jedoch, Erlebnisse, die mit Ängsten und Konflikten zusammenhängen, schiebe man ins Unterbewußtsein ab.

Deutsche Wissenschaftler sind neuerdings zu ganz anderen Erkenntnissen gekommen. Ob gute oder schlechte Erlebnisse, sagen sie, sei überhaupt nicht ausschlaggebend. Ihrer Meinung nach kommt es allein auf die Stärke des Gefühls an, das mit dem Erlebnis

> *Jeder klagt über sein mangelhaftes Gedächtnis,*
> *aber niemand über seinen mangelhaften Verstand.*
> *François de La Rochefoucauld (1613–1680)*

verbunden war. Und sie folgern: Je stärker Emotion und Erregung mit im Spiel waren, desto besser haftet die Begebenheit – auf die Länge gesehen – im Gedächtnis.

Das Namensgedächtnis – um wieder auf die Schriftstellergattin und des namenlosen Pudels Kern zurückzukommen – liegt ja oft auch bei jüngeren Menschen schon im argen. Selbst wenn sie einem recht guten Bekannten begegnen, geraten sie plötzlich ins Stottern und murmeln irgend etwas Unverständliches vor sich hin. Ich muß gestehen, daß auch ich damit meine Schwierigkeiten habe, besonders dann, wenn es sich um Leute handelt, die mich nicht sonderlich interessieren.

Aber man kann auch dagegen etwas unternehmen. Ich habe es mir zum Beispiel angewöhnt, mir immer gleich den Namen neuer Bekannter aufzuschreiben. Das ist manchmal zwar ein wenig problematisch, aber mit einer gewissen Übung läßt es sich bald ganz unauffällig bewerkstelligen. Nun bin ich aber das, was Goethe ein «Augentier» nannte. Wenn ich sicher sein will, irgend etwas nicht zu vergessen, muß ich es erst einmal selbst schreiben.

Das gilt auch für den Zettel, auf dem ich notiere, was ich einkaufen muß. Ich darf ihn nachher sogar zu Hause liegen lassen, denn allein durch das Aufschreiben und das Vor-mir-Sehen hat sich mir alles so eingeprägt, daß ich es mühelos im Gedächtnis behalte.

Ich befinde mich da mit Goethe in bester Gesellschaft, denn er war auch ein «Augentier». Nie hätte er, wie Schiller das tat, den «Wilhelm Tell» schreiben können, ohne in der Schweiz gewesen zu sein und alles gesehen und genau beobachtet zu haben. Schiller hingegen, nach Goethe ein «Ohrentier», genügte es, sich von

> *Man glaubt einem Auge mehr als zwei Ohren.*
> *Sprichwort*

seinem Freund Goethe Land, Leute und Landschaft ausführlich schildern zu lassen. Und schon spurte seine dichterische Phantasie, und er war in der Lage, besser als jeder eingeborene Eidgenosse das Stück zu schreiben, das zum Schweizer Nationaldrama wurde.

Mit dem Namensgedächtnis ist es manchmal eben eine verflixte Sache. Da soll es einen berühmten Staatsmann gegeben haben, der

Tausende seiner Untertanen mit Namen anreden konnte und sich dabei nie irrte. Wer es war, darüber sind sich die Historiker allerdings nicht ganz einig; mal ist von Friedrich dem Großen die Rede, mal von Napoleon und seit einiger Zeit auch von John F. Kennedy.

Der amerikanische Präsident soll das Geheimnis seines guten Namensgedächtnisses unter dem Siegel der Verschwiegenheit einem Freund anvertraut haben, der es erst nach Kennedys Tod lüftete. Danach prägte sich Kennedy jedesmal, wenn ihm jemand vorgestellt wurde, nicht nur dessen Gesicht ein, sondern gab ihm im Geiste auch ein Namensschild in die Hand, so wie bei einem Verbrecherfoto. Und dieses Foto tauchte dann prompt vor seinem inneren Auge auf, wenn er dem Betreffenden wieder begegnete. Angeblich eine sichere Methode . . .

Im allgemeinen ist es so, daß «Ohrentiere» Namen seltener vergessen als «Augentiere», aber auch ihnen kann es passieren. Einem Black-out können sie dadurch entgegenwirken, daß sie sich mit den Namen gleich von Anfang an Eselsbrücken bauen. Man kennt das ja: beim Herrn Schwarzmann stellen sie sich einen Mann in stockfinsterer Nacht oder einen Pfarrer im schwarzen Talar vor, und wenn sie der Frau Becker wiederbegegnen, weht sogleich ein köstlicher Duft von frischen Brötchen durch ihre Gehirnwindungen.

Einmal wollte auch ich partout über eine Eselsbrücke zum richtigen Namen gelangen. Die Versuchung dazu bot sich mir geradezu auf dem Präsentierteller an, und da stach mich der Hafer. Es ging um

> *Der Name ist's, der Menschen zieret,*
> *weil er das Erdenpack sortieret –*
> *bist du auch dämlich, schief und krumm:*
> *du bist ein Individuum.*
>
> *Kurt Tucholsky (1890–1935)*

einen Herrn Habicht, den Inhaber eines Geschäfts, in dem ich mir Schreibmaschinen anschaute; darunter auch eine «Adler».

Mit der Adler wurden wir jedoch nicht handelseinig; statt dessen erstand ich einen farbenprächtigen Gockelhahn, zum Lampion umfunktioniert.

Habicht, Adler, Gockel, Vogel . . . tastete ich mich hoffnungsvoll auf der Eselsbrücke voran. An einen Vogel mußte ich also denken – so einfach war das!

Wochen später stand der Besagte unvermittelt vor mir. «Vogel», schaltete es sofort. Ich begrüßte ihn mit strahlender Miene; allerdings nicht als Herrn Habicht, sondern als Herrn Kranich. Weiß der Kuckuck (Himmel, schon wieder ein Vogel!), wie sich da urplötzlich Freund Ibykus in eine meiner Gehirnschubladen eingeschmuggelt hatte!

Es war mir furchtbar peinlich, und ich wagte mich fortan nicht mehr in Herrn Habichts Geschäft. Aus purer Angst, ihn das nächste Mal vielleicht versehentlich mit Herr Vogel, Herr Adler oder Herr Gockel anzureden.

Die Eselsbrücken überlasse ich seither neidlos den Ohrentieren.

Spießer altern schneller

«Jetzt kann ich's ja sagen, daß ich etwas Angst vor Ihnen hatte», gesteht Herr W., «ich dachte, da käme so eine Intelligenzbestie, vor der ich mächtig auf der Hut sein müsse!»

Ich hatte drei Tage mit Herrn W. zusammen verbracht und mich über seine Arbeit informiert; da kommt man sich näher. Zum Abschied schüttelt er mir freundschaftlich die Hand, strahlt übers ganze Gesicht und sagt: »Was mir so besonders an Ihnen gefällt, das ist, daß Sie gar nicht so intelligent sind!»

Ein schönes Kompliment – mir bleibt fast die Sprache weg. Erst suche ich noch Haltung zu bewahren, aber dann pruste ich los vor Lachen. Erst jetzt wird ihm bewußt, was er gesagt hat, und er stottert entschuldigend: «Ich meine natürlich, daß sie nicht so intellektuell sind . . .»

Keine Frage: Intelligent möchte jeder sein oder zumindest dafür gehalten werden. Aber was versteht man eigentlich unter Intelligenz? Im Lexikon steht folgendes: «Klugheit, Fähigkeit der Auffassungsgabe, des Begreifens und Urteilens; geistige Anpassungsfähigkeit an neue Aufgaben. Bei Aufnahme- und Eignungsprüfungen sind Verfahren zur Abschätzung des Intelligenzgrades mit Hilfe normierter Aufgaben (Intelligenz-Tests) wichtig geworden. Die Ergebnisse lassen sich durch Intelligenz-Quotienten, das heißt, durch das Verhältnis des Intelligenzalters zum Lebensalter, ausdrücken.»

Samuel C. Kohs, ein Pionier der Intelligenz-Quotienten-Forschung, erklärte kürzlich nach sechzigjähriger IQ-Arbeit: «Dabei ist das, was wir Intelligenz nennen, bis heute noch nicht einmal vernünftig definiert.»

Sicher scheint hingegen, daß Intelligenz nicht nur angeboren ist, sondern daß sie wesentlich durch Erziehung, Bildung und Umwelt mitgeprägt wird. Was wir als Kinder mit auf den Weg bekommen haben, dafür können wir nichts, wohl aber für das, was wir im späteren Leben selber daraus machen. Dann wird die Intelligenz auch bei fortschreitendem Alter nicht abnehmen.

> *Gott macht die Tiere;*
> *der Mensch macht sich selber.*
> *Georg Christoph Lichtenberg (1742–1799)*

Aber auch, wenn sie sich nicht reduziert, kann sich die Intelligenz in späteren Jahren doch verändern. Das Gehirn setzt dann andere Schwerpunkte. Der amerikanische Psychologe Catell hat herausgefunden, daß es zwei verschiedene Arten von Intelligenz gibt: die «flüssige» und die «kristallisierte».

Unter der flüssigen Intelligenz, die im Alter eher abnimmt, verstehen die Psychologen das rasche Erfassen abstrakter Begriffe, wie etwa das Lernen zusammenhangloser Silben-, Wort- und Zahlenreihen, die keinen bestimmten Sinn ergeben. Tests dieser Art, die sich auf ungewohnte Zusammenhänge beziehen, erfordern eine rasche gedankliche Umstellung; die jedoch geht im Alter etwas langsamer vor sich.

Was nicht heißt, daß alte Leute – falls sie Wert darauf legen – nicht auch Sinnloses erlernen können. Wenn sie die Taktik anwenden, sich Eselsbrücken zu bauen (wie bei dem Namen, den man sonst vergißt), verwandeln sie das an sich Sinnlose in etwas Sinnvolles; und das können sie dann auch behalten. Aber das sind rein theoretische Spekulationen, denn im täglichen Leben kommt es ja nicht darauf an, abstrakte Sinnlosigkeiten zu erlernen.

Anders dagegen ist es mit den kristallisierten Fähigkeiten. Sie bleiben auch bei zunehmendem Alter konstant oder nehmen sogar noch zu. Und diese Fähigkeiten sind für die Praxis des Alltags weit

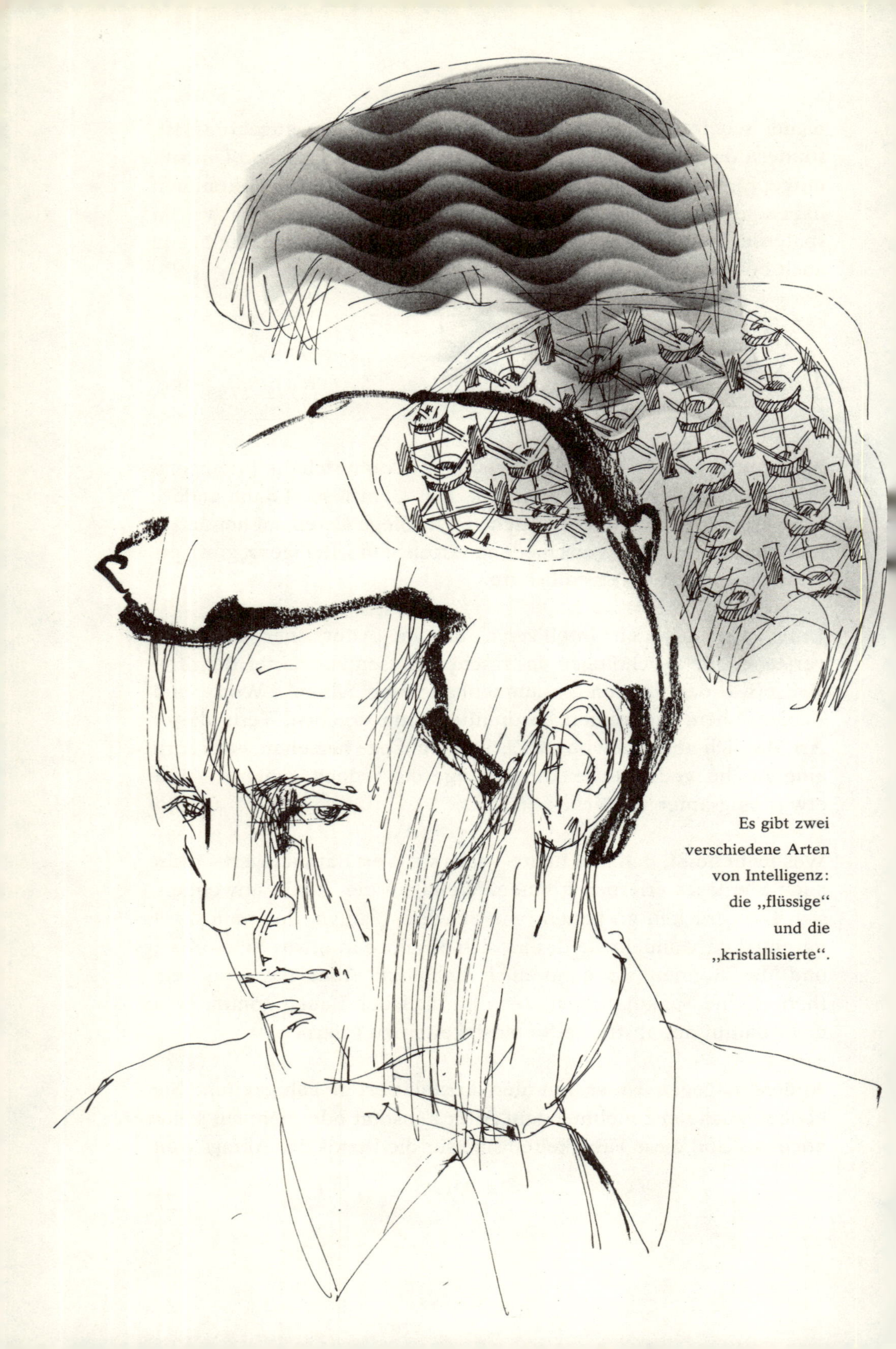

Es gibt zwei verschiedene Arten von Intelligenz: die „flüssige“ und die „kristallisierte“.

wichtiger als die der flüssigen Intelligenz. Dazu gehören Wissen und Allgemeinbildung sowie Logik des Ausdrucks und der sprachlichen Formulierung. Auch gesunder Menschenverstand, unterstützt durch die Erfahrung, prägt die kristallisierte Intelligenz.

Jahrelang haben die Wissenschaftler behauptet, je älter man werde, desto mehr vermindere sich die Reaktionsgeschwindigkeit. Im Prinzip stimmt das schon: Ältere Menschen reagieren meist nicht mehr so spontan und blitzschnell, sondern eher etwas bedächtiger. Aber auch die längere Reaktionszeit darf man, wie jüngste Forschungen zeigen, keinesfalls pauschalisieren. Es kommt dabei viel auf die Persönlichkeit an, den Bildungsgrad, den Lebensstil, die Kontakte und Einflüsse der Umwelt.

Überhaupt macht man sich über den Begriff Reaktionsgeschwindigkeit und seine Größenordnung meist ganz falsche Vorstellungen. Untersuchungen haben ergeben, daß bei einem schon ziemlich anspruchsvollen Versuch ein Zwanzigjähriger beispielsweise 2,04 Sekunden braucht, bis er «schaltet»; bei den Fünfzigjährigen erstreckt sich dagegen die Reaktionszeit auf durchschnittlich 2,59 Sekunden. So riesengroß ist der Unterschied also nicht.

Ähnlich wie mit der Reaktionsfähigkeit ist es mit der Konzentrationsfähigkeit, von der man früher ebenfalls behauptete, sie nehme im Alter automatisch ab. Auch das stimmt nicht; sie ist an kein Alter gebunden. Da muß gar nicht erst als Beweis angeführt werden, wie wenig oft schon Schulkinder heute in der Lage sind,

> *Das Alter ist vergessen*
> *aus Mangel an Interessen.*
> *Johann Wolfgang von Goethe (1749–1832)*

sich wirklich zu konzentrieren. Maßgebend für die Fähigkeit, sich intensiv auf etwas konzentrieren zu können, ist einzig und allein das Interesse an einer Sache. Bringt der ältere Mensch dieses Interesse auf, so vermag er dank seiner reicheren Erfahrung – der praktischen ebenso wie der intelligenzmäßigen – auf diesem Gebiet sogar mehr zu leisten als ein junger.

Die Erfahrung, die ebenfalls der kristallisierten Intelligenz zugerechnet wird, bildet den Ausgleich für die vielleicht nachlassende Fähigkeit schnelleren Denkens in neuen, ungewohnten Bahnen.

Was man im allgemeinen unter Erfahrung versteht, ist in Wirklichkeit ein sehr weitgefaßter Begriff, nämlich die Summe einer Unzahl einzelner Erfahrungen und Erlebnisse in einem größeren Zusammenhang. Nur darf man Erfahrung nicht mit Routine verwechseln. Zur Erfahrung gehört immer ein vielschichtiger, im geistigen Bereich vorbereiteter Lernprozeß. Routine hingegen ist das, was man automatisch macht, und das hat meist wenig mit Intelligenz und geistigen Fähigkeiten zu tun.

Bei Routine-Arbeiten muß man nicht nachdenken; man erledigt sie – bildlich gesprochen – mit geschlossenen Augen. Der Arbeiter am Fließband, der Stunde um Stunde die gleichen Handgriffe macht, muß sein Gehirn dabei nicht anstrengen. Dasselbe gilt für die Hausfrau, die etliche sich Tag für Tag wiederholende, gleichbleibende Arbeiten im Haushalt erledigt. Auch in jedem anderen Beruf gibt es diese Routine-Arbeiten, in dem einen mehr, in dem anderen weniger. Routine entwickelt gewisse Fertigkeiten, stellt aber keine geistigen Anforderungen; die Gefahr der Abstumpfung ist also groß.

Auch die einseitige Beanspruchung des Intellekts fördert die allgemeine Hirnfunktion kaum. Wir alle kennen die Fachidioten,

> *Vor der Einseitigkeit des eigenen Individuums beständig auf der Hut zu sein, das ist die ewige Jugend.*
> *Ernst Freiherr von Feuchtersleben (1806–1849)*

die auf einem bestimmten Gebiet Hervorragendes leisten, die aber versagen, wenn sie nur einen einzigen Schritt von ihrem gewohnten Weg abkommen.

Nun gibt es leider nicht nur hochinteressante Berufe, die ständig Eigeninitiative und schöpferisches Denken und Planen verlangen; die anderen Berufe, die eintönigen, die mehr auf Routine als auf geistiger Wendigkeit basieren, sind entschieden in der Mehrzahl. Doch ist das kein Grund, seine Fähigkeiten verkümmern zu lassen. Niemand hindert einen Menschen daran, sich außerhalb der Berufsarbeit geistig fit zu halten. Ob er nun nebenberuflich mathematische Probleme wälzt, sich mit Raumfahrt oder Politik beschäftigt oder schwierige Schach-Aufgaben löst, das ist gar nicht so wichtig – Hauptsache, er schafft sich einen Ausgleich zur beruflichen Eingleisigkeit!

Auch das Briefmarken- oder Münzensammeln – oft als nutzloses Hobby abgetan und geringschätzig belächelt – kann den Horizont erweitern. Wer nicht stupide nach Hamsterart nur alles sammelt und aneinanderreiht, sondern das Betrachten einer Marke oder Münze zum Anlaß nimmt, beispielsweise ihrer Entstehungsgeschichte nachzuforschen, der schafft sich damit mehr Werte, als die Sammlung selber in Mark, Franken oder Schilling wert ist.

Ein bekannter Rechtsanwalt, inzwischen längst gestorben, begnügte sich nicht mit der an sich schon interessanten Arbeit in seiner Anwaltspraxis. Darüber hinaus erledigte er ein tägliches Pflichtpensum zum Wachhalten seines Geistes; er nannte es seine «eiserne Ration». Er las jeden Tag einen Abschnitt in der Bibel, 50 Verse Homer, 30 Verse Sophokles und 50 bis 100 Verse Shakespeare oder Goethe. – Er brauchte sich auch im Alter nicht über das Nachlassen seiner geistigen Fähigkeiten zu beklagen.

Die geistige Leere alter Menschen, die es – das soll nicht beschönigt werden – tatsächlich gibt, hat mit dem Alter überhaupt nichts zu tun. Sie hat den Menschen schon sein ganzes Leben lang begleitet,

> *Wir sind einander nah durch die Natur,*
> *aber sehr entfernt durch die Bildung.*
> *Konfuzius (551–479 v. Chr.)*

und er hat nie etwas dagegen unternommen. Er hat nie etwas dazulernen wollen, und so kann er wohl auch kaum mit den positiven Eigenschaften und Fähigkeiten brillieren, die besonders das Alter auszeichnen. Dazu gehören neben der Erfahrung, die sich in der ganzen Persönlichkeit manifestiert:

Menschenkenntnis
Zuverlässigkeit
Ausdauer
Urteilsfähigkeit
Verantwortungsbewußtsein
Selbstdisziplin
Ausgeglichenheit
Denken in großen Zusammenhängen.

Die Summe all dieser Eigenschaften läßt sich wohl am besten unter dem Begriff «menschliche Reife» zusammenfassen.

Doch das fällt einem mit dem Älterwerden nicht alles von selber in den Schoß; man muß schon etwas dafür tun und eigene Initiative entwickeln. Am schwersten ist das für einen Menschen, der sich in seinem Beruf nie verwirklichen konnte, der jahrzehntelang unter Leistungsdruck stand und immer nur das tat, was von ihm verlangt wurde. Wenn er nicht rechtzeitig dafür gesorgt hat, seine Fähigkeiten außerhalb des Berufs zu entfalten, wird es ihm im Alter kaum gelingen, plötzlich umzuschalten und ein breites Interessenspektrum zu entwickeln. Ihm kann man, wenn er seinen Beruf leichten Herzens hinter sich gelassen hat, nicht einfach sagen: Nun gehe hin, entdecke die Welt und den Sinn des Lebens; jetzt hast du ja endlich Zeit dafür! – Wie sollte er auch!

Deshalb ist es so eminent wichtig, schon in der Jugend die Weichen richtig zu stellen; vor allem durch die Berufswahl. Und dann darf der Mensch, auch später in mittleren Jahren, nie aufhören, sein Leben durch eigene Initiative und eigene Ideen zu steuern. Von einem, der mit Dreißig schon geistig träge und in der Routine erstarrt ist, kann man nicht erwarten, daß er später von einem Tag auf den anderen nur so vor Geist und Unternehmungslust zu sprühen beginnt.

Und wer sich mit Vierzig Abend für Abend passiv in den Sessel fallen und vom Fernsehen berieseln läßt, kann nicht damit rechnen, sich mit Sechzig oder Siebzig plötzlich für Gott und die Welt zu interessieren und ein reges geselliges Leben zu führen. Und Homer lesen wird er dann wohl auch nicht mehr.

Wer sich auch im Alter Aktivität und einen wachen Geist bewahren will, der kann gar nicht früh genug mit geistigen Fitness-Übungen beginnen. Die Rezepte, die neben der geistigen Aktivität ein

> *Das ganze Geheimnis, jung zu bleiben, trotz den Jahren und trotz den weißen Haaren, ist, in sich die Begeisterungsfähigkeit zu bewahren.*
>
> *Henri Frédéric Amiel (1821–1881)*

glückliches Alter versprechen, sind so einfach, daß sie fast schon banal klingen: konstruktiv denken, ständige Aufgeschlossenheit, sich engagieren. Oder, wie Alexander Mitscherlich es einmal formulierte: «Der Konformist, der Spießer, scheint schneller und trauriger zu altern als einer, der sich begeistern kann und diese Fähigkeit beibehält.»

Spießer altern schneller! Der amerikanische Psychologe Pitkin geht sogar noch weiter; er behauptet: «Die Dummen sterben früher.»

«Bleiben Sie jung im neuen Jahr», wünschte mir letzthin ein Freund, und er fügte auch gleich hinzu, was er darunter versteht. Das Rezept hat er bei Marie von Ebner-Eschenbach gefunden: «Man bleibt jung, solange man noch lernen, neue Gewohnheiten annehmen und Widerspruch ertragen kann.»

Endlich Zeit zum Studieren!

Ich habe für ein paar Tage in Genf zu tun, und während meines Aufenthalts fällt mir ein, daß ich eigentlich einmal bei Madame A. vorbeischauen könnte, einer alten Dame, die ich seit Jahren nicht mehr gesehen habe.

Den ganzen Nachmittag über versuche ich, sie anzurufen, aber sie ist nicht zuhause. Als ich am Abend ihre Nummer noch einmal wähle, meldet sie sich. Wo sie denn so lange gesteckt habe, frage ich. «In der Vorlesung», antwortete sie, «an der Uni.»

Ich bin überrascht, denn schließlich ist Madame A. ... ich beginne nachzurechnen ... ja, sie muß jetzt so gegen Ende Siebzig sein.

Bei meinem Besuch erzählt sie mir mit geradezu jugendlichem Enthusiasmus von der Genfer Alters-Universität, die sie schon seit drei Jahren regelmäßig besucht. Mein Interesse ist geweckt, und am folgenden Tag schaue ich mir diese ungewöhnliche Universität selber an.

«Apprendre à vieillir» heißt das Thema der Vorlesung, die ein Genfer Arzt gerade hält, und «Älterwerden will gelernt sein» ist gleichzeitig das Motto dieser Universität, der Uni III, wie sie sich als Universität des dritten Alters nennt. Sie steht den Frauen ab Zweiundsechzig und den Männern ab Fünfundsechzig offen. Die älteste Studentin hat ihren zweiundneunzigsten Geburtstag schon hinter sich, und das Durchschnittsalter liegt zwischen Siebzig und Fünfundsiebzig. «Irrtum vorbehalten», meint Professor William Geisendorf, denn eine Statistik über das Alter seiner Studenten führt er nicht.

Ich würde nichts Schöneres kennen,
als in Ewigkeit weiterlernen zu dürfen.
Christian Morgenstern (1871–1914)

Der weißhaarige Professor, ehemaliger Dekan der Medizinischen Fakultät, ist zwar der Initiant der Universität für das dritte Alter in Genf, aber nicht der Erfinder dieser Institution. Die Idee stammt aus Frankreich; dort wurde 1973 in Toulouse die erste Alters-Universität eröffnet, und vierzehn weitere Hochschulen des Landes folgten diesem Beispiel. Inzwischen gibt es solche Senioren-Universitäten auch in Belgien, Polen und Kanada.

Als Professor Geisendorf 1975 die Idee für Genf aufgriff, hoffte er insgeheim auf 300 Einschreibungen, denn sonst, fürchtete er, würde sich der Aufwand nicht lohnen. Am Ende des ersten Semesters waren es dann jedoch schon 980 Studienbeflissene, und bis heute hat sich ihre Zahl auf über 2000 erhöht. Sie finden nicht einmal mehr genügend Platz in dem großen, modernen Hörsaal. Da sprang das «Radio Romande» ein, das nun für alle diejenigen, die im Auditorium nicht unterkommen, die Vorlesungen in die Wohnstuben überträgt.

Die Themen der dreißig Vorlesungen pro Semester, unter denen jeder Altersstudent für eine Immatrikulationsgebühr von fünfzehn Franken wählen kann, sind attraktiv und vielseitig und vor allem ganz auf die Interessen älterer Hörer zugeschnitten. Da geht es um die Ost-West-Beziehungen nach der Helsinki-Konferenz, um die Wettervorhersage oder die Feuchtgebiete im Gleichgewicht der Natur, um Theseus in der griechischen Mythologie und Kunst, die Sozialpolitik der Stadt Genf und die neuesten archäologischen Ausgrabungen im Kanton oder auch um die Ästhetik des japani-

Lernen heißt, gegen den Strom rudern.
Wer nicht lernt, treibt ab.
Mao Tse-tung (1893–1976)

schen Gartens. Auch Themen der Musik, der abstrakten Kunst, der Ökumene und der Menschenrechte finden aufmerksame Hörer in Hülle und Fülle. Und wenn der Psychologie-Professor etwa die Frage stellt: «Wird mit dem Alter auch der Geist begrenzt?» könnte er sich kein präsenteres Publikum wünschen. Führungen und Besichtigungen, Besuche in Museen, Kirchen und bei internationalen Organisationen schlagen den Bogen vom Zuhören zum eigenen Erleben.

Ehrenamtliche Hostessen stehen allen zur Verfügung, die noch etwas unsicher sind und sich in der Alma Mater nicht gleich zurechtfinden. Auch bei den Führungen leisten die Hostessen Hilfestellung, und wenn jemand nicht mehr gut auf den Beinen ist, holen sie ihn daheim ab, chauffieren ihn in die Universität und bringen ihn nach der Vorlesung wieder zurück. Es sind Genferinnen mittleren Alters, die sich auf einen Appell hin spontan für diese Aufgabe zur Verfügung stellten. Die Dozenten verzichten auf ihr Honorar und geben sich mit einer bescheidenen Spesenentschädigung zufrieden – denn alle sind begeistert über den Zuspruch, den die Alters-Universität findet.

«Ich will nachholen, was ich in meiner Jugend versäumt habe», erklärt eine Hörerin. Eine andere sagt: «Für mich ist das ein enormer Gewinn; die Monotonie des Alters wird dadurch unterbrochen, und ich habe die Möglichkeit, neue Kontakte und sogar neue Freunde zu finden.» Und ein Herr: «Hier kommt mein intellektueller Hunger endlich auf seine Kosten. Ich gehe an alle Vorlesungen, nehme sie auf Tonband auf und diskutiere nachher mit meinen Freunden darüber.» «Ich bleibe dadurch auf dem laufenden», erklärt ein anderer, «und ich habe es mir seither abgewöhnt, zu sagen: ‹Das lohnt sich doch in meinem Alter nicht mehr!›»

Man wird alt wie eine Kuh
Und lernt immer mehr dazu.
Niederrheinisches Sprichwort

Die Bezeichnung Alters-Universität ist vielleicht etwas zu hoch gegriffen, denn die Senioren nehmen nur als Hörer teil; Prüfungen und Abschluß gibt es für sie nicht. Zwar finden sich unter ihnen auch Leute mit nur geringer Schulbildung, aber das sind die Ausnahmen; die meisten haben ein Gymnasium besucht, einige von ihnen auch in ihrer Jugend schon studiert – sie kennen die Schwellenangst vor der Universität nicht, die viele weniger Gebildete vom Mitmachen abhält.

Inzwischen ließen sich die Genfer Altersstudenten noch etwas Neues einfallen. Sie möchten nicht nur für ihre persönliche Bildung und Weiterbildung arbeiten; darüber hinaus wollen sie sich für die Gesellschaft nützlich machen und der Allgemeinheit einen konkreten Dienst erweisen. Ihr Augenmerk richtete sich auf die vielen Unfälle, die, von der Öffentlichkeit kaum beachtet, im Haushalt passieren. Allein im Kanton Genf sind das 7500 jährlich, 50 davon mit tödlichem Ausgang. Gegen diese Unfälle ziehen sie jetzt mit einer großangelegten Kampagne zu Felde.

Die Kampagne hat Hand und Fuß. In allen öffentlichen Ämtern, Fabriken, Läden und Apotheken ließen die Studenten bereits Warnplakate aushängen. Für ihre breitgefächerte Aufklärungsarbeit gewannen sie die Regierung, Vereine, Freizeit- und Altersgruppen, Berufsverbände, die Gewerkschaften und sogar die ausländischen Konsulate und die internationalen Organisationen. Mit Ausstellungen, Filmen, Dia-Vorträgen sowie einer Informationsbroschüre machen sie auf alle Gefahrenquellen im Haushalt aufmerksam. Sie halten auch Vorträge in den Schulen, damit nicht nur die Kinder, sondern ebenfalls deren Eltern entsprechend sensibilisiert werden. Das Ziel, das sich die Studenten der Uni III gesetzt haben, kann sich sehen lassen: In einem Jahr wollen sie die Haushaltsunfälle um 1000 reduzieren.

Nur ein einziger Wunsch ist den aktiven Altersstudenten bisher nicht in Erfüllung gegangen: Für die ursprünglich vorgesehenen gemischten Vorlesungen, an denen auch junge Studenten teilnehmen, ist – was allgemein bedauert wird – der Andrang viel zu groß.

Diese Ideallösung hat man dagegen in Deutschland gefunden: an der Alten-Akademie der Pädagogischen Hochschule Ruhr in Dortmund. Dort ist der Lehrplan ganz ähnlich aufgebaut und umfaßt ebenfalls die verschiedensten Wissensgebiete. «Altenforschung, Altenbildung, Altenhilfe» lautet das Motto des Dortmunder Modells.

Diskussionen der Senioren, die in Dortmund sogar schon ab Fünfzig zugelassen sind, mit den jungen Studenten (dem Alter nach könnten es ihre Kinder oder Enkelkinder sein) gehören zu dem Erfreulichsten, was diese Hochschule zu bieten hat. Bei den nur gut 150 alten Studenten – gegenüber den 2000 in Genf – läßt sich das Nebeneinander von jung und alt einigermaßen problemlos realisieren.

Man findet übrigens überall an den Universitäten ältere Leute, die gegen eine minime Studiengebühr – oder oft sogar kostenlos – als Gasthörer an allgemein interessierenden Vorlesungen teilnehmen. Dafür ist auch kein Abiturzeugnis erforderlich; die Vorlesungen stehen jedem offen. Nur bringen die wenigsten die Initiative auf, so ganz auf eigene Faust eine Universität zu besuchen und sich neben den jungen Studenten auf die Bänke zu setzen. Und natürlich sind die Programme auch nicht spezifisch auf alte Leute eingestellt.

Andere wieder gehen gezielt vor. Nach der Pensionierung haben sie endlich die Zeit, die ihnen ihr Beruf nicht ließ, und sie beschließen, ein ordentliches Studium zu beginnen; oft ist es

> *Ein Mensch ohne Wissenschaft*
> *ist wie ein Soldat ohne Degen,*
> *wie ein Acker ohne Regen.*
> *Abraham a Santa Clara (1644–1709)*

bereits das zweite. Denn auch hier gilt: Wer noch nie eine Universität von innen gesehen oder einen Hörsaal betreten hat, wer nicht wenigstens etwas Ahnung vom Universitätsbetrieb hat, der findet nur selten den Mut zu einem solchen Entschluß.

Wenn Sie, verehrter Leser oder verehrte Leserin, also bereits mit Vierzig oder Fünfzig mit dem Gedanken liebäugeln, nach Ihrer Pensionierung noch ein reguläres Studium aufzunehmen, können Sie nichts Besseres tun, als sich schon jetzt mit dem vertraut zu machen, was da eines Tages auf Sie zukommen wird. Und falls Sie vielleicht erst noch das Abitur auf dem Zweiten Bildungsweg nachholen wollen, sollten Sie es bald tun. Heute bereitet es Ihnen vermutlich weniger Mühe, als wenn Sie erst mit Fünfundsechzig noch einmal ganz von vorn anfangen.

Ob die Alt-Studenten nun Archäologie, Sprachen oder Literatur studieren, ob sie auf ein Staatsexamen hinarbeiten oder diese Frage fürs erste noch offenlassen, ist eigentlich gar nicht so entscheidend; wichtiger ist, daß sie sich etwas zutrauen und mit Begeisterung an die selbstgestellte Aufgabe herangehen. Die bisherigen Erfahrungen haben ergeben, daß die Alten meist mit mehr Eifer bei der Sache sind als ihre jungen Kommilitonen. Mit denen sie sich übrigens meist ausgezeichnet verstehen.

«Ein solcher Spätstudent», meint ein Universitätsprofessor, «muß fähig sein, über seinen eigenen Schatten zu springen, und er muß die nötige Flexibilität haben, sich mit seinem neuen Rollenbild identifizieren zu können. Dazu gehört auch die Auseinandersetzung und die Diskussion mit den jungen Kollegen.»

Der Dozent schätzt an den alten Semestern die eigene Motivation zum Studium, die persönliches Interesse und den Willen zum Engagement voraussetzt. Und er lobt ihre ausgewogene Kritikfähigkeit wie auch ihr Vermögen, größere Zusammenhänge zu

> *In der Jugend herrscht die Anschauung,*
> *im Alter das Denken vor.*
> *Arthur Schopenhauer (1788–1860)*

erfassen; wozu ihre Lebenserfahrung ganz wesentlich beiträgt. Die Alten stellen auch öfter und ungenierter Fragen und trauen sich bei Diskussionen eher, anderer Meinung zu sein.

Und wie steht es mit dem Gedächtnis? Hapert es da nicht doch hin und wieder?

Doch der Professor verneint: «Ein alter Studierender entlastet sein Gedächtnis normalerweise dadurch, daß er nicht dem Detail verhaftet bleibt; so nimmt er das Wesentliche ohne überflüssigen Ballast auf.»

Ein achtundsechzigjähriger Student der Politologie, der dieses Gespräch mit angehört hat, mischt sich ein: «Ich habe 28 Vorlesungen in der Woche belegt. Das ist zwar etwas viel, zumal ich ja auch noch die Proseminar- und die Seminararbeiten vorbereiten muß, aber mich hält das in Schwung.» Und stolz fügt er hinzu: «Mein Arzt sagt, die Universität habe auf mich psychisch wie physisch die gleiche Wirkung wie auf andere das Altersturnen!»

Die Studenten vorgeschrittenen Alters sehen in ihrem Studium keineswegs einen Zeitvertreib, auch nicht nur ein Nachholbedürfnis oder die willkommene Möglichkeit, ihren Geist zu schulen und sich damit selbst zu fordern – vor allem betrachten sie es als eine Bereicherung des Lebens überhaupt. Fast ausnahmslos vertreten sie die Meinung, daß sie sich dem Studium intensiver widmen können als in jungen Jahren. Sie lassen sich nicht mehr so viel ablenken und sind auch nicht – wie viele Junge – darauf angewiesen, nebenher zu arbeiten und sich dadurch ihr Studium zu verdienen. Also können sie mehr Zeit auf die eigentliche Studienarbeit verwenden.

Wenn der Mensch sich etwas vornimmt,
so ist ihm mehr möglich, als er glaubt.
Heinrich Pestalozzi (1746–1827)

Anfänglich stieß der Entschluß zu einem späten Studium bei den Familienangehörigen oft auf Widerstand. «Einem alten Hund bringt man doch keine Kunststücke mehr bei!» wandte beispielsweise eine Ehefrau ein, und ein Sohn beschwor seinen Vater, mit seinen Kräften doch lieber haushälterisch umzugehen, statt sich durch die neuen Pflichten unnötig zu verausgaben.

Doch ihre Einwände wurden bald ad absurdum geführt. Die neue Aufgabe brachte den unternehmungslustigen alten Herren (oder auch Damen) soviel Selbstbewußtsein und Lebensfreude, daß im Endeffekt auch die Angehörigen von dem «günstigen Familienklima» profitierten. Ganz zu schweigen von den sich neu eröffnenden Dimensionen geistiger Aktivität, die ihren Niederschlag in fruchtbaren Gesprächen und lebhaften Diskussionen fanden, im engen Familienkreis ebenso wie auch im weiteren Freundes- und Bekanntenkreis.

Zwar sind es Ausnahmen, doch auch im dritten Alter bringen es manche sogar noch zu Doktorwürden. Und eigentlich finden sie gar nichts Besonderes dabei. Hier nur ein paar Beispiele von Männern, die noch in späten Jahren den Absprung zu neuen Ufern der Wissenschaft geschafft haben:

- In Göttingen promovierte ein siebenundsiebzigjähriger pensionierter Landforstmeister. Seine 376 Seiten umfassende Doktorarbeit über «Die Geschichte der preußischen Staatsforstverwaltung» wurde von der Prüfungskommission mit einem «magna cum laude» (mit großem Lob) ausgezeichnet. Er entschuldigte sich dafür, daß er erst jetzt dazu gekommen sei; aber bedauerlicherweise habe ihm die Berufsarbeit vorher keine Zeit dafür gelassen.

- In Sarajevo schaffte ein Achtzigjähriger auf Anhieb die Aufnahmeprüfung für die philosophische Fakultät. «Du siehst, daß es gar nicht so schwierig ist», tröstete er seinen Enkel, der bei der gleichen Prüfung bereits zweimal durchgefallen war.

- Gleichfalls in Jugoslawien, an der Universität in Split, machte ein Zweiundachtzigjähriger seinen Doktor der Jurisprudenz. Er wollte damit den bisherigen «Weltrekord» einer Schwedin brechen, die mit Achtzig doktoriert hatte.

– An der Ruhr-Universität in Bochum doktorierte ein zweiundachtzigjähriger Mediziner zum zweitenmal und errang auch noch den Doktorhut der Philosophie. Er hatte das Studium aus Protest begonnen, weil man ihm, als er Siebenundsiebzig war, nahegelegt hatte, seinen Posten aus Altersgründen zu verlassen. «Ich wollte zeigen», sagte er, «daß ich noch nicht zum alten Eisen gehöre.»

– Ein ehemaliger italienischer Buchhalter, der mit Fünfundachtzig gerade das Staatsexamen als Jurist abgelegt hatte, brach seinen wohlverdienten Urlaub am Meer ab, um einen wichtigen Termin nicht zu versäumen: Er schrieb sich an der Mailänder Universität in der medizinischen Fakultät ein. «Mich hat eben der akademische Drang erfaßt», kommentierte er.

– Alle diese Spätstudenten übertraf ein Amerikaner, der bereits 67 Jahre zuvor an der Harvard-Universität seinen Doktor der Rechtswissenschaften gemacht hatte. Mit Einundneunzig nahm er an der Universität Jacksonville in Florida seinen Doktorhut als Historiker entgegen. Nachdem seine jungen Kommilitonen ihn stürmisch gefeiert hatten, erklärte er, nun wolle er sich endlich seinen Jugendtraum erfüllen und noch Musikwissenschaften studieren.

Der Pensionierungsschock – eine Conditio sine qua non?

Herr St., mein Nachbar und Vizedirektor einer Import-Export-Firma, malte jeden Morgen, ehe er das Haus verließ, hingebungsvoll eine Zahl auf den Kalender, die mit dem Datum nichts zu tun hatte: am 3. August zum Beispiel die Zahl 151, am 20. Oktober die Zahl 73 und am 17. November die Zahl 45. Es war sein ganz persönlicher Count-down; er zählte die Tage bis zu seiner Pensionierung.

Manchmal kamen wir miteinander ins Gespräch, und Herr St. strahlte förmlich, wenn er mir berichtete, daß er es nun bald geschafft habe, daß die tägliche Fron nun bald zu Ende sei.

Was er denn nachher zu tun gedenke, fragte ich.
«Erstmal gar nichts, erstmal richtig ausruhen», war seine Antwort; das habe er nach all den Jahren schließlich verdient.

«Und dann?»
«Ach wissen Sie, ich habe so viele Pläne, aber ich lasse alles schön langsam auf mich zukommen.»

Er erzählte mir von lange geplanten, aber nie zustande gekommenen Reisen, von seiner Familie, für die er nie Zeit gehabt habe, von all seinen ungelesenen Büchern, von längst überfälligen Besuchen bei Freunden und von vielem mehr.

Wer sich den Büchern ergibt,
dem wird Weisheit zuteil.
Konfuzius (551–479 v. Chr.)

«Und Ihre Arbeit werden Sie nicht vermissen?»

Er lachte lauthals los. «Nein, das ganz gewiß nicht!»

Zwar habe er sich in all den Jahren zu einem verantwortungsvollen Posten hochgeboxt, und seine Arbeit sei ihm schon ein bißchen ans Herz gewachsen, «aber ich werde ihr keine einzige Träne nachweinen. Endlich brauche ich mich nicht mehr hetzen zu lassen und werde Zeit für mich selber haben!»

Am 31. Dezember, nachdem er das Kalenderblatt mit der ersehnten Eins verziert hatte, wurde er von seiner Firma mit einem großartigen Fest verabschiedet; schließlich wußte man, was man an ihm gehabt hatte und wieviel Dank man ihm schuldig war.

Ein halbes Jahr später wurde er, der nie zuvor auch nur einen einzigen Tag im Bett verbracht hatte, krank. Und er stand nicht wieder auf. Vier Monate später begruben wir ihn.

Seine Import-Export-Firma schickte einen prachtvollen Kranz. Mit einer schönen großen Schleife. «Unserem lieben, verehrten Mitarbeiter» stand darauf. Und: «Wir werden ihn nie vergessen.»

Sein Hausarzt zuckte die Schultern. Er hatte es kommen sehen. «Ein typischer Fall von Pensionierungsschock», kommentierte er sachlich.

Keine Kunst ist's, alt zu werden;
es ist Kunst, es zu ertragen.
Johann Wolfgang von Goethe (1749–1832)

Die Ausdrücke «Pensionierungsschock» und «Pensionierungstod» gibt es noch nicht lange; noch nicht einmal in die brandneuen Wörterbücher haben sie Einzug gehalten. Aber leider handelt es sich bei diesen Wortneuschöpfungen nicht um amüsante semantische Fingerübungen, sondern um bittere Realitäten.

Der Pensionierungsschock wird durch eine Art Panik ausgelöst, die den Pensionierten unvermittelt und ohne jegliche Vorwarnung erfaßt. So sehr er diese Zeit auch herbeigesehnt haben mag – die erste Freude über die neu gewonnene Freiheit verfliegt rasch, und dann steht er plötzlich vor einer Leere, die ihn zutiefst erschreckt. Er wird mit diesem radikal veränderten Leben, das selbst einem an sich ausgeglichenen Charakter schwer zu schaffen machen kann, nicht mehr fertig.

All die Pläne, die er für diese Zeit geschmiedet hatte, haben jetzt einen faden Beigeschmack; lustlos schiebt er sie hinaus – es fehlt ihm jegliche Unternehmungslust, und er kann sich zu nichts aufraffen. Langsam gerät er in einen Zustand der Apathie. Er weiß – auch wenn er es sich nicht eingestehen will –, daß er nun endgültig «aus dem Verkehr gezogen» ist und zum berüchtigten alten Eisen gehört. Man braucht ihn nicht mehr, und so fühlt er sich nutzlos und überflüssig. Er findet keinen Ausweg aus seiner ihm hoffnungslos erscheinenden Isolation.

Wie vielleicht schon einmal in mittleren Jahren, steckt er jetzt in einer wirklichen Identitätskrise. Er ist nicht mehr der Herr Vizedirektor, der Prokurist, der Postbote oder der Beamte. Er hat niemanden mehr, dem er sein Können oder seine Autorität beweisen kann; er genießt kein berufliches Ansehen mehr und vermißt die Anerkennung, die ihm seine Arbeit bisher einbrachte. Jetzt ist er nur noch einer unter vielen Rentnern, dem sein Sozialprestige verlorengegangen ist; keine Firma und keine Amtsstelle sind mehr da, die ihm Rückendeckung und Sicherheit verleihen. Das ist eine so gravierende Umstellung, daß sie manch einem schon einen ganz gehörigen Schock versetzen kann.

Die Jüngeren schütteln verwundert den Kopf und sagen: «Aber er hat es doch vorher gewußt . . .»

Natürlich hat er es gewußt; nur hat er es sich so nicht vorgestellt. Falls er sich überhaupt eine konkrete Vorstellung von seinem Leben nach dem Tag X gemacht hat! Die meisten versuchen nämlich, diesen Gedanken, der ihnen eine ungewisse Furcht

> *Wenn du alt werden willst,*
> *mußt du beizeiten damit anfangen.*
> *Spanisches Sprichwort*

einflößt, einfach zu verdrängen. Statt dem Unvermeidlichen ins Auge zu sehen und sich nach besten Kräften darauf vorzubereiten.

Eine solche Vorbereitung wäre zum Beispiel ein gleitender Übergang von der Berufstätigkeit in den Ruhestand: kein plötzlicher, sondern ein langsamer Abschied, der dem künftigen Rentner Zeit läßt für eine allmähliche seelische Umstellung.

«Flexible Pensionierungsgrenze» heißt das in der Fachsprache. In ihren Anfängen hat sie sich vor allem in Frankreich bereits bewährt. Dort überläßt man es dem älteren Arbeitnehmer weitgehend selbst, wann er sich ganz zurückziehen möchte. Vorher arbeitet er schon nicht mehr voll, vielleicht noch vier oder drei Tage in der Woche, und so reduziert er seine Arbeitszeit allmählich, bis der Tag X gekommen ist. Der Wechsel geschieht dann nicht mehr so abrupt, von einem Tag auf den anderen.

Das Modell der flexiblen Pensionierungsgrenze hat allerdings noch einen Haken: den finanziellen. Der Arbeitgeber wird kaum bereit sein, seinem Angestellten für die Teilzeitarbeit das volle Gehalt zu zahlen, und wenn die staatliche Altersrente noch nicht angelaufen ist, kommt zur Angst vor der Pensionierung noch ein guter Teil Existenzangst hinzu. – Es wird höchste Zeit, daß sich der Staat, daß sich Betriebe und Behörden etwas einfallen lassen, wie man den finanziellen Engpaß dieser an sich begrüßenswerten Lösung überbrücken könnte.

> *Wer nicht an Wissen zunimmt, nimmt ab.*
> *Talmud (3. Jahrhundert)*

Einen anderen Weg schlägt das Internationale Arbeitsamt in Genf vor: Die Betriebe sollen ihren Mitarbeitern, die das fünfzigste Altersjahr hinter sich haben, einen speziellen Bildungsurlaub gewähren. Dieser Urlaub soll der Umschulung, der Weiterbildung oder irgendeiner geistigen Betätigung dienen, die auf den Ruhestand vorbereitet. Finanziert würde er durch eine Art Vorschuß auf die spätere Betriebsrente, die dem Arbeitnehmer aber nicht abgezogen wird; er müßte sie später einfach abarbeiten.

Die positiven Seiten dieses Vorschlags sind bestechend; offen bleibt nur die Frage, ob der ältere Arbeitnehmer mitmacht. Solange er den Gedanken an seine Pensionierung zu verdrängen versucht, hat er naturgemäß auch kein Interesse, sich in irgendeiner Form darauf vorzubereiten.

Erfahrene Betriebspsychologen befürchten zudem, daß der Mann in den Fünfzigern sich einredet, keine Zeit für einen solchen Urlaub zu haben; die Gefahr, daß er sich nach wie vor für unabkömmlich hält, ist groß. Vielleicht hat er auch Angst, seine Firma wolle ihn auf diese elegante Art vor der Zeit «abschieben».

Sein Bemühen, die berufliche Festung auf alle Fälle zu halten, kann auch auf den «Druck von unten» zurückzuführen sein. Der Ältere will vermeiden, daß sich hochstrebende Nachwuchskräfte während seiner Abwesenheit in sein Nest setzen und ihn dann hinauszudrängen versuchen.

Je höher einer die Erfolgsleiter hinaufgeklettert ist, desto hartnäkkiger verteidigt er seinen Posten und desto zäher klebt er an ihm.

> *Es wäre so vergnüglich, alt zu werden, wenn nicht die leidige Verpflichtung daran geknüpft wäre, zugleich auch weise zu werden.*
>
> *Edgar Schumacher (1897–1967)*

Wenn sich der Betroffene in dieser Situation in eine typische Igelstellung zurückzieht und mit gesträubten Stacheln seinen

Arbeitsplatz verteidigt, ist das seiner Arbeit meist wenig förderlich. Das ist schade, befindet er sich doch gerade in diesen Jahren auf dem Höhepunkt seiner Leistungsfähigkeit, die er zusammen mit seiner langen Erfahrung sehr viel nützlicher und erfolgreicher einsetzen könnte.

Das haben inzwischen auch zahlreiche Betriebe eingesehen. Gestoßen auf dieses Problem wurden sie allerdings nicht durch die höheren Angestellten, sondern durch die Arbeiter. «Ich kann das nicht mehr mit ansehen», sagt der Leiter der Sozialberatung eines großen Werkes, «Tag für Tag schleichen die frischgebackenen Rentner um das Werk herum, schauen sehnsüchtig über den Zaun und warten darauf, einen ihrer früheren Kollegen auf dem Heimweg zu erwischen und ein paar Worte mit ihm zu wechseln. Und wenn der sich dann nicht von ihnen zu einem Bier einladen läßt, weil er nach Hause will, sind sie verbittert und enttäuscht.»

Sicher sind das keine Einzelerscheinungen, doch machen Repräsentativ-Untersuchungen deutlich, daß für jeden zweiten – allerdings ungelernten – Arbeiter das Leben eigentlich erst nach dem Feierabend beginnt. Erst dann lebt er auf und fühlt sich richtig als Mensch. Bei den leitenden Angestellten hingegen betrachtet nur jeder zehnte den Feierabend als das eigentliche Leben; die anderen neun sehen ihr Leben vor allem in der Arbeit.

Auch ohne verallgemeinern zu wollen, legt das doch den Schluß nahe, daß zumindest die ungelernten Arbeiter ihren Beruf nicht als alleinigen Lebensinhalt betrachten. Also trauern sie ihm bei der Pensionierung auch weniger nach und bringen dadurch – theoretisch jedenfalls – die besten Voraussetzungen mit, den «großen Feierabend» nach Kräften zu genießen. Ein gelernter Arbeiter dagegen hat schon viel festere Bindungen an seinen Beruf, an seinen Arbeitsplatz und auch an seine Kollegen.

Der problemlose Ruhestand des Hilfsarbeiters wird allerdings durch die Erfahrung widerlegt. Zwar fällt ihm der Abschied von der Arbeit leichter, doch nach einer fast reibungslosen Übergangsphase weiß er oft nicht mehr, was er nun mit all der freien Zeit anfangen soll; dies um so mehr, als auch seine finanziellen Möglichkeiten eher beschränkt sind.

Während die Sozialberater und die Betriebspsychologen sich noch den Kopf darüber zerbrachen, wie man den Arbeiter-Rentnern helfen könnte, bemerkten sie erst, daß es in den oberen Etagen der Verwaltung nicht besser aussah. Eine Umfrage ergab, daß viele Angestellte in den höheren Rängen schon mit Fünfzig dem Tag ihrer Pensionierung mit größtem Unbehagen entgegensehen und sich davor fürchten. Davon sind vor allem die Führungskräfte betroffen, bis hinauf zum Topmanager.

Seither suchen die Experten nach neuen Mitteln und Wegen, den Angestellten den Übergang in den Ruhestand zu erleichtern. Die Idee ist nicht neu. Das Glasgower Modell beispielsweise, das schon auf die fünfziger Jahre zurückgeht, trug erstmals die Kurse für die Altersvorbereitung in die Firmen und Betriebe. Alle Aspekte der

Schaffet euch ein Nebenamt!
Albert Schweitzer (1875–1965)

neuen Lebensphase wurden erörtert: Finanzen, Versicherungen, körperliche und seelische Gesundheit, Wohnprobleme, soziale Kontakte, Sport, Weiterbildung und neue Beschäftigungsmöglichkeiten.

1958 war es, als eine Firma in Schottland mit Wochenendkursen und Gruppendiskussionen für ihre fünfzigjährigen und älteren Mitarbeiter begann. Nach den Wochenendtreffen gab es Wiederholungskurse, Anleitungen für allerlei praktische Tätigkeiten und zum guten Schluß noch regelrechte Vorpensionierungs-Kurse. Die Wirkungskraft dieser Veranstaltungen wurde noch dadurch vergrößert, daß der Betrieb auch die Frauen der Pensionierungs-Kandidaten mit einlud. Sie sind ja die Direkt-Betroffenen, die später den pensionierten Partner am meisten um sich haben; wenn er unzufrieden und unglücklich ist, leiden sie am ehesten darunter. Andererseits sind sie es aber auch, die helfend eingreifen und ihrem pensionierten Mann die ersten Schritte ins Privatleben erleichtern können; vorausgesetzt, daß sie die Probleme kennen, die durch die neue Situation für ihn entstehen.

> *Wer sich sein eigenes Leiden klagt, klagt es sicherlich vergeblich; wer es der Frau klagt, klagt es seinem Selbst, das helfen kann und schon durch die Teilnahme hilft.*
>
> *Georg Christoph Lichtenberg (1742–1799)*

Diese Art der Altersvorbereitung stand seither unzähligen öffentlichen Organisationen Pate, hatte jedoch Mühe, sich in der Privatwirtschaft durchzusetzen. Eine erfreuliche Ausnahme bildet eine Schweizer Firma in Neuenburg, die 1974 damit begann, ihre Belegschaft über fünf Jahre hinweg mit «dem Leben danach» vertraut zu machen. Alle zwei Wochen bot sie ihre Angestellten – die Frauen ab Siebenundfünfzig und die Männer ab Sechzig – zu einem Unterrichtstag auf. Ob Hilfsarbeiter oder Direktor, keiner durfte sich ausschließen. Und das Unternehmen zahlte den Arbeitsausfall aus eigener Tasche.

Ein Jahr darauf organisierte ein belgisches Großunternehmen Hobbykurse für die letzten fünfzehn Arbeitsmonate. Die Arbeitnehmer lernten praktische Haushaltsführung, Kochen, Schreinern, Gartenbau samt dem Anbau von Heilkräutern, sie trieben Gymnastik, versuchten sich in künstlerischen Sparten, hörten Vorträge und diskutierten miteinander. Der Betrieb zahlte sie auch in diesem Fall wie an normalen Arbeitstagen.

Jüngeren Datums sind die speziellen Vorbereitungskurse für die Pensionierung und ganze Vorsorgeprogramme einiger deutscher Großbetriebe. Auch etliche mittlere Betriebe – ihre Zahl bewegt sich um die hundert – beschäftigen sich mit der Frage, wie sie ihre älteren Mitarbeiter nicht nur in den letzten Monaten, sondern bereits zehn Jahre vor dem Ausscheiden aus der Berufstätigkeit positiv beeinflussen können. Ziel all dieser Bemühungen ist, ihnen die Angst vor dem Tag X zu nehmen, vor dem Tag, an dem sie sich ins Privatleben zurückziehen werden.

Apropos Privatleben! Hier liegt der Hase im Pfeffer, denn bei rechtem Licht besehen kennen namentlich die Führungskräfte so gut wie gar kein Privatleben. Jahrzehntelang haben sie ihre ganze Energie auf Beruf und Karriere gerichtet, so daß für das private Leben, das Leben mit der Familie, Freunden und Bekannten, so gut wie nichts übrig blieb.

> *Ohne ihn war nichts zu machen,*
> *keine Stunde hatt' er frei.*
> *Gestern, als sie ihn begruben,*
> *war er richtig auch dabei.*
>
> *Wilhelm Busch (1832–1908)*

Und schon gar keine Zeit blieb ihnen, sich um ihr eigenes Ich, die Entfaltung ihrer Persönlichkeit, zu kümmern.

Beruflich überbelastet, wie sie immer waren, schleppten sie selbst am Wochenende noch einen Berg Akten mit nach Hause, hinter dem sie sich verschanzten, wenn die liebe Familie sie zu privaten Vorhaben überreden wollte. Freundschaften, Hobbies, Ausgleichssport – das alles opferten sie ihrer Karriere. Vermutlich taten sie es nicht einmal ungern. Beim Eintritt in den Ruhestand stehen sie nun tatsächlich auf einem Nullpunkt. Aber erst mit Fünfundsechzig ganz von vorn anzufangen und sich ein neues, zufriedenstellendes Leben aufzubauen, das ist nur wenigen glücklichen Naturen gegeben.

Bei diesen Arbeitstieren, die ganz in ihrem Beruf aufgehen und mit Scheuklappen links und rechts am eigentlichen Leben vorbeileben, kommt es nach der Pensionierung zu regelrechten Entzugserscheinungen. Die Arbeit, der Posten, den man ihnen wegnimmt, hat für sie den gleichen Stellenwert wie der Alkohol für den Trinker oder wie das Rauschgift für den Drogensüchtigen. Sie hängen mit allen Fasern ihres Selbst an ihrer Aufgabe und mehr noch an dem ganzen Drumherum. Die eigentliche Arbeit ist dabei vielleicht gar nicht das wichtigste, wohl aber das Bewußtsein, durch diese Arbeit Ansehen und Wertschätzung errungen zu haben. Zieht man ihnen eines Tages diese sichere Basis unter den Füßen weg, haben sie unendliche Mühe, das Gleichgewicht wiederzufinden.

Die Arbeits- und gleichzeitig Geltungsbesessenen sind zwar am häufigsten in den Chef-Etagen vertreten, doch findet man sie ebenso auf der unteren Ebene der Betriebshierarchie. Während der Manager sich weigert, seinen Nachfolger rechtzeitig und gründlich einzuarbeiten und seine Kenntnisse und Erfahrungen vorbehaltlos

Der Jugend wird oft der Vorwurf gemacht, sie glaube immer, daß die Welt mit ihr erst anfange. Aber das Alter glaubt noch öfter, daß mit ihm die Welt aufhöre.
Friedrich Hebbel (1813–1863)

an ihn weiterzugeben, streitet sich der Vorarbeiter mit dem Kollegen, der ihn demnächst ersetzen soll, und wirft ihm totale Unfähigkeit oder noch Schlimmeres vor. Meist nach dem Tenor: «Die Jungen taugen überhaupt zu nichts; sie wollen nur viel Geld verdienen, aber nicht arbeiten!»

Beide Pensionäre in spe halten sich – ob sie es nun zugeben mögen oder nicht – für unersetzlich.

Für den Arbeiter ist der Abschied vom Betrieb unwiderruflich. Den Spitzenmanagern bleibt beim offiziellen Austritt vielleicht noch die Chance, einen Beratungsvertrag oder einen Posten im Aufsichts- oder Verwaltungsrat zu ergattern. Möglichst mit einem eigenen Büro, wenn auch einem kleineren, auf «ihrer» Etage. Und wenn sie es gar noch fertigbringen, der Firmenleitung eine eigene Sekretärin abzuringen, dann sieht der Lebensabend für sie nicht gar so trostlos aus.

In den meisten Fällen ist der Pensionierungsschock zwar eine spezifisch männliche Erscheinung, doch auch Frauen können davon betroffen werden.

Ich erinnere mich an Verena O., eine sehr beliebte, blitzgescheite und ideenreiche Rundfunkredakteurin, die jahrelang eine Frauensendung betreute. Ihre brillanten Interviews waren ebenso berühmt wie ihre Ratschläge; man hatte den Eindruck, daß ihr nichts Menschliches fremd sei.

Eines Tages erreichte auch sie die Altersgrenze und wurde in Pension geschickt. Aber o weh, die Frau, die sich ihr halbes Leben lang mit den Sorgen anderer beschäftigt hatte, fand jetzt für ihr eigenes Problem keine Lösung. Daß der Rundfunk sich von ihr trennen und auf sie verzichten könne, hatte sie nie ernsthaft in Erwägung gezogen.

Verena O. stellte den Antrag, ihr Arbeitsverhältnis auf unbestimmte Zeit zu verlängern, aber das war in den Anstellungsbedingungen der öffentlich-rechtlichen Anstalt nicht vorgesehen. Und im übrigen stand im Studio schon ihre junge Mitarbeiterin und Nachfolgerin bereit, die nur darauf wartete, ihr das Mikrophon aus der Hand zu nehmen. Sie hatte, meinte sie, lange genug auf diesen Moment und die Chance gewartet, die Sendung endlich nach ihren eigenen Intentionen gestalten zu dürfen.

Daraufhin verfiel Verena O. in heftiges Wehklagen und begann, ihren «langen Arm» zu nutzen. So veranlaßte sie ihre befreundeten Kolleginnen von den Frauenzeitschriften, sich der ihr widerfahrenen «Ungerechtigkeit» anzunehmen, und stand ihnen für zahlreiche Interviews Red und Antwort. Kein Mittel war ihr zu gering, die Öffentlichkeit über ihre Vertreibung aus dem Arbeitsparadies ins Bild zu setzen. Es gelang ihr, einen regelrechten Pressewirbel zu entfachen.

Bis einmal jemand auf die Idee kam, Verena O. die entscheidende Frage zu stellen: Warum ausgerechnet sie, die doch stets für alle mit gutem Rat in allen Lebenslagen schnell bei der Hand gewesen sei, sich denn nie Gedanken über ihre eigene Zukunft gemacht habe?

Da verschlug's ihr, der Wortgewandten, doch tatsächlich die Sprache. Und sie zog sich verbittert in den Schmollwinkel des Ruhestands zurück.

> *Der wahre Beruf des Menschen ist, zu sich selbst zu kommen.*
>
> *Hermann Hesse (1877–1962)*

Da lob ich mir die Kollegin, die mich eines Tages anrief und mir erzählte, daß sie sich jetzt ganz von «ihrer» Zeitung gelöst habe und zum Fernsehen gegangen sei.

Was sie denn dort mache, wollte ich wissen.

«Ich arbeite mit an einer Sendung für die älteren Zuschauer, für die Senioren», sagte sie.

Einen Moment lang stutzte ich. Sie war höchstens Fünfundvierzig.

«Glauben Sie denn, daß Ihnen das auf die Dauer Spaß macht?» fragte ich leicht verwirrt.

«Ja, wissen Sie», entgegnete sie lachend, «man wird ja schließlich nicht jünger. Und das ist die beste Möglichkeit, mich auf mein eigenes Alter vorzubereiten.»

Sie wird ganz sicher einmal nicht in die Situation geraten, mit der Verena O. nicht fertig zu werden vermochte.

Für sich selber hat sie damit die Frage, ob der Pensionierungsschock eine Conditio sine qua non ist, bereits beantwortet. Für viele – vor allem für unzählige Männer – bleibt diese Frage noch offen.

Doch auch für sie gilt: Der Pensionierungsschock muß nicht sein. Wer ihn vermeiden will, kann gar nicht früh genug mit Gegenmaßnahmen beginnen. Die entscheidenden Weichen werden schon mit der Erziehung gestellt.

Nun, unsere eigene Erziehung ist ja bereits passé, und wir hatten keinen Einfluß darauf, aber dann sollten wir's wenigstens der nächsten Generation leichter machen. Wer seinen Kindern eintrichtert – und ihnen vorlebt –, daß der Sinn des Lebens einzig und allein in der Berufsarbeit liegt, wer die Arbeit so überbewertet, daß er gar nicht wahrnimmt, wie weit das Interessenspektrum seines Lebens reichen könnte, der darf sich nicht wundern, wenn er gleichzeitig mit seinem Beruf auch seine Existenzberechtigung an den Nagel hängt.

> *Ihr folget dem Brauch, den ihr bei euren Vätern schautet? Aber wenn nun eure Väter unvernünftig waren und auf Irrwegen wandelten?*
>
> *Mohammed (570–632)*

Arbeit macht das Leben süß – gewiß! Aber gottlob gibt es auf dieser Welt auch sonst noch Erfreuliches und Erstrebenswertes; Mensch zu sein zum Beispiel und nicht nur Sklave seiner Arbeit. – Aber das läßt sich wohl, wenn man es nicht schon vorher geübt hat, mit Sechzig oder Fünfundsechzig nicht mehr lernen.

Die wenigen Menschen, die sich heute professionell mit Altersfragen beschäftigen, betonen immer wieder, daß man den Grundstock für ein glückliches Alter schon in der Kindheit legen sollte. Und dafür sind die Eltern und Erzieher verantwortlich.

Heute werden die Kinder mehr denn je nach dem Leistungsprinzip erzogen. Schon in der Schule müssen sie harte Arbeit leisten. Arbeit und Leistung stehen für sie bereits hoch an der Spitze in der Rangliste der menschlichen Tugenden.

Hat man uns nicht früher gelehrt, daß Müßiggang aller Laster Anfang sei? Und sagen wir Ähnliches nicht auch unseren Kindern? Ermuntern wir sie nicht, lieber «etwas Vernünftiges» zu tun, sobald sie nur einmal von den Schulaufgaben aufschauen und völlig sinn-, zweck- und tatenlos ihre Gedanken in die Weite wandern lassen?

Damit aber ersticken wir ihre spielerischen und kreativen Anlagen im Keim und erziehen sie ganz gezielt zu kleinen Robotern. Und zu nützlichen Mitgliedern der Leistungsgesellschaft, gewiß, doch ob das Nützliche auch immer das Gute ist? Kinder, die im wahrsten

> *Am Regenbogen muß man nicht Wäsche aufhängen wollen.*
>
> *Friedrich Hebbel (1813–1863)*

Sinne des Wortes einen großen Spiel-raum gehabt haben, werden später auch über die Anforderungen des Berufs hinaus ihre Persönlichkeit besser zu wahren wissen; sie sind jederzeit bereit und in der Lage, sich zu entfalten. Ihnen stehen dann im Alter weit mehr Möglichkeiten offen als denen, die sich ausschließlich auf ihre Arbeit konzentriert und das eigentliche Leben links liegen gelassen haben.

Übrigens leidet der Beruf ganz und gar nicht darunter, wenn man sich nebenher auch noch für andere Dinge interessiert. Im Gegenteil: Wer sich nicht auf Eingleisigkeit festnageln läßt, wer vielseitige Interessen hat und sie nicht einem Spezialgebiet zuliebe verkümmern läßt, der vermag durch mehr Übersicht und Weitblick auch im Beruf mehr und Besseres zu leisten.

Spätestens mit Vierzig sollte man damit beginnen, die außerberuflichen Interessen zu pflegen und zu kultivieren. Und spätestens in diesem Alter sollte man auch die Kunst erlernen, einmal so richtig abschalten und faulenzen zu können. Kurt Tucholsky war Einundvierzig, als er in «Schloß Gripsholm» das Rezept dafür verriet: «Wir lagen auf der Wiese und baumelten mit der Seele.»

Rebellen mit grauen Haaren

Wenn andere gerade dabei sind, den Schreibtisch für ihren Nachfolger leerzuräumen, kommen die Leute in Norwalk im amerikanischen Staat Connecticut erst in die interessanten Jahre, die sie für den Eintritt in das Unternehmen des Mr. Hoyt Catlin qualifizieren.

In seiner Firma werden Töpfe und Schalen mit einer speziellen Blumenerde gefüllt, die bereits verschiedene Samen enthält: gewissermaßen vorfabrizierte Blütenwunder, die der Käufer nur noch zu begießen braucht. Eine simple Idee – doch vor zwanzig Jahren schlug sie in Amerika ein und hat bis heute noch nicht an Wirkung verloren.

Mr. Catlin war, als er das inzwischen im wahrsten Sinne des Wortes blühende Unternehmen auf die Beine stellte, selber bereits über Fünfundsechzig, und es ergab sich rein zufällig, daß er auch ältere Mitarbeiter einstellte. Im Laufe der Zeit jedoch entwickelte sich die Firma zu einem regelrechten Seniorenbetrieb, der sich brüsten kann, das «älteste» Unternehmen der Welt zu sein. Allein der Chef und seine fünf leitenden Mitarbeiter bringen es auf zusammen 468 Jahre. Einen Benjamin von erst einundsechzig Jahren weist die

Arbeit ist des Alters beste Zukost.
Schweizer Sprichwort

Firma zwar auch auf, doch im übrigen sind die Damen und Herren meist schon jenseits der Achtzig; wer unter Siebzig ist, kommt sich in der methusalemischen, aber recht munteren und geschäftstüchtigen Runde wie ein Grünschnabel vor.

Und der Boß ist stolz darauf, daß es bei ihm weit weniger Krankmeldungen und Mitarbeiterwechsel gibt als in jedem anderen vergleichbaren Unternehmen. Auch die Umsatz- und Gewinnzahlen können sich sehen lassen. Der Betrieb der Senioren blüht und gedeiht wie die Samenkörner im Humus seiner Blumentöpfe.

Nun mag man von den Amerikanern und ihrem «Way of life» halten, was man will. Eines muß man ihnen zugestehen: Sie lassen sich so leicht nicht unterkriegen! Und sie verstehen es, jeder Situation die besten Seiten abzugewinnen. Auch dem Alter.

Die «Grauen Panther» wurden 1970 als Kampfgruppe und Selbsthilfe-Aktion der Alten nach dem Vorbild der Jugend- und Studentenrevolten und als Gegenstück zu den «Black Panthers», den militanten jungen Negern, gegründet; sie sind inzwischen zu einer eigentlichen Machtgruppe geworden. Ihre Anhängerschaft geht in die Millionen, und praktisch in jeder größeren amerikanischen Stadt haben die Grauen Panther ihre Sektionen.

An Kampfgeist fehlt es ihnen gewiß nicht. Sie kämpfen zum Beispiel gegen die Benachteiligung älterer Arbeitnehmer bei der Stellensuche und am Arbeitsplatz, aber auch ganz allgemein gegen

> *Statt daß wir die Weisheit des Alters dazu nützen, unsere Probleme zu lösen, haben wir die Alten zum Problem gemacht.*
>
> *Aus einem amerikanischen Inserat über die Renaissance des Alters*

jegliche Diskriminierung des Alters, ganz gleich, auf welchem Gebiet. Vor allem möchten sie das Alters-Image verbessern: «Alt ist nicht jung», sagen sie, «aber gleichwertig!»

Sie geben offen zu, daß sie von den Jungen gelernt haben, wie man sich zur Wehr setzen muß. Daß auch alte Leute erfolgreiche Protest-Aktionen durchführen können, bewiesen sie mit einem Sitzstreik vor dem Capitol in Washington. Damit blockierten sie zwar den gesamten Verkehr, aber es gelang ihnen auch, endlich die Öffentlichkeit auf ihre Anliegen aufmerksam zu machen.

Die Grauen Panther gehören nicht zu denen, die krampfhaft jung bleiben wollen; doch sie verlangen eine positive Einstellung zum Alter. Im klassischen Land des Jugendkults, das geradezu in einem Juvenilitätswahn befangen ist, haben sie sich eine ganze Menge vorgenommen. Wenn der Begriff «alt» künftig nicht mehr das Pseudonym für «minderwertig, unerwünscht, überflüssig» sein soll, müssen sie sich wohl daranmachen, die ganze amerikanische Gesellschaft umzukrempeln.

Margaret Kuhn, Mitbegründerin und Anführerin der rebellierenden Alten, meint: «Es ist doch keine Schande, alt zu werden. Schließlich altern wir alle, jeder von uns . . .» Und sie fragt, ob es wirklich eine Beleidigung sei, als alt bezeichnet zu werden. In Amerika spricht man gern von den «senior citizens», den Senioren-Bürgern; in unseren Breitengraden ist jemand in reiferen Jahren, im gesetzten oder im vorgeschrittenen Alter, er ist betagt oder steht in der dritten Lebensphase – aber einfach alt ist er nie. So etwas zu sagen, widerspricht doch dem Anstand! Meint man.

De nich old weere will, mutt sik junk ophangen.
Plattdeutsches Sprichwort

Die Grauen Panther haben es sich in den Kopf gesetzt, die eigentlich erst in den letzten Jahrzehnten aufgerichtete psychologische Barriere niederzureißen und das ungeliebte Adjektiv, das kaum jemand auszusprechen wagt, wieder aufzuwerten. Die Bezeichnung «alt» soll nicht länger den Geruch des Peinlichen haben.

Weiter möchten sie das beachtliche politische Machtpotential, das sie mit einem Bevölkerungsanteil von etwa zwanzig Prozent haben, auch als Stimmbürger ausnützen. Als Geheimwaffe setzen sie dabei etwas ein, worüber die Jüngeren nicht verfügen: Zeit. Das bekam kürzlich ein Senator zu spüren, der eine für die Alten wichtige Gesetzesvorlage durchbringen wollte. Zahllose Alte boten sich ihm als Helfer an, managten geschickt seine Werbekampagne und unterstützten ihn tatkräftig bei der Beantwortung der 6000 Briefe, die sein Büro überfluteten. Einen überzeugenderen Beweis ihrer ungebrochenen Initiative und ihrer zahlreichen Einsatzmöglichkeiten hätten sie kaum geben können.

Wenn auch das geflügelte Wort «Time is money» in Amerika beheimatet ist, für die alte Generation gilt es doch nur noch sehr begrenzt. Zeit haben die Alten meist zur Genüge, doch viele von ihnen leben in erschreckend prekären finanziellen Verhältnissen. Nur zu einem minimen Teil sind die Amerikaner so reich, daß sie sich das langweilige, aber luxuriöse Leben in den teuren Senioren-Ghettos von Florida, dem «Altersheim» der USA, leisten können. Die Not der armen Alten, etwa in der New Yorker Bronx, zu mildern und ihnen zu einem menschenwürdigen Leben zu verhelfen, gehört ebenfalls zu den Zielen der Grauen Panther.

Sie und auch einige andere «Alten-Befreiungs-Bewegungen» haben in den vergangenen Jahren in den Vereinigten Staaten schon einiges erreicht. Das Parlament beschäftigt sich mit der Heraufsetzung oder Aufhebung des Pensionierungsalters, doch glauben die Regierungsstellen, daß nur rund sieben Prozent aller Arbeitnehmer ihren Posten auch jenseits der bisherigen Pensionierungsgrenze tatsächlich behalten möchten.

Die Sozialforscher und Psychologen warnen andererseits die Gewerkschaften vor der von ihnen angestrebten Herabsetzung des Rentenalters. Auf eine vorzeitige Pensionierung, sagen sie, folge eine Freizeit-Euphorie von etwa drei Jahren, doch dann würden die Frührentner meist krank, und der vorverlegte Ruhestand führe zu ihrem frühen Tod.

In Amerika beginnt man bereits von einer Renaissance des Alters zu reden. Das mag vielleicht übertrieben oder zumindest etwas voreilig sein, doch scheint es, daß die Alten dort auf dem richtigen

Weg sind, sich ihr gesellschaftliches Ansehen zu erzwingen. Auf welche Art sich die Diskriminierung des Alters auch immer äußern mag, sie wehren sich dagegen. So beispielsweise auch gegen das Werbefernsehen, «wo Leute über Fünfzig stereotyp als zahnlos oder mit falschem Gebiß, als senil und nur von der guten alten Zeit schwatzend und vor allem vollkommen geschlechtslos dargestellt werden».

Die Grauen Panther haben inzwischen auch in Deutschland Fuß gefaßt. Seit 1975 gibt es sie zum Beispiel in Wuppertal. Die Wuppertaler Grauen Panther verstehen sich als eine politische Senioren-Schutzorganisation, die durch Selbsthilfe und Druck auf die Behörden eine volle gesellschaftliche Integration erreichen will. Um ihre Anliegen zu vertreten und sich Gehör zu verschaffen, gehen die rund 300 streitbaren Grauen Panther notfalls auch auf die Straße. Demonstrationen und Schweigemärsche sind ja schließlich nicht allein Vorrecht der Jungen.

Was empfindet ein Neger, wenn er Beethoven hört?

Fast hätte ich ihn umgelaufen. Da steht er mitten auf der Straße vor mir und streckt mir erfreut beide Hände entgegen: mein lieber alter Professor, den ich immer so sehr verehrt habe.

Nun, der Jüngste ist er auch nicht mehr! Seit vielen Jahren habe ich ihn nicht mehr gesehen. Hat er sich verändert? Eigentlich nicht. Nur die Falten und Fältchen in seinem noch immer vertrauten Gesicht haben Zuwachs bekommen – eine ganze Landschaft, die zum Betrachten und Studieren auffordert. Und wenn er zu seinem breiten Lächeln ausholt, scheint durch all die Klüfte und Furchen wie eh und je die Sonne.

Er zieht mich an einen freien Tisch draußen vor dem Café, und unsere Fragen und Antworten überschlagen sich fast. Er erzählt mir von seiner Arbeit. Jetzt, da er keine Vorlesungen mehr zu halten braucht, hat er endlich Zeit, «möglichst vielen Dingen auf den Grund zu gehen». Von seiner neuesten wissenschaftlichen Arbeit

> *Alt werden ist eine schlechte Gewohnheit, der nur ein Mensch, der ständig wirklich beschäftigt ist, sich entziehen kann.*
>
> *André Maurois (1885–1967)*

erhofft er sich einen entscheidenden Durchbruch innerhalb seines Fachgebietes; etwa in einem halben Jahr wird er damit fertig sein. Und dann steht schon eine nächste Arbeit auf seinem Programm.

Das Wort «ausruhen» kennt er nicht. Und wenn er sich einmal eine kleine Ruhepause gönnt, dann nicht, um sich von etwas zu erholen, sondern nur, um Kräfte für etwas Neues zu sammeln.

Das Alter macht ihm hier und da schon etwas zu schaffen, aber er nimmt seine Beschwerden kaum zur Kenntnis; dazu hat er keine Zeit. «Sie glauben gar nicht», sagt er, «wie ich diesen Lebensabschnitt genieße!»

Er war schon immer ein lebensbejahender Mensch gewesen, und so herzlich wie er konnte sich kaum sonst jemand freuen – über die großen, schönen und erhabenen Dinge ebenso wie über Kleinigkeiten, an denen andere achtlos vorbeistolperten.

Als wir unseren Kaffee getrunken haben, schiebe ich ihm meinen Würfelzucker zu. «Für Sie», sage ich, «zum Weitergeben.»

Er schaut mich fragend an.

«Sie haben mir einmal etwas in eines Ihrer Bücher geschrieben. Erinnern Sie sich nicht?»

«Aber Kindchen», seufzt er halb vorwurfsvoll, «das ist ja sicher schon zwanzig Jahre her. Da müssen Sie mir schon etwas helfen!»

«Es stammt nicht von Ihnen, aber es war wie maßgeschneidert für Sie und Ihr Leben. – Ich habe es nie vergessen.»

Da lacht er plötzlich hell auf und fragt: «Morgenstern?»

Und schon zitieren wir beide lautstark im Chor:

«Ich möchte allen Pferden Zucker geben, allen Kindern die Hand aufs Haupt legen, allen Menschen eine Freude machen dürfen. Wie hab ich die Welt so lieb!»

Was kümmert's uns, daß ein paar Passanten stehenbleiben und uns anschauen, als kämen wir von einem anderen Stern . . .

Viele alte Leute lieben die Welt ebenso wie mein alter Professor. Das Dumme ist nur, daß sie dabei nicht immer auf Gegenliebe stoßen, vor allem nicht bei den Jüngeren. Und das ist vielleicht das Schlimmste, was einem Menschen passieren kann. Unbedachte Äußerungen führen zu empfindlichen Reaktionen, die Alten fühlen sich zuerst nur zurückgewiesen, dann schließlich alleingelassen und ausgeschlossen. Bis sie sich selbst abzukapseln beginnen.

Was übrigbleibt, sind oft nur noch Ärger und Unverständnis, die wiederum zu Mißtrauen führen. So kann sich durch Enttäuschungen ein an sich positiver Mensch in einen mißgünstigen verwandeln. Und schon ist das unschöne Bild fertig, das die Alten negativ prägt und das von den Soziologen und Psychologen noch einigermaßen diskret und rücksichtsvoll als «Defizitmodell des Alters» bezeichnet wird.

Der Alte verliert eines der größten Menschenrechte: er wird nicht mehr von seinesgleichen beurteilt.
Johann Wolfgang von Goethe (1749–1832)

Schon die Kinder pinseln mit an diesem Bild, das die Erwachsenen ihnen vorskizzieren. Schüler und Schülerinnen bis zu elf Jahren, nach ihrem Eindruck von den Alten befragt, stufen ihre eigenen Großeltern zwar noch als durchwegs freundlich und gütig ein, charakterisieren alle anderen aber als «traurig, langweilig, müde, krank, schmutzig und häßlich».

Das ist beileibe noch nicht alles. Aus den Vorurteilen und Diffamierungen der Jüngeren entwickelt sich das Alter zum furchterregenden Zerrbild: Die Alten sind unfähig, sich anzupassen, sie hören den Jüngeren gar nicht zu und bringen daher auch kein Verständnis für sie auf; sie sind gehässig und zänkisch, sie kritisieren grundlos alles und mäkeln an allem herum. Die Liebenswürdigen werden boshaft, die Sparsamen geizig, die Verständnisvollen intolerant, die Willensstarken starrköpfig. Und allesamt sind sie egoistisch, denken nur an sich selbst und an ihren eigenen Vorteil . . .

So urteilen die Jungen. Die Alten selbst sehen sich zwar anders, doch da man ihnen in weiten Kreisen ohnehin jede Urteilsfähigkeit abspricht, fragt man sie gar nicht erst.

> *Allein der Greis kann seinem Wesen ungehindert Ausdruck verleihen. Die Jugend ist eine Krankheit, mit der man sich wohl oder übel abfinden muß.*
>
> *Marc Chagall, Maler*

Dabei haben auch die Altersforscher der psychologischen Richtung längst festgestellt, daß sich der Mensch mit zunehmendem Alter viel weniger verändert, als gemeinhin angenommen wird. Wer zeitlebens freundlich und umgänglich war, bleibt es auch in späteren Jahren. Und wer bereits als Kind mit jedem stritt und zankte, der wird auch im Alter kaum die Friedfertigkeit in Person sein.

Die äußere Veränderung, die mit dem Altern vor sich geht und die für jeden sichtbar ist, verleitet aber den außenstehenden Betrachter nur zu leicht dazu, auch eine innere Veränderung als selbstverständlich vorauszusetzen; obwohl das völlig unbegründet ist. Doch noch immer lautet die simple Formel der Pauschalbeurteilung: Ein alter Mensch sieht anders aus als ein junger; folglich muß er auch anders denken und empfinden!

Der Vergleich mit den natürlichen Rassenschranken liegt auf der Hand. Was mag wohl in einem Neger vorgehen, wenn er Beethoven hört? Davon eine genaue Definition zu geben, übersteigt bei weitem den Horizont des Durchschnitts-Europäers. Aber daß der Neger bei der Neunten etwas völlig anderes empfindet als er, davon ist der Weiße im allgemeinen doch überzeugt.

Beethoven hat seine Neunte ja für uns geschrieben, für unser europäisches Gemüt und nicht für das eines Halbwilden aus dem Busch. Also kann der auch nicht auf die gleiche Weise darauf reagieren wie wir. So einfach läßt sich das erklären. Oder etwa nicht?

Auch die Jungen und die Alten sind zwei verschiedene Rassen. Und wer wollte es den Jungen verübeln, daß sie von sich und ihrem Selbstverständnis aus urteilen! Sie sind es ja, die weitgehend unser Leben und unsere Welt gestalten und bestimmen; also sind auch ihre Anschauungen maßgebend. Und ganz sicher hat der liebe Gott, als er die Welt erschuf, auch nur sie als Zielpublikum vor Augen gehabt . . .

Das Schreckgespenst des nörgelnden, bösen und egoistischen Alten ist ein typisches Produkt unserer Gesellschaft. Einer Gesellschaft, die von den Jungen diktiert wird und in der oft schon die Vierzigjährigen eine Art Greisenstatus einnehmen. Den mittleren Jahrgängen, den Älteren und den Alten wird diese unvermeidliche

> *Was man nicht an sich selbst erlebt,*
> *erlebt man auch nicht an anderen.*
> *Oswald Spengler (1880–1936)*

Wandlung zum Negativen so lange eingebleut, bis sie selber daran glauben, bis sie die immer wieder zitierten Charakterveränderungen schließlich als gottgegeben hinnehmen. Was dann eines Tages so weit führen kann, daß sie sich effektiv so benehmen, wie man es von ihnen erwartet, daß sie dem verzerrten Altersbild tatsächlich zu entsprechen beginnen.

Und wer ist schuld daran? Natürlich unsere vorwiegend jugendorientierte Gesellschaft. Sie nimmt den Alten, die sich nicht gehörig zur Wehr setzen, mit der Zeit auch den letzten Rest dessen, was die Wissenschaftler als «Selbstwertgefühl» bezeichnen. Man kann es auch anders ausdrücken: Altsein ist in unserer so stark jugendbetonten Gesellschaft nicht mehr «in».

Die Gesellschaft! Sie wird dafür verantwortlich gemacht, daß die alten Leute so wenig Ansehen genießen, daß man das Alter nicht mehr ehrt, daß man die Alten mit sich und ihren Nöten allein läßt.

Neu ist das allerdings nicht. Schon vor 2700 Jahren hat der

griechische Dichter Hesiod gesagt: «Ich habe keine Hoffnung mehr für die Zukunft unseres Volkes, wenn diese Zukunft von der leichtfertigen heutigen Jugend abhängt. Denn diese Jugend ist ohne den geringsten Zweifel von einer unerträglichen Unverschämtheit und will alles besser wissen. Als ich jung war, brachte man uns gute Manieren und Respekt vor den Eltern bei. Aber die Jugend von heute ist voller Widerrede und will immer recht haben.»

Das hört sich doch recht aktuell an. Gewiß, die Gesellschaftsstrukturen haben sich gewandelt. Heute dominiert die Kleinfamilie, und nur noch selten können die Menschen im Kreise ihrer Kinder und

> *Unser ganzer Gesellschaftszustand, der sich wunder wie hoch dünkt, ist mehr oder weniger Barbarei.*
> *Theodor Fontane (1819–1898)*

Kindeskinder alt werden. Auf dem Lande gibt es solche Ausnahmen zwar noch, aber in den Städten bieten die teuren, auf ein Minimum an Lebens- und Bewegungsraum zusammengeschrumpften Wohnungen keinen Platz mehr für das friedliche Nebeneinander mehrerer Generationen.

Also ist die Gesellschaft schuld, wenn die Menschen mit zunehmendem Alter vereinsamen, wenn sie schließlich verbittert resignieren! Das jedenfalls ist die billigste Entschuldigung; es ist ja so leicht, die Gesellschaft als Prügelknaben herhalten zu lassen. Komplizierter wird es erst, wenn wir uns fragen, wer die Gesellschaft, dieses abstrakte, unfaßbare Gebilde, denn eigentlich ist. Die Antwort auf diese Frage wirkt ebenso erschreckend wie ernüchternd: Wir alle bilden die Gesellschaft: Junge, Mittlere und Alte. Die Gesellschaft — das sind wir selber; und sicher nicht allein die Jungen.

Wer es nicht wahrhaben will und nach einer willkommenen Ausrede sucht, stößt unweigerlich auf die aktuellste aller Gesellschaftsformen, die zumindest in den Industriestaaten die Basis des Zusammenlebens bildet: auf die vielzitierte Leistungsgesellschaft.

Also macht man sie verantwortlich. Auch für die Situation der Alten, die oft alles andere als rosig ist.

In der Leistungsgesellschaft gilt eben nur, wer etwas leistet, wer aktiv mitarbeitet; aber nicht, wer sich zur Ruhe gesetzt hat und das allgemeine Leistungsgerangel nur noch als Zuschauer verfolgt. Kurz: wer von der unheilbaren Krankheit des Alterns befallen ist.

Die beiden Arten des Alters, das biologische und das kalendarische, interessieren die Exponenten der Leistungsgesellschaft und ihr Fußvolk nicht. Für sie zählt allein, was einer noch zu leisten imstande ist. Wer noch Leistungen für die Gesellschaft erbringt, ganz gleich, wie viele Jahre er schon auf dem Buckel hat, wird akzeptiert; wer dagegen als vermindert leistungsfähig gilt oder gar nichts mehr leistet, ist alt und wird abgeschrieben.

Wenn man diese Thesen hört, möchte man fast annehmen, daß Altern nicht ein biologischer Prozeß ist, sondern soziales Schicksal. Gegen das der Mensch machtlos ist.

> *Ich will dem Schicksal in den Rachen greifen, ganz niederbeugen soll es mich gewiß nicht.*
>
> *Ludwig van Beethoven (1770–1827)*

Trotzdem – gar so hart sollte man auch mit der verpönten Leistungsgesellschaft nicht ins Gericht gehen. Etwas zu leisten, ist schließlich keine Schande. Die Leistung muß ja nicht unbedingt nur zum lebenserhaltenden Pflichtpensum abgestempelt werden; sie kann zum Beispiel auch ganz einfach Freude machen, kann den Menschen beflügeln.

Zäumen wir das Roß doch einmal am Schwanz auf und fragen andersherum: Wo wären wir heute ohne die verpönte Leistungsgesellschaft? Gut, wir hockten wohl nicht gerade mehr auf den Bäumen, aber wir müßten doch auf viele Annehmlichkeiten des Lebens verzichten, die heute für die meisten von uns selbstverständlich sind.

Dazu gehören beispielsweise die Wohnungen, die es den Alten leichter machen, selbständig und unabhängig zu bleiben. Sie müssen das Wasser nicht mehr aus dem Ziehbrunnen holen und es dann über dem Feuer aus selbstgesammeltem Holz heißmachen. Sie müssen nicht einmal mehr die Kohlen aus dem Keller heraufschleppen. Sie können mit dem Aufzug in den fünften Stock fahren, können duschen und baden, so oft sie wollen, und sie haben die Möglichkeit, zu jeder Jahreszeit Früchte und Gemüse einzukaufen und sich auch im Winter gesund zu ernähren. Wenn sie nicht kochen wollen, brauchen sie nur nach einem Fertiggericht in der Tiefkühltruhe zu greifen.

Viele Wege stehen ihnen offen, ihren Gesichtskreis zu erweitern. Sie können sich bilden und weiterbilden, können auch in späten Jahren noch reisen und die Welt kennenlernen. Von den Möglichkeiten der Medizin, sie vor vielen Krankheiten und auch vor Schmerzen zu bewahren, ganz zu schweigen.

Und viele von ihnen genießen eine finanzielle Sicherheit, von der die Generationen vor ihnen nicht einmal zu träumen wagten.

So sieht die Kehrseite der Medaille aus, die positive Seite der verhaßten Leistungsgesellschaft; fairerweise sollte man auch sie einmal betrachten.

Aber früher waren die alten Leute bescheidener. Und sie waren auch zufriedener und glücklicher, lautete das Gegenargument. – Waren sie es wirklich? Ich bin mir da nicht ganz so sicher.

> *Zufriedenheit wohnt mehr in Hütten als in Palästen.*
> *Spanisches Sprichwort*

Kürzlich horchte ein schweizerisches Markt- und Meinungsforschungs-Institut, wie das ja füglich seine Aufgabe ist, wieder einmal am Puls des Volkes. Und selbstverständlich horchte es repräsentativ, also gezielt kreuz und quer durch Alter, Geschlecht, Beruf, Wohnort, Konfession und Kaufkraftklasse.

Manchmal wird auf diese heute nicht mehr ungewöhnliche Art ja recht sinnloses Zeug eruiert und zum Wohle der Menschheit an die Computer verfüttert. Doch, doch, ich habe da meine Erfahrung; ich bin auch schon meinungsbefragt worden und mußte Farbe bekennen: ob ich meiner Katze, wenn ich eine hätte, lieber Kaviar, Forelle blau oder die beliebten XY-Kekse kredenzen würde. Welches Fernsehprogramm mir Jubelschreie entlockt und welches mich vorzeitig ins Bett jagt. Und wie oft ich meine Zahnbürste durch eine neue ersetze.

So direkt wird natürlich selten gefragt. Meist muß man sich mühsam durch fünfunddreißig Fragen durchkämpfen und nebenbei auch noch aufpassen, daß man bei den raffiniert versteckten Fangfragen nicht auf dem Glatteis der Wahrhaftigkeit ins Schlittern gerät.

Diesmal jedoch plätscherten die Meinungsforscher nicht im seichten Wasser dahin; sie loteten vielmehr mit seelischem Tiefgang und stellten nur eine einzige Frage – allerdings eine von fast faustischem Format. «Kennen Sie das», fragten sie, «daß einem das Leben oft so sinnlos vorkommt?»

Ehrlich, ich wüßte nicht, was ich, von einer solchen Frage überrumpelt, auf Anhieb antworten sollte. Aber gottlob stand den Befragten nicht nur – wie beim Beruferaten – ein Ja oder Nein zur Verfügung; sie durften auch auf so differenzierte Antworten wie «oft» oder «manchmal» tippen.

Und nun wissen wir's genau: Männer setzen sich nur zu 37 Prozent, Frauen dagegen zu 47 Prozent mit dieser Frage auseinan-

> *Ein zweifelnder Sinn ist die Hälfte der Weisheit.*
> *Publilius Syrus (1. Jahrhundert v. Chr.)*

der. Mit 56 Prozent zweifelt die junge Generation zwischen fünfzehn und vierundzwanzig Jahren am häufigsten am Sinn des

Lebens, gefolgt von den 40 Prozent der Fünfundzwanzig- bis Vierundfünfzigjährigen. Weitaus am lebensfrohesten reagiert die ältere Generation ab Fünfundfünfzig; ihr kommt das Leben nur zu 34 Prozent manchmal sinnlos vor.

O welch ein Lichtblick! Ganz so düster und traurig scheint das Alter also doch nicht zu sein ...

Warum die Frauen im Vorteil sind

Katharina heißt sie mit Vornamen; ihren Familiennamen weiß ich nicht, denn leider kenne ich sie gar nicht persönlich. Nur ihre Stimme habe ich noch im Ohr, und das verdanke ich einem Versehen: Nach den Nachrichten hatte ich, weil jemand an der Tür klingelte, das Radio nicht gleich ausgeschaltet. Und als ich zurückkam, hörte ich die Stimme von Frau Katharina, die aus ihrem Leben erzählte.

Da ich den Anfang der Sendung nicht gehört hatte, bekam ich zunächst einen ganz falschen Eindruck von ihr. Ich hielt sie für eine überlastete Geschäftsfrau oder eine Managerin, die von einem Termin zum anderen saust. Ich hörte nämlich gerade, wie sie ein Rationalisierungsprogramm zugunsten ihrer knapp bemessenen

> *Flüchtiger als Wind und Welle flieht die Zeit.*
> *Johann Gottfried von Herder (1744–1803)*

Zeit aufstellte. Das sah etwa so aus: «Ich lese die Zeitung nicht von A bis Z; das kann ich mir zeitlich gar nicht leisten. – Ich versuche immer, nicht zu lange zu telefonieren. – Briefe schreibe ich nie, immer nur Karten. – Unseren zehn Enkelkindern machen wir einheitliche Geschenke zum Geburtstag; natürlich jedes Jahr etwas anderes. – Meine Kleider bestelle ich, wie 6,3 Prozent aller Frauen das tun, per Katalog. – Und sehr viel Zeit sparen wir dadurch, daß wir keinen Fernseher haben.»

Erst allmählich, als ich immer faszinierter zuhöre, komme ich dahinter, daß die vielbeschäftigte Katharina eine Rentnerin ist. «Zwischen Sechzig und Siebzig», erläutert sie, «erlebt man die Jugend des Alters; das weiß ich von Victor Hugo, der das vor hundert Jahren schon festgestellt hat. Aber was dann kommt, wußte er noch nicht: bis Achtzig folgen die mittleren Jahre des Alters, und mit Achtzig fängt das hohe Alter an. Ich stehe kurz davor, denn ich bin jetzt Achtundsiebzig.»

Katharina hatte ihr ganzes bisheriges Leben als Alleinstehende verbracht, als sie mit Achtundsechzig, drei Jahre nach ihrer verspäteten Pensionierung, einen verwitweten Lehrer heiratete, eine Jugendliebe. Bisher hatte sie in einem Hotel gelebt und sich bedienen lassen; vom Haushalt hatte sie keine Ahnung. Da forderte die späte Ehe einige Umstellung von ihr, die wohl auch weit Jüngeren nicht ganz leicht gefallen wäre. Plötzlich hatte sie ein Fünf-Zimmer-Haus zu betreuen, und darüber hinaus erwartete der frisch Angetraute, von ihr bekocht zu werden.

Eine gute Hausfrau ist der beste Hausrat
Dänisches Sprichwort

O ja, am Anfang habe es ihr schon Sorgen gemacht, wie sie an 365 Tagen im Jahr etwas Eßbares auf den Tisch bringen sollte, gesteht sie, doch sie habe das als eine Art sportlicher Herausforderung gesehen, und jetzt mache ihr das Kochen und Backen richtig Spaß; übrigens betrachte sie es als eine schöpferische Tätigkeit. Und ihr Arzt sei der Meinung, für ihre Schreibtischarbeit sei das der beste Ausgleich.

Über Katharinas früheren Beruf erfahre ich nur so viel, daß sie mit Statistiken zu tun hatte. Nach ihrer Pensionierung mit Fünfundsechzig kamen neue Aufgaben auf sie zu. Sie verfaßte eine Untersuchung über Familienfragen und wurde als Dozentin für Sozialpolitik an eine Fachschule berufen. «Ich habe die Arbeit nicht gesucht», sagt sie fast entschuldigend, «sie ist mir in den Schoß gefallen, weil ich früher schon Ähnliches gemacht hatte.»

Für die Zeit nach der Pensionierung hatte sie sich viel vorgenommen, aber längst nicht alles konnte sie verwirklichen. Früher ließ ihr der Beruf wenig Zeit für Theater, Konzerte, Reisen, Volkshochschule und Spaziergänge; manches davon holt sie nun nach. «Damals dachte ich immer, ich würde nachher viel zuviel Zeit haben. Jetzt sehe ich, daß ich zu wenig Zeit habe», sagt sie. «Man muß unterscheiden lernen, was für einen persönlich wichtig und was unwichtig ist, und dann muß man eine Dringlichkeitsskala aufstellen und für jeden Tag einen Plan machen. Sonst kommt man überhaupt zu nichts!»

Da sie schon nahe an dem ist, was sie «hohes Alter» nennt, hat sie nicht mehr die Kraft, alles zu tun, was sie gern möchte. Gäste zum Mittagessen, eine nachmittägliche Verabredung in der Stadt und

> *Arbeit, Mäßigkeit und Ruh'*
> *schließen dem Arzt die Türe zu.*
>
> *Sprichwort*

dann vielleicht am Abend noch ins Theater – dafür langt es halt doch nicht mehr. Es dauerte eine ganze Zeit, bis sie den richtigen Rhythmus zwischen Aktivität und Erholung herausfand. Und nun ist sie dankbar dafür, nach einer Ruhepause wieder frisch zu sein.

Für die Gesundheit, meint Frau Katharina, muß man natürlich schon einiges tun. Sie und ihr Mann gehen jeden Tag spazieren, lassen sich jede Woche massieren und fahren einmal im Jahr zur Kur in ein Thermalbad. Und selbstverständlich lassen sie sich periodisch vom Arzt untersuchen. Als ihr Masseur ihr eines Tages eröffnete, daß sich ihre Wirbelsäule zu versteifen beginne, brach sie nicht in Wehklagen aus, sondern fragte nur: «Was kann man dagegen tun?»

«Schwimmen und turnen», riet der Masseur, und noch am gleichen Tag begann sie mit einem speziellen Gymnastik-Programm. Ihr Mann macht ebenfalls mit und spornt sie an, wenn sie einmal keine Lust hat. Und auch ihr Schwimmpensum bewältigen sie gemeinsam.

«Ich kenne viele alte Menschen», sagt Frau Katharina, «die pflegen ihre Geranien wunderbar, aber sich selbst überhaupt nicht; sie sind zu bequem und haben zu wenig Energie. Oder sie wissen gar nicht, worauf es ankommt.»

Und ihr Fazit lautet: «Das Wohlbefinden im Alter wird uns nicht auf einem silbernen Tablett präsentiert; wir müssen selber etwas dafür tun. Wir geben dem Alter die Ehre, und es war bisher dafür sehr nett zu uns.»

Wer ehrfürchtig lebt, darf dem Leben vertrauen
und allem Lebendigen guten Mutes begegnen.
Carl Zuckmayer (1896–1977)

Katharina und ihr Mann sind rüstig, sozusagen ein Parade-Seniorenpaar. Sie führt das auf verschiedene Ursachen zurück. Wobei man ihr die gelernte Statistikerin anmerkt, denn sie führt die Gründe fein säuberlich unter drei Punkten an:

«Erstens muß ich mich bei meinen Vorfahren für meine gute Konstitution bedanken. Zweitens habe ich meinen Mann gut ausgesucht (und er mich!). Das sind zwei Haupttreffer, doch die allein würden das gute Alter noch nicht ausmachen. Punkt drei: Wir tun auch etwas dafür, daß es uns gutgeht!»

Aber das Wichtigste erwähnt sie nicht unter Punkt vier, sondern nur ganz nebenbei: «Man darf sich nicht gegen das Alter wehren; man muß es annehmen und akzeptieren. Und sich auf jeden Tag freuen, der einem geschenkt wird.» –

Ist Frau Katharina eine Ausnahme? Oder werden Frauen ganz generell mit dem Alter besser fertig als Männer?

Vielleicht ist es so: Sie altern zwar weniger gern als die Männer, aber sie verstehen es besser, die praktischen Probleme des Alters in den Griff zu bekommen. Auch der Pensionierungsschock macht

ihnen, im Gegensatz zu den Männern, nur selten zu schaffen. Und das liegt nicht allein an ihrem Naturell.
Bei der verheirateten Berufstätigen überwiegt, auch wenn sie ihren Beruf gern hat, meist die Freude, daß nun die Doppelbelastung von Beruf und Haushalt aufhört. Denn was sie als Vierzigjährige noch spielend geschafft hat, beginnt ihr nun vielleicht doch schon Mühe zu machen. Jetzt endlich einmal den Haushalt ohne Hetze erledigen zu können und nebenbei noch eine schöne Portion freie Zeit zu haben, ist für sie schon recht verlockend.

Bei der alleinstehenden Berufstätigen liegen die Dinge im allgemeinen ganz ähnlich; Katharinas Hotelleben war ja nun wirklich ein Ausnahmefall. In der Regel hat die Frau ohne Anhang ja bisher auch neben ihrer Berufsarbeit einkaufen, kochen, waschen und putzen müssen; und Arbeit macht auch der kleinste Haushalt.

Das ist vielleicht einer der prägnantesten Unterschiede der Geschlechter im Beruf: Der Mann kümmert sich meist nur um seine Arbeit – von der lobenswerten gelegentlichen Mithilfe im Haushalt abgesehen –, die Frau dagegen hat doppelte Pflichten.

Früher sagte man: Der Mann geht eben ganz in seinem Beruf auf, während die berufstätige Frau ja meist nur eine untergeordnete Funktion hat und sich daher leichteren Herzens davon trennt. Das gilt heute längst nicht mehr immer und überall. Es gibt zahllose Frauen – und Katharina ist nur eine von ihnen –, die einen interessanten und verantwortungsvollen Beruf ausüben, einen Beruf, der ihnen genausoviel bedeutet wie einem Mann.

Eines allerdings haben diese Frauen dem Mann im allgemeinen voraus: Sie nehmen sich selbst nicht so furchtbar wichtig, sie glauben nicht, daß mit ihrem Ausscheiden aus dem Beruf die Welt, oder zumindest doch ihre Firma, dem Untergang nahe ist. Mit ihrem Sinn für die Realitäten des Lebens und ihrer ausgesprochenen Begabung, das Leben so zu nehmen, wie es ist, waren sie den Männern schon immer eine Nasenlänge voraus. Und so nehmen sie auch diese Zäsur gelassener hin.

> *Die Frauen haben immer anderthalbmal recht.*
> *Französisches Sprichwort*

Frauen sind ohnehin anpassungs- und wandlungsfähiger als die Männer. Die meisten von ihnen haben ihren Beruf schon einmal aufgegeben oder zumindest unterbrochen, als sie heirateten und die Kinder kamen. So neu ist die jetzige Situation also nicht für sie.

Ist die berufstätige Ehefrau einige Jahre jünger als ihr Mann, so ist es durchaus möglich, daß er vor ihr pensioniert wird. Das wirkt sich im allgemeinen recht günstig für beide Partner aus. Im Idealfall kommt es zu einem regelrechten Rollentausch. Der Rentner kann sich jetzt als Hausmann profilieren oder seiner noch erwerbstätigen Frau doch wenigstens einen erheblichen Teil ihrer häuslichen Pflichten abnehmen.

Dabei hat er meist so viel um die Ohren, daß ihm die Umstellung auf das Privatleben relativ leicht fällt. Wenn er einkauft, die Wohnung in Ordnung hält, sich um die finanzielle Seite des Haushalts kümmert und sich vielleicht auch selber in der Kochkunst übt, hat er bei all diesen neuen, für ihn meist ungewohnten Arbeiten kaum Zeit, seinem Beruf nachzutrauern. Und seine Frau freut sich, daß ihr ein schöner Teil der doppelten Pflichten abgenommen wird; für sie ist es geradezu ein Erlebnis, einmal sorglos die Beine unter den Tisch strecken zu können, wenn sie abends müde und abgekämpft heimkommt.

Schwierig und problemreich hingegen kann sich der Alltag der nicht erwerbstätigen Frau gestalten, wenn ihr Mann in Pension geht. Sie bekommt dann sozusagen den Pensionierungsschock aus zweiter Hand zu spüren, und ein solcher Second-Hand-Schock kann unter Umständen sehr belastend für sie sein. Auch für sie ändert sich ja nun einiges: Der Ehemann, der morgens nicht mehr ins Büro enteilt, der sich nicht mehr an seinem Terminkalender festklammern kann, bringt oft nämlich auch sie und ihren gewohnten Lebensrhythmus ganz schön durcheinander.

Ihre Alleinherrschaft über den Haushalt und ihre freie Zeiteinteilung geraten plötzlich ins Wanken, weil da nun jemand ist, der ständig hinter ihr steht und sie allein schon durch seine ganztägige Gegenwart nervös macht. In einem großen, weitläufigen Haus mag das noch angehen, aber in einer kleinen Wohnung wird die ständige Präsenz eines Mannes, der sich in seine neue Rolle noch nicht hineingelebt hat und der mit sich selbst und seiner Zeit nichts anzufangen weiß, für die Frau nicht selten zum Alptraum. Dies vor allem dann, wenn ihr Eheliebster mangels anderer Aufgaben jetzt daheim seine Chefrolle weiterspielen und herumkommandieren möchte.

Bei allem menschlichen Verständnis für die solchermaßen geplagte Hausfrau, der irgendwann der Kragen platzt und die den Störenfried dann in hohem Bogen zur Küche hinauswirft – klug ist das nicht unbedingt! Wenn sie schon nicht in der Lage ist, sein lädiertes Selbstgefühl von einem Tag zum anderen aufzupolieren, sollte sie doch wenigstens versuchen, ihn als aktiven und – das ist wichtig! – als gleichberechtigten Partner in die täglichen Pflichten miteinzubeziehen.

Die Betonung liegt auf dem «Mit». Natürlich darf sie ihn bitten, dieses oder jenes für sie zu tun, ihr die eine oder die andere Arbeit abzunehmen; aber der Neu-Pensionierte, der auf diese Weise nur beschäftigt und «aus dem Weg geräumt» werden soll, spürt bald die Absicht, und er ist verstimmt.

Dabei gibt es so vieles, was die Eheleute jetzt endlich gemeinsam unternehmen können: nicht nur wandern, schwimmen, Freunde einladen und Kurse besuchen. Jetzt gilt es mehr denn je, mit etwas Phantasie dem Alltagstrott ein Schnippchen zu schlagen und dabei Wünsche wiederzuerwecken, die man vielleicht schon seit Jahrzehnten in einer verborgenen Falte des Herzens mit sich herumtrug.

Es können ganz banale und bescheidene, vielleicht auch etwas verrückte Wünsche sein, weder allzu kostspielig noch aufwendig; was zählt, ist allein ihr Erlebniswert. Zum Beispiel:

– einmal am hellichten Tag ins Kino gehen; das kann man sich ja als Herr seiner Zeit jetzt leisten . . .

– einmal eine Ballonfahrt machen und über die Erde, ihre Unruhe und ihren Lärm unter sich lassend, hinwegschweben. Oder, wenn sich dazu keine Gelegenheit bietet, wenigstens

– einmal den höchsten Turm der Umgebung besteigen (oder befahren) und die Welt aus der Vogelperspektive betrachten; das schafft Abstand – auch zu den eigenen Problemen . . .

– einmal im Freien Feuer machen und darauf Kartoffeln und Würste am Spieß braten, wie man das vor -zig Jahren gemacht hat. Und nachspüren, ob dabei auch heute noch jenes unbändige Gefühl von Freiheit und Lebensfreude aufkommt . . .

Zugegeben – das sind vielleicht nicht gerade die einleuchtendsten und intelligentesten Vorschläge, denn um seinen unerfüllten Sehnsüchten – vor allem den kleinen – zum Leben zu verhelfen, muß jeder in sich selbst hineinhorchen.

> *Je älter ich werde, desto klarer sehe ich, daß die einzigen Dinge, die nicht vergehen, die Träume sind.*
>
> *Jean Cocteau (1889–1963)*

Doch Frauen haben da oft einen sechsten Sinn, der auch den Partner mit einbezieht. Der Angetrauten sollte möglichst immer wieder etwas Neues einfallen, womit sie ihren aus dem seelischen Gleichgewicht geratenen Mann aufmuntern und ihm zeigen kann, daß die Welt voller Möglichkeiten ist, die es zu entdecken gilt.

Besser spät als nie!

Die Campanula patula, Michelangelo und Adenauer

Im Altersheim herrschte große Aufregung. Bernhard Z., gerade Zweiundsiebzig geworden, hatte sich selbst ein Geburtstagsgeschenk gemacht: ein Motorrad. Stolz führte er es vor und verkündete, daß er damit in Kürze eine Reise durch die Schweiz zu machen gedenke. Eine richtige Rundreise, für zwei oder drei Wochen.

Die Leiterin des Altersheims geriet fast in Panik, als sie davon erfuhr. Doch all ihre Versuche, Bernhard Z. von diesem «unseligen Plan» abzuhalten, schlugen fehl. Er akzeptierte nicht eines ihrer zahlreichen Argumente.

Sicher sei er nicht mehr der Jüngste, gab er zu, aber er fühle sich gesund und unternehmungslustig. Auch besitze er einen gültigen Führerschein und sei überhaupt immer ein guter, vernünftiger Fahrer gewesen.

«Aber ich bitte Sie», warnte die Leiterin schließlich, «ein Mann in Ihrem Alter – Sie werden sich Hals und Beine brechen!»

Auch diese düsteren Prophezeiungen brachten ihn nicht aus der Ruhe. «Ich möchte noch einmal über ein paar Pässe fahren, das Tessin erleben und die blühenden Bergwiesen von Zermatt sehen», gab er nur zur Antwort. «Die Glockenblumen vor allem, die Campanula patula. So blau wie dort ist sie nirgends sonst.»

Als die Leiterin sich nicht mehr zu helfen wußte, bat sie den Heimpfarrer um Unterstützung. Er sollte sich den dickköpfigen Bernhard Z. doch einmal vorknöpfen und ihm gründlich ins Gewissen reden.

Der Herr Pfarrer erschien und ließ sich in seine Pläne einweihen. Er fand sie großartig und nahm dem Reiselustigen lediglich das Versprechen ab, sich vorher von seinem Hausarzt untersuchen zu lassen. Dann wünschte er ihm schmunzelnd gute Fahrt.

> *Es kommt immer darauf an, daß wie und wo man marschiert, man allerorts die Musik des Lebens hört.*
> *Theodor Fontane (1819–1898)*

Nach drei Wochen war Bernhard Z. wieder zurück. Etwas müde zwar, aber gesund, glückstrahlend und um unendlich viele Erlebnisse reicher. Er hatte nicht nur die Campanula patula am Fuße des Matterhorns gesehen, sondern auch einen Regenbogen über dem Vierwaldstätter See, und in Davos hatten ihm die Eichhörnchen aus der Hand gefressen. Er hatte Jugendfreunde am Lago Maggiore besucht und «überall nur nette Leute kennengelernt».

Seine Kollegen im Altersheim freuten sich an den Reiseschilderungen ebensosehr wie an den Fotos, die er unterwegs gemacht hatte. Und insgeheim beneideten sie ihn alle ein wenig. «Das war ganz gewiß noch nicht meine letzte Reise», stellte Bernhard Z. vergnügt fest. Jetzt schmiedet er bereits Pläne für den nächsten Sommer.

Wer die Siebzig überschritten hat, kann weit dümmere Dinge tun als Bernhard Z. Vor kurzem las ich in der Zeitung von einem einundsiebzigjährigen Rentner, einem bisher unbescholtenen Bürger, der sich mangels anderer Erlebnisse im Alter aufs Teppichstehlen verlegt hatte. Die Polizei ertappte ihn eines Nachts auf frischer Tat beim Einbruch in ein renommiertes Fachgeschäft. Bei einer Hausdurchsuchung fand sie 116 kostbare Orientteppiche, vorwiegend Seiden- und Gebetsteppiche, alle sorgfältig aufeinandergestapelt. Eine Enzyklopädie über die Teppiche des Orients hatte der bejahrte Jung-Einbrecher gleich bei seinem ersten Einbruch mitgehen lassen. Damit er sich gründlich in sein neues Fachgebiet einarbeiten konnte.

Es ist nie zu spät, Schönes zu erleben, Aufregendes zu wagen und

Neues zu entdecken. Deswegen muß man ja nicht gleich vom Pfad der Tugend abweichen und mit dem Gesetz in Konflikt geraten. Die Welt ist – auch legal – voller Möglichkeiten. Grandma Moses, mit bürgerlichem Namen Anna Mary Robertson Moses, war Sechsundsiebzig, als sie zu malen begann. Ihre naiven Bilder, heiter, farbig

> *Der eine lebt, der andere wird bloß älter.*
> *René Descartes (1596–1650)*

und voller Lebensfreude, wurden ebenso berühmt wie ihre Schöpferin, die zuvor noch nie einen Pinsel in der Hand gehalten hatte. Ihr blieben noch viele Jahre glücklichen Schaffens; sie wurde hundertundein Jahr alt.

Wenn andere sich zur Ruhe setzen, erreichen Künstler und Staatsmänner oft erst die Höhe ihrer Karriere – ein Zeichen dafür, daß schöpferische und geistige Aktivität kein Privileg der Jungen ist. Diese Aktivität hält aber nicht nur den Geist des alternden Menschen frisch; darüber hinaus verhilft sie auch seinem Körper zu vermehrter Spannkraft und Leistungsfähigkeit.

Da die Altersforschung – vor allem bei uns in Europa – noch in den Kinderschuhen steckt, weiß man von dieser Geist-Körper-Befruchtung noch relativ wenig. In Amerika hat sich bei Untersuchungen an der Harvard-Universität schon vor Jahren herausgestellt, daß geistige Regsamkeit sogar die Blutzusammensetzung beeinflußt.

> *Es ist unglaublich, wieviel der Geist zur Erhaltung des Körpers vermag.*
> *Johann Wolfgang von Goethe (1749–1832)*

Die Wissenschaftler stellten das an der Senkung des Lactatspiegels fest; das Lactat, ein Salz der Milchsäure, soll zu Depressionen führen, und auch verschiedene biochemische Abbau-Erscheinungen gehen auf das Konto des Lactatspiegels.

Wie man den Geist beansprucht, ist dabei übrigens nur von sekundärer Bedeutung; schon eine einfache Meditation kann sich spürbar günstig auf den Organismus auswirken.

Bereits 1973 beendete Professor Dr. Hans Franke, ein Würzburger Mediziner, eine dreijährige Untersuchung mit 280 in Deutschland lebenden über Hundertjährigen. Er stellte einwandfrei fest, daß diejenigen am gesündesten und auch körperlich am beweglichsten waren, die ihrem Geist keine Ruhe gönnten und sich selbst immer wieder Leistungen abverlangten. Auch die Anteilnahme an der Umwelt, das Sich-Informieren via Massenmedien und das Interesse an der Politik fördern die geistige Agilität.

Früher wußten die Menschen zwar noch nichts von solcher psychisch-physischen Wechselwirkung; aber viele lebten danach und scherten sich keinen Deut um ihr Alter. Michelangelo zum Beispiel befand sich bereits in seinem neunten Lebensjahrzehnt, als er die Kuppel der Peterskirche in Rom schuf; mit Neunundachtzig malte er die Fresken der Sixtinischen Kapelle. Etwas später gestand er: «Ich bin jetzt über neunzig Jahre alt und erkenne, daß ich erst jetzt beginne, die Anfangsgründe der Kunst zu begreifen.»

Auch Tizian, Rembrandt und Goya waren keine Jünglinge mehr, als sie ihre besten Werke hervorbrachten. Tizian arbeitete noch, bis er mit neunundneunzig Jahren der Pest zum Opfer fiel. Richard Wagner war Neunundsechzig, als er den «Parsifal», und Verdi war Achtzig, als er den «Falstaff» vollendete.

> *Die Achse der Welt ist der Geist.*
>
> *Salvador de Madariaga,*
> *spanischer Kulturhistoriker*

Der Historiker Leopold von Ranke schrieb den letzten Teil seiner berühmten «Weltgeschichte» ein Jahr vor seinem Tod, mit neunzig Jahren. Max Planck, Physiker und Nobelpreisträger, wurde Neunundachtzig und blieb bis zum Schluß seines Lebens schöpferisch tätig. Bertrand Russel, der englische Mathematiker, Philosoph und

Literatur-Nobelpreisträger, schrieb sein Buch «Weisheit des Westens» mit Achtundachtzig. George Bernard Shaw, Dramatiker englischer Zunge und geistiger Stiefvater der «Fair Lady», wurde vierundneunzig Jahre alt und konnte sich das Leben ohne Arbeit gar nicht vorstellen.

Der berühmte Cellist Pablo Casals erreichte sein siebenundneunzigstes Jahr. Als er Neunzig war, wurde er gefragt, warum er eigentlich immer noch vier bis fünf Stunden am Tag übe. Seine Antwort darauf ist längst in den internationalen Anekdotenschatz eingegangen: «Weil ich den Eindruck habe, daß ich Fortschritte mache . . .»

1976 feierte das Wiener Burgtheater sein zweihundertjähriges Bestehen. Auf der blumengeschmückten Bühne zeigte sich eine fröhliche, lebhafte Dame mit weißen Haaren: die hundertzweijährige Rosa Albach-Retty, Stammutter einer ganzen Schauspieler-Dynastie, deren jüngstes Glied Romy Schneider war. Das ebenso beherzigens- wie nachahmenswerte Motto ihres Lebens lautete: «Als Mensch glücklich zu sein ist keine Begabung, sondern eine Sache der Selbsterziehung.»

Der weltbekannte Clown Charlie Rivel, der Siebenundachtzig wurde, verriet als Zweiundachtzigjähriger nach einer Vorstellung das Geheimrezept seiner Vitalität: «Erstens: Niemals jemanden kritisieren. Zweitens: Niemals einen Satz mit den Worten beginnen ›Zu meiner Zeit‹. Drittens: Nie mit gleichaltrigen Leuten ausgehen, sondern immer nur mit jüngeren.» Wer diese Regeln befolge, meinte er, habe die beste Aussicht, seinen Geburtsschein ad absurdum zu führen.

Man muß auf anständige Weise verstehen, älter, vielleicht alt zu werden, um die Chance zu wahren, jung zu bleiben.
Theodor Heuss (1884–1963)

Wenn man sie im Fernsehen so von einem Land zum anderen jetten und überall konferieren und verhandeln sieht, möchte man meinen, daß die berühmten Staatsmänner und Politiker eines nicht zu fernen Tages vom Herzinfarkt dahingerafft werden. Aber erstaunlicherweise überstehen sie auch die größten physischen und psychischen Strapazen und sind noch immer frisch und aktiv, wenn andere längst ihre Rente verzehren.

General de Gaulle begann seine Karriere als Präsident der französischen Republik erst mit Neunundsechzig. Mahatma Gandhi war mit Achtundsiebzig noch genauso aktiv wie Golda Meïr, die mit Einundsiebzig israelische Ministerpräsidentin wurde; ihre kluge Staatsführung und ihr «Küchenkabinett» machten Weltgeschichte, und selbst ihre Gegner mußten zugeben, daß sie «der einzige Mann im Staate» sei.

Theodor Heuss war mit Fünfundsiebzig noch Präsident der Bundesrepublik. Ganz zu schweigen von dem unverwüstlichen Konrad Adenauer, der mit Dreiundsiebzig zum erstenmal zum deutschen Bundeskanzler gewählt wurde und der erst mit siebenundachtzig Jahren von seinem Amt zurücktrat.

> *Allmählich merke ich, daß ich keine Achtzig mehr bin.*
> *Konrad Adenauer (1876–1967)*

Der legendäre Winston Churchill schließlich stellte an seinem neunzigsten Geburtstag, seine berühmte Zigarre paffend, im Rückblick auf sein Leben fest: «Wer glaubt, sich durch eine wirklich ganz geregelte Lebensweise bis ins hohe Alter hinein gesund erhalten zu können, ist meines Erachtens ein ernsthaft erkrankter Mensch, denn, je nach Alter und Temperament gestaffelt, muß man schon ab und zu einmal über die Stränge hauen, um so die Lebensfreude zu erhöhen; was sich wieder vorteilhaft auf den allgemeinen Gesundheitszustand auswirkt.»

Im Kaukasus, in den Anden oder am Himalaja müßte man leben!

Im Kaukasus oder in den Anden müßte man leben, um bei guter Gesundheit ein hohes Alter zu erreichen, heißt es. Vielleicht auch am Fuße des Himalaja. In den luftigen Höhen dieser Berggebiete werden die Menschen am ältesten. Einzelne jedenfalls.

Nimmt man dagegen die durchschnittliche Lebenserwartung, dann liegt Island an der Spitze. Dort werden die Frauen im Durchschnitt neunundsiebzig und die Männer dreiundsiebzig Jahre alt. Und auf die Insel der 700 heißen Quellen folgt an zweiter Stelle das Land der aufgehenden Sonne: Japan. Obwohl die japanischen Frauen erst seit 1948 – wiederum aus dem Blickwinkel des statistischen Durchschnitts betrachtet – ihren fünfzigsten Geburtstag erleben, bringen sie es jetzt bereits auf fast achtundsiebzig Jahre. Erst dann folgen, wie aus dem demographischen Jahrbuch der Vereinten Nationen hervorgeht, mit einem ebenfalls noch sehr respektablen Durchschnittsalter Schweden, Norwegen, die Niederlande, Dänemark und Israel.

Hundertdreiundvierzig Jahre ist er alt. Oder behauptet es jedenfalls zu sein: der Russe Medjid Agayev in Tikyaband im Talyschgebirge. Das muß eine gesunde Gegend sein, denn angeblich leben im gleichen Distrikt noch 71 weitere Altersrekordler; alle haben den hundertsten Geburtstag längst hinter sich.

Die Deutsche Presseagentur und United Press International dokumentierten den hohen Geburtstag per Funkbild. Da sitzt er, mit schwarzer Pelzmütze, weißem Bart und vergnügtem Lächeln, vor seinem Do-it-yourself-Grill und bereitet mit Hilfe eines knorrigen Astes sein tägliches Schaschlik zu. Kein Zweifel also, daß es den

Herrn Agayev gibt. Fragt sich nur, ob er sich bei seinen Lebensjahren nicht vielleicht doch verzählt hat.

> *Nicht die Kinder bloß speist man mit Märchen ab.*
> *Gotthold Ephraim Lessing (1729–1781)*

Amerikanische Anthropologen und Gerontologen des National Institute of Health wollten es ganz genau wissen; sie befaßten sich näher mit den ebenfalls legendären Alten in den südamerikanischen Anden. Eine Stichprobe in Vilcabamba in den Kordilleren von Ecuador brachte jedoch ans Licht der Wissenschaft, daß es mit der Zuverlässigkeit derer, die behaupten, hundertfünfundzwanzig oder gar hundertundfünfzig Jahre alt zu sein, etwas hapert. In Tat und Wahrheit hatte es keiner dieser hochbetagten Ecuadorianer auf mehr als sechsundneunzig Jahre gebracht.

Die Wissenschaftler überprüften das Leben und vor allem die Lebensdaten der Alten sorgfältig. Bei den Taufurkunden jedoch fanden sie heraus, daß es sich meist um Verwechslungen mit den Urkunden von Vorfahren des gleichen Namens handelte; daß sich die Väter also mit den urkundlichen Federn ihrer Großväter schmückten.

Was man ihnen nicht einmal verübeln kann, denn in den Anden wie auch in dem für seine quicklebendigen Uralten bekannten sowjetischen Abchasien – zwischen dem Schwarzen und dem Kaspischen Meer im Kaukasus gelegen – steigt mit den Lebensjahren auch das gesellschaftliche Ansehen.

> *Diejenige Familie, in der auch das Alter vertreten ist, besitzt ein wahres Juwel.*
> *Chinesischer Spruch*

Die Alten sind es ja, die die uralten Traditionen weitergeben – Traditionen, in denen die Sitten und Gebräuche Abchasiens noch heute verwurzelt sind. Da es in der Sprache der Abchasen kein Wort für «Alte» oder «Greise» gibt, spricht man dort von den «Langlebigen».

Amerikanische Forscher wissen aus der tausendjährigen, heute autonomen Region im Kaukasus Sensationelles zu berichten. So etwa von einer Frau, die den Wodka nur aus der Tasse trank und die kürzlich im Alter von hundertvierzig Jahren verschied. Die Ehre des ältesten Einwohners in ihrem Dorf überließ sie damit einem Mann, der in ihren Augen geradezu noch ein Jüngling gewesen sein muß: er hatte es erst auf hundertachtzehn Lenze gebracht.

Einer der amerikanischen Wissenschaftler nahm an einem Dorffest teil und kam aus dem Staunen gar nicht wieder heraus. Etliche Hundertjährige feierten kräftig mit, schwangen bei den folkloristischen Darbietungen unermüdlich das Tanzbein und waren am Tag drauf nicht weniger frisch als die Jungen. «Sie sehen aus wie unsere gesunden Siebzigjährigen», konstatierte der Wissenschaftler. «Ihre Körperhaltung ist gerade und aufrecht; die meisten haben ihr halbes Leben auf dem Rücken der Pferde verbracht. Fast alle haben noch sämtliche Zähne.»

Der Mäßigung auf allen Gebieten schreiben die Abchasen selber ihr langes Leben zu. Und eine Generation gibt es der nächsten weiter: «Nicht zuviel essen, nicht zuviel trinken, nicht zuviel arbeiten und auch nicht zuviel lieben!»

> *Mäßigkeit wird alt;*
> *zuviel stirbt bald.*
>
> *Sprichwort*

Die sexuelle Auslegung dieser Maxime bereitete den Forschern aus Kinseys eigenem Land einiges Kopfzerbrechen; denn wenn sie schon nicht zuviel lieben, lieben sie doch bis hoch ins «langlebige» Alter. Der amerikanische Professor Benet weiß von einem Mann zu berichten, der mit hundert Jahren noch ein Kind gezeugt, und von einem anderen, der mit Hundertneunzehn immerhin noch Samen produziert habe.

Im Gegensatz zu den Anden-Bewohnern machen sich die Alten im Kaukasus oft jünger, als sie tatsächlich sind. Der Grund dafür liegt in ihrem Aberglauben, wonach mit dem hundertsten Geburtstag die Potenz verlorengeht.

Ein anderer Forscher führt das methusalemische Alter der Abchasen auf ihre Ernährung zurück. Sie essen wenig Fleisch; wenn, dann nur gekochtes Ziegenfleisch, aber fast nie Schweinefleisch. Dagegen nehmen sie sehr viel Obst und frisches Gemüse zu sich, wobei die grüne Zwiebel zuoberst auf ihrem Speisezettel steht. Hinzu kommen große Mengen Käse. Sie trinken ihren selbstgemachten Wein, der nur einen niedrigen Alkoholgehalt aufweist, oder Kefir. Den Schwarzen Tee, der zu den wichtigsten Produkten ihres Landes gehört, rühren sie kaum an. Auch Suppe und Butter kennen sie nicht, und statt Brot essen sie Maisbrei. Zu Übergewicht führt diese Küche nicht, und so trifft man dort auch keine dicken Leute an. Dicksein gilt in Abchasien übrigens als Krankheit.

Daß die Bewohner des Kaukasus auch in Sachen Arbeit für Mäßigkeit plädieren, paßt natürlich nicht so ganz ins sowjetische Idealbild, aber auch den linientreuesten Regierungsfunktionären ist es bisher nicht gelungen, Stachanows aus ihnen zu machen.

Immerhin verweist Dr. Tschebotarew vom Forschungsinstitut für Gerontologie der Akademie der Wissenschaften der UdSSR in Kiew auf die 19 000 über Hundertjährigen im Lande. In sieben Sowjetrepubliken, sagt er, habe man 40 000 hochbetagte Einwohner unter die Lupe genommen und festgestellt, daß alle noch bis zuletzt arbeiteten. Woraus der Gerontologe den Schluß zieht, daß Arbeit vor vorzeitigem Altern schütze.

Zwischen geographischer Höhe und der Höhe des Alters scheint ein Zusammenhang zu bestehen. Womit also auch die Gemeinsamkeit zwischen den Anden und dem Kaukasus hergestellt wäre. Leute, die ständig in höheren Regionen – ab 1500 m über dem Meer – leben, scheinen tatsächlich eine höhere Lebenserwartung zu haben als Flachlandbewohner. Das stellten deutsche Altersforscher auf ihrem Kongreß 1978 in Hamburg fest.

Die Prognosen, wonach die menschliche Lebenserwartung in absehbarer Zeit auf hundertfünfzig Jahre gesteigert werden könne, verwiesen die Experten allerdings ins Reich der Fabel. «Die Crème der internationalen Gerontologen», konstatiert der Hamburger Professor Johannes Lindner, sei sich darüber einig, daß die durchschnittliche menschliche Lebenserwartung bis zur Jahrtausendwende lediglich um rund fünf Jahre angehoben werden könne, und auch das in der Hauptsache zugunsten der Bewohner der Dritten Welt. Denen mag man es übrigens gönnen, denn nach einer UNO-Studie liegt das Durchschnittsalter in 21 afrikanischen Staaten noch unter zwanzig Jahren.

Alt werden steht in Gottes Gunst;
jung bleiben, das ist Lebenskunst.

Alter Berliner Spruch

Den Weg in ein hohes Lebensalter, meinen die Altersforscher, ebnen nicht irgendwelche Wunderdrogen; denn er ist alles andere als eindimensional. Viele verschiedene Faktoren spielen eine Rolle, und auch der Mensch selber kann ein gut Teil dazu beitragen.

Da sind zunächst einmal die genetischen Faktoren; es kommt also auf das Erbgut an, das einem von einer mehr oder weniger guten Fee in die Wiege gelegt wird. Menschen mit alten Eltern und Großeltern haben demnach gute Chancen, ebenfalls alt zu werden. Hinzu kommt noch eine ganze Reihe weiterer Faktoren, aus der die Erziehung, der Beruf und die «soziale Umgebung» herausragen. Zur sozialen Umgebung zum Beispiel zählt, mit wem zusammen man lebt. Dr. Lisa Berkman von der Universität in Kalifornien ist zu dem Schluß gekommen, daß Geselligkeit das Leben verlängert. Ob es sich dabei um das Eheleben, um einen Freundeskreis oder auch nur um die Mitwirkung in irgendeiner Gruppe oder einem Kreis handelt, ist nicht entscheidend. Hingegen ist für den, der einsam und abgekapselt lebt – das kann auf dem Land ebenso der Fall sein wie in der Stadt –, das Risiko einer schweren, lebensbedrohenden Krankheit bis zu viermal größer.

Zur lebensverlängernden Geselligkeit bedarf es nicht einmal der Krone der Schöpfung; auch ein Haustier kann diese Funktion erfüllen. Ein Hund etwa, der seinen Herrn hingebungsvoll und bedingungslos liebt und ihm das täglich zeigt, erzielt als Gesellschafter sicher mehr therapeutischen Effekt als eine Ehefrau, die ständig nörgelt, oder ein Angetrauter, dem das Leben zuwider und der mit allem unzufrieden ist.

Ein dankbarer Hund ist mehr wert
als ein undankbarer Mensch.

Persisches Sprichwort

Was sonst noch lebensverlängernd wirkt? – Nun, nicht zuletzt das, was wir selber dafür tun können. Unter dem Sammelbegriff «vernünftige Lebensweise» läßt sich dieser – zugegebenermaßen manchmal recht unbequeme Faktor – wohl am besten einordnen.

Ernährung, Körperpflege, Bewegung und Sport – das alles spielt mit. Natürlich weiß das ein jeder, theoretisch jedenfalls. Nur klafft zwischen Wissen und Handeln oft ein Abgrund. Spätestens mit Vierzig, meinte Professor Lindner, müsse man im Hinblick auf das eigene Alter mit der «vernünftigen Lebensführung» beginnen. Wobei es nicht einmal so sehr auf die Zahl der Jahre ankommt; wichtiger ist es, mit zunehmendem Alter «den Jahren Leben zu geben».

Je mehr es abwärts geht, je reicher wird das Leben.

Friedrich Rückert (1788–1866)

Optimistischer als sein Hamburger Kollege ist in Sachen Lebensjahren der Frankfurter Gerontologe Professor Böhlau. Nach seiner Meinung ist der Mensch auf eine Lebenserwartung von hundert bis hundertzwanzig Jahren programmiert. Aber damit scheint dann auch das Höchstalter erreicht zu sein. «Alle höheren Altersangaben», meint er, «sind Lug und Trug.»

Der Würzburger Professor Hans Franke, der ja auch schon die Hundertjährigen in der Bundesrepublik untersucht hat, sah sich anschließend in den Hochburgen der Langlebigkeit um: über den Südkaukasus und die Anden hinaus auch noch im Himalaja-Gebiet. Aber auch er hat von dort kein Rezept mitgebracht, das man nur zu befolgen braucht, wenn man hundert Jahre alt werden will. Von Joghurt und Kefir oder gar von Wunderwurzeln, die das Leben verlängern sollen, hält er jedenfalls nicht viel.

Seine Forschungen haben ihn übrigens auch zur Widerlegung eines überlieferten Vorurteils geführt: Niemand stirbt an Altersschwäche. Alle Hochbetagten, die er untersuchte, starben schließlich an einer Infektion oder irgendeiner sonstigen Krankheit. Zum Tod durch Altersschwäche, meint Professor Franke, komme es erst mit hundertfünfzehn oder hundertzwanzig Jahren.

Möchten wir so alt überhaupt werden?

Je nun, es käme wohl darauf an . . .

Die Allensbacher Demoskopen, die so leicht vor keiner Frage zurückschrecken, wollten es — das ist inzwischen schon ein paar Jahre her – einmal ganz genau wissen.

> *Nicht der Mensch hat am meisten gelebt, welcher die höchsten Jahre zählt, sondern derjenige, welcher sein Leben am meisten empfunden hat.*
>
> *Jean-Jacques Rousseau (1712–1778)*

Und also fragten sie: «Wenn die Wissenschaft es möglich machen würde, daß man hundertfünfzig Jahre alt werden kann und auch so lange im Besitz seiner Kräfte bleibt – würden Sie gern so lange leben oder nicht?»

Ehrlich gesagt, ich bin nicht so sicher, was ich geantwortet hätte. Und auf alle Fälle hätte ich nicht gleich eine Antwort aus dem Ärmel geschüttelt, sondern mir Bedenkzeit erbeten. Denn man mußte eindeutig Farbe bekennen, wie bei Matthäus: «Eure Rede aber sei: ja ja, nein nein. Was darüber ist, das ist von Übel!» Für differenzierte Begründungen war kein Platz auf dem Fragebogen.

Und das Resultat?
50 : 50. Die eine Hälfte sagte ja, die andere nein. Unentschieden also. Ein ausgesprochen totes Rennen.

Bemerkenswert ist es natürlich trotzdem, daß tatsächlich jeder zweite den Wunsch hat, anderthalb Jahrhunderte auf dieser Erde zu verbringen.

Auch beim sogenannten Korrelieren, dem Aufschlüsseln der Ergebnisse, kam nicht viel Handfestes heraus. Ob Stadt- oder Landbevölkerung, ob Nord- oder Südlichter – das glich sich aus; auch Beruf und Bildungsgrad brachten nichts Wesentliches. Auf einen Unterschied stießen die Demoskopen immerhin bei den Antworten von Männlein und Weiblein: Während nur 43 Prozent der Frauen ein solch hohes Alter erstrebenswert erschien, wollten 58 Prozent der Männer gern Hundertfünfzig werden.

Jung zu bleiben und alt zu werden
ist das höchste Gut.

Sprichwort

Und noch etwas Erstaunliches stellte sich heraus: Der Wunsch, das Traumalter zu erreichen, schwindet mit steigendem Alter. Von den Sechzehnjährigen sagten noch 56 Prozent ja zu der Schicksalsfrage; von den Sechzigjährigen nur noch 39 Prozent.

Was mir zu denken gab. Mit Sechzig, meine ich, sollte man sich doch schon ein wenig an das Alter gewöhnt haben und der Aufforderung «Fortsetzung folgt» guten Muts entgegensehen. Oder ist man mit Sechzig schon weise genug, einer gewissen Selbstbeschränkung positive Seiten abzugewinnen? Etwa im Sinn von «Weniger wäre mehr»?

Schade, wir werden's wohl nie erfahren . . .

Vergleichen wir unsere Lebenserwartung mit der unserer Vorfahren, so haben wir keinen Grund, uns zu beschweren. Im Jahre Null unserer Zeitrechnung betrug die allgemeine Lebenserwartung zweiundzwanzig Jahre. Noch zu Beginn des vorigen Jahrhunderts wurden die meisten Menschen in unseren Breitengraden kaum älter als Vierzig. Heute dagegen nimmt das Alter oft ein Viertel des gesamten Lebens ein, und wenn die heute Vierzigjährigen einmal die Pensionierungsgrenze erreicht haben, werden sie vielleicht noch ein volles Drittel ihres Lebens vor sich haben.

Das sind geschenkte Jahre; es liegt an uns, sie auszufüllen und ihnen Sinn zu geben.

Das Schaf und ich

Während ich auf dem Behandlungstisch lag, wurde mein Arzt ans Telefon gerufen. Wohl oder übel mußte ich sein Gespräch mit anhören.

Ich wußte nicht, was der Unbekannte auf der anderen Seite des Drahts in die Muschel hineinredete; ich hörte nur immer die etwas knappen Antworten des Arztes. Und bald nahm das Gespräch, dessen Einseitigkeit ich mit meiner Phantasie aufzufüllen versuchte, für mich recht seltsame Formen an.

Natürlich waren es nur Gesprächsfetzen, die ich aufschnappte. Sie hörten sich etwa so an:

«Aber ja, ich bin nach wie vor dafür . . .»

«Etwas Besseres können Sie für Ihre Gesundheit gar nicht tun . . .»

«Das Ganze ist Sache von einer knappen Viertelstunde . . .»

«Im Prinzip schon, aber da müßte ich erst eine Frau finden; die Frau, die ich für Sie vorgesehen hatte, ist ins Ausland verzogen . . .»

Hatte ich erst noch etwas schläfrig vor mich hingedöst, so wurde ich jetzt hellwach.

«Doktor«, sagte ich, als er den Hörer aufgelegt hatte und sich wieder mir zuwandte, «ich will ja nicht Ihr Arztgeheimnis antasten, aber Sie betreiben doch wohl nicht Kuppelei oder Mädchenhandel?»

Meine Frage amüsierte ihn sichtlich. «Aber nein, da kann ich Sie beruhigen. Das war eben ein Patient aus Basel, dem ich schon seit langem eine Frischzellenbehandlung empfohlen habe.»

«Und wieso müssen Sie dazu auf Frauensuche gehen?»

Er erklärte es mir. Früher hatte er des öfteren Frischzellen gespritzt, nachdem sein Kollegenfreund Professor Niehans, der berühmte Erfinder dieser Therapie, ihn in die Geheimnisse seiner Regenerationsbehandlung eingeweiht hatte. Doch die Behandlung war so arbeitsintensiv, daß er sich nur noch in Ausnahmefällen die Zeit dafür nahm.

«Ja gut, aber was hat das mit der Frau zu tun, die Sie erst noch finden müssen?»

Auch das setzte er mir auseinander.

Die Frischzellen stammen von einem Schaf-Embryo, doch wenn er ein trächtiges Mutterschaf zum Schlachten aussucht, weiß er ja noch nicht, welches Geschlecht das ungeborene Lamm hat. Andererseits aber pflegt er Männern nur männliche und Frauen nur weibliche Zellen zu spritzen. So müssen also gleichzeitig ein Mann und eine Frau zur Behandlung startbereit sein, obwohl nur einer von beiden drankommen kann; der andere muß auf die nächste Gelegenheit warten.

Ein Schaflamm hat an die 70 verschiedene Organe und Gewebe, die dem Patienten nach entsprechender Verarbeitung injiziert werden können. Im Gegensatz zu den anderen mir bekannten Ärzten verwendet mein Arzt praktisch sämtliche Organe des Tieres für einen Patienten. Er arbeitet also nicht nach dem Niehans-Prinzip «Gleiches heilt Gleiches», was bedeutet, daß die gespritzte Tierleber die menschliche Leber oder die Tierlunge die Lunge des Menschen heilt. Das Argument meines Arztes: «Die Zellen suchen sich schon ihren Weg und wandern dorthin, wo sie am dringendsten gebraucht werden.»

Die Sache begann mich zu interessieren. Außerdem tat mir der wartende Patient in Basel leid, und in einem Anflug von Mitleid und Kühnheit, der mich selber überraschte, sagte ich: «Also gut, ich werde einspringen.»

Es war wie beim Roulette: rouge oder noir; die Chancen standen zwar fifty-fifty, aber trotzdem glaubte ich nicht ernsthaft daran, daß es mich treffen würde.

Es traf mich trotzdem. Das ungeborene Schaf war weiblichen Geschlechts, und so kam ich zu meiner Frischzellenbehandlung; fast wie eine Jungfrau zum Kind.

Die Spritzerei – wenn ich mich recht erinnere, bekam ich acht Injektionen – dauerte nur ein paar Minuten. Anschließend mußte ich für drei Tage ins Bett. Damit die Frischzellen ungestört ihren Weg finden konnten. Einen Tag handelte ich meinem Arzt allerdings noch ab, weil ich am dritten Tag etwas Dringendes zu erledigen hatte.

Außer etwas Fieber am ersten und zweiten Tag spürte ich nichts. Weit mehr machten mir die nächsten sechs Wochen zu schaffen, die

> *Wer sich zum Schafe macht, den fressen die Wölfe.*
> *Sprichwort*

ich völlig ohne Kaffee, Schwarzen Tee, Alkohol und Zigarette verbringen sollte. Ich schummelte ein bißchen und erklärte dem Arzt nach vier heroisch durchgestandenen Wochen, daß es mir nun aber wirklich reiche. Er erhob keine Einwände.

Und nun begann ich gespannt der Dinge zu harren, die da kommen sollten. Irgend etwas Positives müßte sich ja wohl zeigen; aber nichts dergleichen tat sich.

«Mitunter dauert es sogar ein halbes Jahr, bis der Patient die Wirkung verspürt», tröstete mich mein Arzt, und also hoffte ich weiter. Und begann allmählich meinem sauer verdienten Geld nachzutrauern, denn billig ist eine solche Behandlung ganz und gar nicht.

Etwa ein halbes Jahr später wollte ich wieder einmal zu meinem Arzt. Heute würde ich ihm, nahm ich mir vor, alle Schande sagen; ich fühlte mich regelrecht betrogen. Ich hatte nicht übel Lust, ihn wüst zu beschimpfen, besann mich dann jedoch auf meine gute Kinderstube und begann, mir eine wohlgesetzte Rede zurechzulegen.

Während der Morgentoilette – unter der Dusche, beim Zähneputzen und beim Frisieren – präparierte ich mich darauf.

> *Die beste Rede ist die wohlerwogene.*
> *Arabisches Sprichwort*

«Verehrter Doktor», würde ich sagen, «das können Sie mit mir nicht machen! Erst versprechen Sie mir das Blaue vom Himmel, und ich bin naiv genug, es Ihnen zu glauben. Und dann? Dann passiert nichts. Überhaupt nichts. Ein halbes Jahr warte ich jetzt schon, daß sich etwas tut. Aber nichts geschieht. Sagen Sie selber, finden Sie das in Ordnung?»

Ja, das klang ganz gut.

Und dann würde ich ihn wütend anschauen. Oder vielleicht eher enttäuscht? Oder todtraurig, mit einer zerdrückten Träne? – Also das mußte ich mir noch genauer überlegen. Denn mein Auftritt sollte seine Wirkung nicht verfehlen.

Unterwegs rannte ich der Straßenbahn nach, die ich, um pünktlich dort zu sein, auf keinen Fall verpassen durfte. Den Hundert-Meter-Spurt absolvierte ich spielend, zwängte mich gerade noch in die Tür hinein und wollte mich dann, erschöpft und völlig außer Atem, auf den nächsten freien Sitz fallen lassen.

Doch halt, da stimmte etwas nicht! Zwar atmete ich, wie ich das nach solchen Anstrengungen gewohnt war, tief durch, konstatierte jedoch verwundert, daß mir die Puste gar nicht weggeblieben war. Mein Atem ging so ruhig wie nach einem Spaziergang; von Herzklopfen oder fliegendem Puls keine Spur.

Ich staunte. Und konnte mich nicht erinnern, daß mir ein Lauf je so wenig ausgemacht hätte.

Gerade wollte ich meine Beobachtungen ad acta legen und zur Zeitung greifen – da durchzuckte es mich.

Das Schaf?

Ich zweifelte noch ein bißchen vor mich hin. Als ich dann aber den Hügel, auf dem die Arztpraxis lag, im Galopp nahm und dabei wieder nicht außer Atem geriet, wurde es mir klar: Das konnte nur das Schaf sein!

Aus meiner so sorgfältig einstudierten Strafpredigt wurde nichts.

Als der Arzt sich nach meinem Befinden erkundigte, antwortete ich mit einem einzigen Wort. Mit einem schön artikulierten, langgezogenen «Määäh».

«Das Schaf?» fragte er erfreut.

Ich nickte.

«Na also», sagte er und war gar nicht erstaunt, «ich hab' es ja gewußt.»

In den kommenden Wochen machte ich noch etliche weitere Entdeckungen. Zwar fühlte ich nicht gerade direkt neue Kräfte in mir wachsen, doch nach und nach fiel mir manches auf; zum Beispiel, daß ich «keinen Rücken mehr hatte», ihn also nicht spürte, wenn ich schnell aufsprang.

Das war nur eines von vielen kleinen Wehwehchen, die ich zwar nie ernstgenommen hatte, die nun aber plötzlich wie weggeblasen waren. Erst nach intensivem Nachdenken bemerkte ich noch mehr.

Der Föhn – wann hatten wir denn zum letzten Mal Föhn gehabt? Ich dachte angestrengt nach. Doch, letzte Woche, bestimmt! Aber er war spurlos an mir vorübergegangen, ohne die sonst üblichen, oft sehr starken Kopfschmerzen.

Auch mein Schlaf . . . Es war mir noch gar nicht ins Bewußtsein gedrungen, daß ich seit ein paar Nächten tief und fest durchschlief, statt mich, wie früher, gegen Morgen eine Stunde oder länger schlaflos herumzuwälzen. Auch von Einschlafschwierigkeiten konnte keine Rede mehr sein; mir fielen schon die Augen zu, wenn ich nur an mein Bett dachte. Dagegen hatte ich mein mir in den letzten Jahren zur Gewohnheit gewordenes Mittagsschläfchen ausgelassen. Weil ich am Tag nämlich viel zu munter war, um auch nur fünf Minuten lang die Augen zu schließen.

Es waren viele Kleinigkeiten, die sich summierten und die ich erst jetzt zur Kenntnis nahm. Da hatte ich also effektiv ein halbes Jahr lang auf irgendein Wunder gewartet, das mit mir geschehen würde, und dabei den Wald vor Bäumen nicht gesehen. Denn an das Vorher hatte ich überhaupt nicht gedacht: an all die kleinen

Viele Menschen versäumen das kleine Glück,
weil sie auf das große vergeblich warten.
Pearl S. Buck (1892–1973)

unangenehmen Erscheinungen, die sich im Lauf der Jahre einzustellen pflegen und an die man sich so gewöhnt, daß man sie kaum noch wahrnimmt. Sicher war es mir auch früher nicht schlecht gegangen, aber jetzt fühlte ich mich tatsächlich noch besser.

«Wie lange hält die Wirkung denn wohl an?» fragte ich den Arzt.

«Anderthalb Jahre höchstens», entgegnete er.

Doch da täuscht er sich. Inzwischen sind fünf Jahre vergangen, und bei ganz objektiver Betrachtung stelle ich fest, daß mein Allgemeinbefinden immer noch besser ist als vor der Frischzellenbehandlung.

Trotzdem möchte ich mit meinen persönlichen Erfahrungen nun nicht generell eine Lanze für die Frischzellen-Therapie brechen. Vielleicht habe ich wirklich nur Glück gehabt, oder vielleicht hat mein Organismus speziell positiv darauf reagiert.

Auf der anderen Seite kenne ich nämlich auch Fälle, bei denen eine solche oder eine ähnliche Behandlung (jeder Arzt hat da sein eigenes Geheimrezept) gar keine oder sogar negative Folgen hatte. Ich habe seither mit vielen Leuten gesprochen, die sich einer Zelltherapie unterzogen haben; die Resultate waren ebenso unterschiedlich, wie diese Therapie heute wissenschaftlich umstritten ist. Patienten, die sich auf diese Weise die Heilung von einer schweren Krankheit erhofften, wurden häufig enttäuscht; dagegen stieg bei vielen das allgemeine Wohlbefinden, und dementsprechend fühlten sich manche auch jünger.

Professor Paul Niehans, der 1971 gestorbene Schweizer Chirurg, verdankte die Entdeckung der Zelltherapie einem Zufall; genauer gesagt: einem Unfall.

Am 1. April 1931 war es, als er von einem verzweifelten Assistenzarzt dringend um Hilfe gebeten wurde. Der junge Kollege wußte, daß Niehans sich seit Jahren mit Organverpflanzungen befaßte, und eine solche Übertragung schien ihm jetzt die einzige Rettung. Ihm war nämlich ein schwerwiegender Kunstfehler unterlaufen. Bei einer Kropfoperation hatte er einer Patientin versehentlich ein Stück ihrer Nebenschilddrüse weggeschnitten. Die Frau wand sich in heftigen Krämpfen und kämpfte bereits mit dem Tod.

Paul Niehans befürchtete, ihr Leben mit einer Organtransplantation nicht mehr retten zu können. Aber er hatte eine andere Idee. Auf dem Weg ins Krankenhaus fuhr er beim Schlachthof vorbei und besorgte sich die Nebenschilddrüse eines frischgeschlachteten Kalbes. Das feingeschnittene Gewebe, mit einer Kochsalzlösung zu einem Brei verarbeitet, injizierte er der Todkranken in den Brustmuskel.

Sie wurde wieder gesund. Und blieb es auch. Und Professor Niehans baute auf diesem ersten Erfolg seine berühmte Zellular-Therapie auf; nach dem Grundsatz: «Gleiches heilt Gleiches».

«Das ist eine Fehlinterpretation», sagten seine Gegner, «denn die tierischen Zellen waren gar nicht in der Lage, die beschädigte Schilddrüse zu vitalisieren. Sie gaben nur das in ihnen enthaltene

> *Die Irrtümer eines großen Geistes sind belehrender*
> *als die Wahrheiten eines kleinen.*
> *Ludwig Börne (1786–1837)*

Hormon an das Blut der Patientin ab, wodurch ihr Kalziumspiegel wieder anstieg und sie gesund wurde.»

Bis heute gibt es nach Meinung der Schulmedizin keinen Beweis dafür, daß die tierischen Zellen oder deren wichtigste Bestandteile in beschädigte menschliche Organe wandern und dort verbrauchte Zellen auffrischen.

Die Niehans-Jünger hingegen werfen in die Diskussion, daß die konservative Schulmedizin schon immer alle Neuerungen bekämpft und auf Erfolge außerhalb ihres Clans sauer reagiert habe. Man denke nur an Semmelweis, Pasteur, Koch und Sauerbruch. Die hervorragende Heilwirkung der Zellular-Therapie, die sich schon an über drei Millionen Patienten erwiesen habe, sei ihr ein Dorn im Auge.

Die Verfechter der Frischzellenbehandlung stehen keineswegs mit leeren Händen da. Immerhin zählte Professor Niehans so prominente Zeitgenossen wie Konrad Adenauer und Papst Pius XII.,

Winston Churchill, Thomas Mann und Wilhelm Furtwängler zu seinen begeisterten, dankbaren Anhängern – alles Männer, die überdurchschnittlich alt wurden, dabei aber bis ins hohe Alter beachtliche Leistungen vollbrachten.

Die Worte «Lebensverlängerung» oder gar «Verjüngung» lehnte Professor Niehans allerdings strikt ab und verbot sie in seinem Sanatorium; er sprach lediglich von Revitalisierung.

Viele berühmte Persönlichkeiten, deren Namen jeder kennt, erfuhren seither die revitalisierende Wirkung der tierischen Zellsubstanz am eigenen Leibe: Eisenhower und Fidel Castro, Aga Khan und Ibn Saud. Das Showgeschäft ist mit Gary Cooper, Marlene Dietrich und Marilyn Monroe vertreten. Die Damenliste, die von Zeit zu Zeit immer wieder in der illustrierten Presse als Erfolgsbeweis für die Zelltherapie herumgereicht wird, fällt trotz Maria Schell, Lilo Pulver, Inge Meysel und Heidi Kabel eher etwas mager aus, was aber wohl darauf zurückzuführen ist, daß prominente Frauen Erfolge dieser Art nicht so gern an die große Glocke hängen. Warum sollten sie auch!

> *Solange eine Frau zehn Jahre jünger als ihre Tochter aussehen kann, ist sie vollkommen glücklich.*
>
> *Oscar Wilde (1854–1900)*

Ob die Zelltherapie nun von Fall zu Fall hilft oder nicht – auf alle Fälle ist sie ein lohnendes Geschäft für diejenigen, die heute in ihren Sanatorien den finanzkräftigen Patienten auf dem Fließband und zum Pauschalpreis die kostbaren Spritzen in den Allerwertesten applizieren.

Trotzdem geht mir der Shakespeare nicht aus dem Sinn. Hamlet, 1. Akt, 5. Szene: «Es gibt mehr Ding' im Himmel und auf Erden, als eure Schulweisheit sich träumen läßt.» Und «Schulweisheit» könnte man genausogut durch «Schulmedizin» ersetzen. – Stimmt's, Horatio?

Vorhin hat der Nachrichtensprecher von einer starken Föhnlage berichtet. Ich schaue zum Fenster hinaus, um mich zu vergewissern. Tatsächlich liegt unser Hausberg zum Greifen nahe vor mir; ein untrügliches Zeichen für heftigen Föhn.

Und von den früher so gefürchteten Kopfschmerzen spüre ich nicht das geringste.

Läßt Jugend sich kaufen?

Eigentlich ist es merkwürdig.

Der Mensch lebt heute – Ausnahmen bestätigen nur die Regel – meist nicht so, wie es seiner Gesundheit zuträglich wäre. Trotzdem betrachtet er seine Gesundheit als sein höchstes Gut und läßt sie sich oft eine ganze Menge kosten. Und wenn man ihm dazu auch noch Verjüngung verspricht, ist ihm kein Preis zu hoch.

Nur heute?

Gewiß ist Jungsein heute «in» und wird vor allem von der Werbung auf manchmal groteske Art hochgetrimmt. Man hat eben jung zu sein und damit basta. Und wenn man halt in Gottes Namen

> *Es ist besser, ein junger Spatz zu sein*
> *als ein alter Paradiesvogel.*
> *Mark Twain (1835–1910)*

nicht mehr so ganz taufrisch und knusprig ist, hat man – sofern man etwas gelten will – gefälligst so zu tun, als ob. Und sich beispielsweise in Jeans hineinzuzwängen, die so eng (und leider auch gesundheitsschädlich) sind, daß man den Reißverschluß nur bei angehaltenem Atem und in horizontaler Lage schließen kann.

Dieser Jugendlichkeitswahn wäre an sich völlig belanglos, weil man sich ja nicht unbedingt danach zu richten braucht. Lächerlich wird dieser Kult nur, wenn die idealisierte Jugend auf das Podest der öffentlichen Meinungsbildung hochgehievt und dort als unantastbare Norm für sämtliche (Konsumenten-)Generationen zur Schau

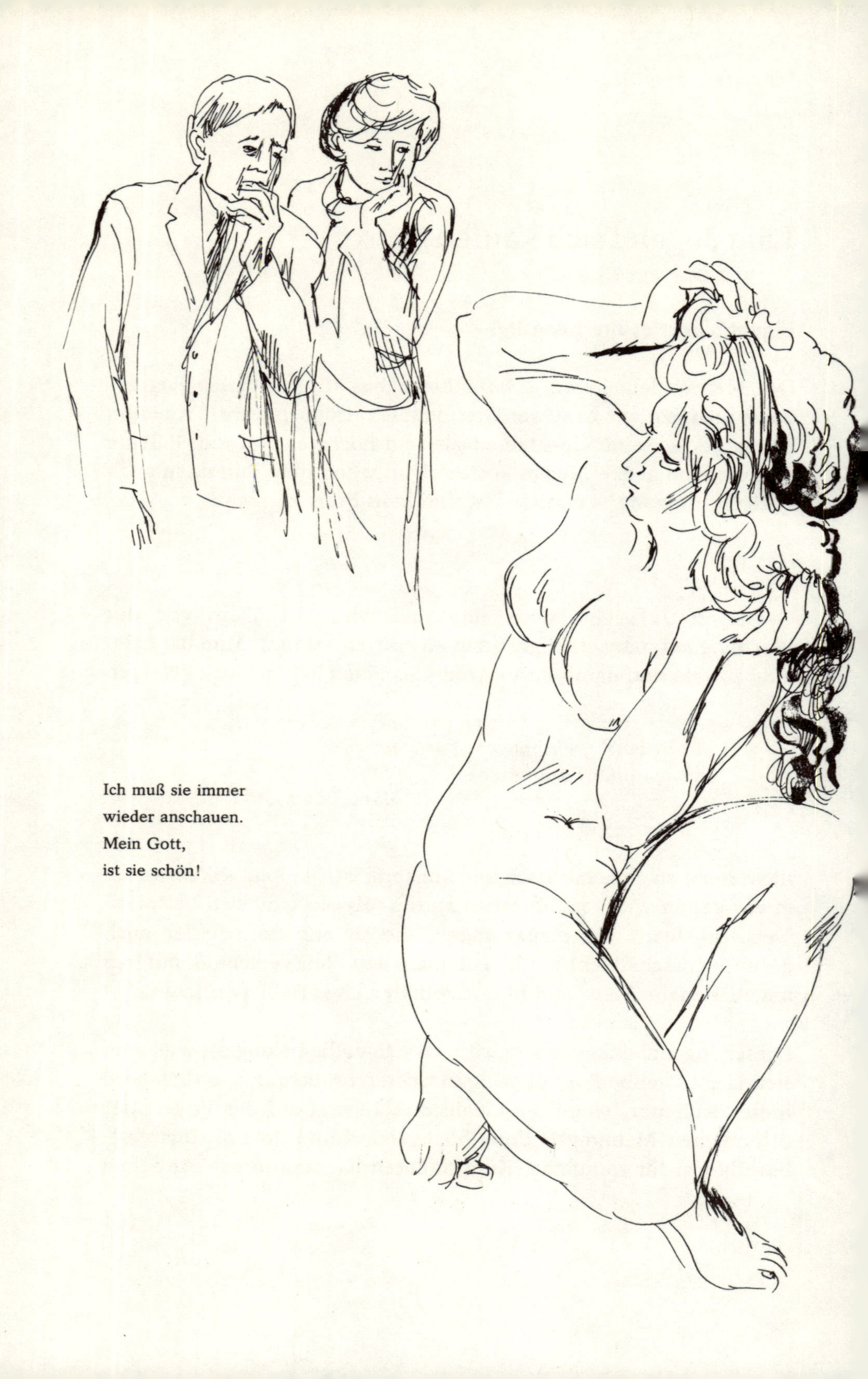

Ich muß sie immer
wieder anschauen.
Mein Gott,
ist sie schön!

gestellt wird. Und traurig dann, wenn das eingeschüchterte Fußvolk sich tatsächlich zur Gefolgschaft verpflichtet fühlt.

Aber war es früher denn anders?

Vor mir auf dem Schreibtisch liegt eine Postkarte mit Feriengrüßen von Rhodos. Keine Ansicht der berühmten Hafeneinfahrt, sondern ein Foto aus dem Museum mit einer Skulptur der «Venus im Bad».

Ich muß sie immer wieder anschauen. Mein Gott, ist sie schön! Der pure Neid könnte einen packen. Wie sie da halb kniend aufschaut, und wie sie ihre herabfallenden Locken zurückhält! Wie sich auf dem ebenmäßigen, in Marmor gemeißelten Körper das Licht spiegelt! Kein Wunder, daß Cäsar – mit Schönheit nicht eben übermäßig gesegnet – sie sich zur mythischen Ahnfrau erkor!

> *Warum bin ich vergänglich, o Zeus?*
> *so fragte die Schönheit.*
> *Macht' ich doch, sagte der Gott,*
> *nur das Vergängliche schön.*
> *Johann Wolfgang von Goethe (1749–1832)*

Und nicht nur schön war sie, die Venus, sondern selbstverständlich auch jung.

So neu ist der Jugendkult also nun auch wieder nicht. Die Künstler aller Zeiten haben für sich das Privileg in Anspruch genommen, in ihren Werken Schönheit mit Jugend zu koppeln und so ein Idealbild zu schaffen.

Jugend, ewige Jugend, gab es auch im Altertum nicht; sie blieb allein den Göttern vorbehalten. Und wenn diese sich hin und wieder herabließen, einem Erdenbewohner einen Wunsch zu erfüllen – was wünschte der sich? Nicht Glück, Liebe, Reichtum oder ähnlich Erstrebenswertes an irdischen Gütern. Prompt kam, wie aus der Pistole geschossen, seine Antwort: Unsterblichkeit. Und damit ewige Jugend, das Ziel all seiner Sehnsüchte.

Keine Frage also: Jugendlichkeit war schon seit eh und je begehrt und in Mode.

Im frühen Mittelalter geisterten Lebenswasser und Jungbrunnen durch die Literatur. Wer vom Lebenswasser trank, das als reiner Quell meist direkt aus dem Paradies gesprudelt kam, schlürfte damit nicht nur Gesundheit ein, sondern stoppte gleichzeitig sein Alter.

Der Jungbrunnen war noch wirkungsvoller und entsprechend spektakulärer. Greise, die in das Wasser des wunderbaren Brunnens tauchten, stiegen als strahlende Jünglinge wieder heraus. Alte Weiblein wurden zu attraktiven jungen Mädchen samt wiedergewonnener Jungfräulichkeit.

Hans Sachs, der Nürnberger Meistersinger, Schuhmacher und Poet dazu, schrieb am letzten Tag des Jahres 1548 ein Gedicht über den Jungbrunnen. Die etwas wehmütige Silvesterstimmung, das Nachsinnen über die menschliche Vergänglichkeit, mögen ihn wohl zu diesen Knittelversen animiert haben.

Er träumt also von einem großen Brunnen mit zwölf Röhren, aus denen sich kaltes und warmes Wasser auf die Badenden ergießt: auf Pfarrherren und Kaufleute ebenso wie auf Ritter und Knechte.

> *Man braucht lange Zeit, um jung zu werden.*
> *Pablo Picasso (1881–1973)*

Ein Dutzend kräftige Männer sind eigens dazu angestellt, die gebrechlichen Alten in den Brunnen zu heben. Die kommen auf Krücken herangehumpelt, lassen sich in Sänften tragen oder auf Schubkarren stoßen, um an das Ziel ihrer Sehnsüchte zu gelangen. Und was da alt, runzelig, kahlköpfig und zahnlos eintaucht, steigt alsbald jung, frisch und in der Blüte der Jahre wieder heraus.

So herrlich jung und gesund schilderte Hans Sachs die Menschen nach dem Verjüngungsbad, daß ihm selbst der Wunsch kam, es ihnen nachzumachen; denn schließlich war er schon Vierundfünfzig und mit allerlei Altersbeschwerden belastet.

Doch kaum tauchte er den Fuß in den Brunnen, da erwachte er aus seinem schönen Traum. Und lächelnd meinte er, daß er wohl oder übel sein eigenes Alter ertragen müsse, denn gegen das Alter sei –

> *Leben will alles, aber alt werden will kein Mensch.*
> *Johann Nepomuk Nestroy (1801–1862)*

im Gegensatz zu dem Traum vom Jungbrunnen – auf Erden halt doch kein Kraut gewachsen. Übrigens erreichte der Meistersinger, auch ohne Jungbrunnen, das für seine Zeit außerordentlich hohe Alter von zweiundachtzig Jahren; die durchschnittliche Lebenserwartung zu seiner Zeit betrug nur knapp dreißig Jahre.

So aufgeklärt waren die Menschen des Mittelalters denn doch schon, daß sie Sagen und Märchen vom Jungbrunnen nicht als bare Münze hinnahmen. Da erschien ihnen die Schwarze Magie entschieden handfester. Und in der Tat wartete sie mit allerhand geheimnisvollen Zaubertränken und Elixieren auf, die als Verjüngungsmittel angepriesen wurden und ihre Abnehmer fanden.

Als Starkonsumenten solch wunderwirkender Tranksame hat die Literatur den berühmten Heinrich Faustus (Magister und Doktor gar) vorzuweisen. Faust zweifelte am Anfang doch gelinde, ob ihm «die Sudelköcherei» in der Hexenküche wohl dreißig Jahre vom Leibe schaffen werde.

«Dich zu verjüngen», wandte daraufhin Mephisto ein, «gibt's auch ein natürlich Mittel.»

Faust wollte unbedingt erfahren, was es damit auf sich habe. Mephistos Antwort hatte geradezu visionären Charakter; man könnte damit ohne weiteres auch heute noch für eine gesunde Lebensweise werben:

«Gut! Ein Mittel, ohne Geld
Und Arzt und Zauberei zu haben:
Begib dich gleich hinaus aufs Feld,
Fang an zu hacken und zu graben,
Erhalte dich und deinen Sinn
In einem ganz beschränkten Kreise,
Ernähre dich mit ungemischter Speise,
Leb' mit dem Vieh als Vieh,
Und acht' es nicht für Raub,
Den Acker, den du erntest, selbst zu düngen;
Das ist das beste Mittel, glaub',
Auf achtzig Jahr dich zu verjüngen!»

Begreiflicherweise erschien ein solches Leben dem studierten Herrn allzu mühsam und unbequem. Und so griff er denn doch zum Hexentrank. Zwar verging ihm Hören und Sehen, doch stellte sich das gewünschte Resultat prompt ein. Und der so wundersam verjüngte Faust hatte nichts Eiligeres zu tun, als sich in das junge, unschuldige Gretchen zu verlieben.

Aber hat sich seither in Sachen Verjüngung – im Wunsch danach ebenso wie in den absurdesten Versuchen – denn etwas geändert? Nun ja, der Schauplatz: an die Stelle der spektakulären Hexenküche ist das moderne Labor getreten. Und ganze Industrien sind es, die heute von Tropfen, Pillen und Pülverchen leben, mit denen sie der Menschheit die verlorene Jugendfrische zurückzugewinnen versprechen.

Zwar kennen die Wissenschaftler schon erste Ansätze für möglicherweise lebensverlängernde geriatrische Medikamente, doch sind sie über Versuche mit Mäusen, Ratten, Würmern und Fliegen noch nicht hinausgelangt. Ob sich gewisse Erfolge, etwa mit dem Zellreinigungsmittel Centrophenoxin, auch beim Menschen einstellen könnten, weiß noch niemand. Langzeitversuche, über Jahrzehnte hinweg, stehen noch aus. Und bei solchen Versuchen müßten selbstverständlich auch die Nebenwirkungen erst noch gründlich getestet werden.

Hoimar von Ditfurth, der bekannte Professor der Psychiatrie und Neurologie, gibt zu bedenken: «Wer will ausschließen, daß es dabei zu Nebenwirkungen kommt, die selbst den Vorzug eines längeren Lebens als nicht erwünscht erscheinen lassen?»

Ex oriente lux – aus dem Osten kommt das Licht. Aus dem Osten kommen schon seit den zwanziger Jahren viele aufsehenerregende Meldungen über Verjüngungserfolge. Der französische Arzt russischer Abstammung Sergej Voronoff überraschte die Welt eines

> *Eines Tages werde ich vielleicht imstande sein, den Übermenschen zu schaffen, der hundertvierzig Jahre alt werden kann.*
>
> *Sergej Voronoff (1866–1951)*

Tages mit dem sensationellen Forschungsergebnis, wonach Alterserscheinungen auf ein Versagen der Keimdrüsen zurückzuführen seien. Also pflanzte er alternden Männern die Hoden junger Schafe ein.

So neu war die Idee, für die er lautstark die Werbetrommel rührte, nun aber auch wieder nicht. Schon vor Jahrtausenden verzehrten die Chinesen die Keimdrüsen junger Affen, während die Inder sich mehr von den Genitaldrüsen junger Hirsche versprachen. Sie erhofften sich davon ebenso die Belebung ihrer sexuellen Kräfte wie die Spanier, die sich vom Mittelalter bis zur Renaissance an Schaf- und Fischhoden gütlich taten; die Damen bevorzugten indes als Pendant zu dieser Therapie die Eierstöcke der jeweiligen Tiere.

1889 nahm der angesehene Pariser Arzt Professor Charles Edouard Brown-Séquard die Keimdrüsentheorie wieder auf und injizierte sich selber tierische Keimdrüsen-Extrakte. Wozu er auch guten Grund hatte, denn er war Zweiundsiebzig und hatte gerade seine wesentlich jüngere dritte Frau geehelicht.

Anfang der zwanziger Jahre war es dann der Wiener Physiologe Professor Eugen Steinach, der ähnliches mit Hunden, Hähnen und

Ratten versuchte. Er nahm die Pubertätsdrüsen junger männlicher Tiere und transplantierte sie alten Tieren. Hunde, Hähne und Ratten verjüngten sich zusehends, wenn auch nur für kurze Zeit. Um diese Verjüngungsmethode beim Menschen anzuwenden, hätte es folgerichtig menschlicher Keimdrüsen bedurft. Und daran scheiterten seine hochfliegenden Pläne: an der Beschaffung «artgleichen» Transplantations-Materials.

> *Weh! Wäre doch der Jugend Ehrenkleid*
> *verbrämet mit dem Saum der Ewigkeit!*
> *Hafiz (um 1310–1389)*

Die heutige Altersforschung bewegt sich in anderer Richtung. Sie sieht in der Funktionsverringerung der Keimdrüsen nur eine einzige unter zahlreichen Komponenten, die alle miteinander für den Prozeß des Alterns verantwortlich sind.

Zu den bekannten Verjüngungskünstlern aus dem Osten gehörte auch Alexander Bogomoletz aus Kiew, Professor für Physiologie an der Moskauer Universität, der nach dem Zweiten Weltkrieg Triumphe feierte. Er entwickelte ein Serum, das die Tätigkeit des Retikuloendothels (das sind gewisse Organ- und Zellgruppen, die gemeinsam Krankheiten abwehren) verstärken und dadurch leistungssteigernd wirken sollte. Eine Kur mit diesem Serum – Bogomoletz-ACS-Serum (Antiretikular-Cytoxisches Serum) genannt – sollte bewirken, daß Menschen nach dem vierzigsten Lebensjahr nur noch halb so schnell altern.

Seine Berühmtheit verdankt Bogomoletz vor allem seinem berühmtesten Patienten: 1946 wurde ihm die Ehre zuteil, Stalin mit seinem Serum zu behandeln. Die Koronarsklerose Stalins konnte er damit allerdings nicht heilen; der Tod des Arztes setzte der begonnenen Behandlung noch im gleichen Jahr ein Ende.

Später stellten deutsche Ärzte «eindrucksvolle Erfolge» des Serums fest, interessanterweise weniger bei Alterserscheinungen,

Sterilität, Impotenz und Wechseljahrbeschwerden, als bei Knochenbrüchen, Magengeschwüren, allergischen und rheumatischen Erkrankungen sowie Ischias. Trotzdem sind die Meinungen der Fachwelt darüber geteilt, ob das Bogomoletz-Serum je genützt hat. Immerhin scheint es wenigstens nie geschadet zu haben.

Auch Rumänien ist für seine Versuche, das Altern des menschlichen Organismus hinauszuzögern, bekannt; dies vor allem durch die Ärztin Professor Ana Aslan vom Institut für Geriatrie in der Nähe von Bukarest. Frau Aslan erzielte mit ihrer 1949 zufällig entdeckten Novocain-Behandlung erstaunliche Resultate bei alten und kranken Menschen. Selbst die Delegierten der Weltgesundheits-Organisation waren von den Augenzeugenberichten der Betroffenen stark beeindruckt. Einzelne berichteten sogar, daß ihnen nach der Behandlung mit dem durch verschiedene andere Wirkstoffe ergänzten Novocain-Präparat H_3 die ergrauten Haare

> *Du kannst einen Elefanten festhalten, wenn er fliehen, aber nicht das kleinste Haar auf dem Kopfe, wenn es fallen will.*
>
> *Gerhart Hauptmann (1862–1946)*

wieder nachgedunkelt seien. Und dort, wo die Haare längst ausgefallen waren, begann es wieder zu sprießen.

Daß die H_3-Behandlungen – jedenfalls dann, wenn sie über viele Wochen fortgesetzt und immer wiederholt werden – gewisse Alterserscheinungen bekämpfen helfen, berechtigt immerhin zu vorsichtigem Optimismus. Man muß deswegen ja nicht gleich von Verjüngung sprechen. Übrigens ist Frau Professor Aslan der Meinung, daß ihre Therapie vor allem als vorbeugende Maßnahme von Bedeutung sei, also nicht erst bei alten Patienten, sondern bereits bei Leuten in den besten Jahren, also etwa zwischen Vierzig und Fünfzig, angewandt werden sollte.

In der Sowjetunion wiederum werden schon seit längerem For-

Alte Weiblein
wurden
zu attraktiven
jungen Mädchen
samt
wiedergewonnener
Jungfräulichkeit.

schungen betrieben, die sich mit der berühmten Ginsengwurzel befassen: der Wurzel eines Efeugewächses aus China und Korea, die seit altersher als Aphrodisiakum betrachtet wird. Der Name sagt's: Was vom Namen Aphrodites, der Liebesgöttin, hergeleitet wird, soll die sexuellen Fähigkeiten steigern. Und nebenbei natürlich auch den gesamten Organismus verjüngen.

Vor ein paar tausend Jahren mußte man zumindest Kaiser von Beruf sein, um sich mit der Ginsengwurzel ein langes, gesundes Leben zu sichern; qualitative und quantitative Bettaktivität eingeschlossen. Bei normalen Sterblichen jedoch bewirkte die Ginsengwurzel genau das Gegenteil und trug erheblich zur Lebensverkürzung bei; denn wer ohne kaiserliche Erlaubnis an ihr knabberte, wurde hingerichtet.

> *Besser ein gesunder Bauer als ein kranker Kaiser.*
> *Sprichwort*

Heute kann man die Wunderwurzel in Form von Tees und Kapseln zwar in der Apotheke um die Ecke ohne Lebensgefahr und für teures Geld erstehen – aber die angepriesenen Erfolge auf der Gebrauchsanweisung und die Realität sind halt doch zwei verschiedene Paar Stiefel.

Läßt sich Jugend kaufen?

Wenn all die Kuren, Behandlungen und Pillen tatsächlich etwas Gutes mit sich bringen, dann mit Bestimmtheit dieses: Der Mensch, der mit ihrer Hilfe Gesundheit und ein langes Leben kaufen will, glaubt nur zu gern an die schönen Versprechungen, und diese Illusion kann ihm tatsächlich zu einem gesteigerten Wohlbefinden verhelfen. Doch leider ist dieses psychologisch gesteuerte Aha-Erlebnis meist recht kurzlebig. Und nur zu bald platzt es wie eine Seifenblase, nach der man mit den Fingern schnippt.

Ich kenne ein altes Ehepaar – er ist bereits Neunzig, sie ein paar

Jahre jünger –, das mindestens ein- bis zweimal im Jahr irgendein Sanatorium aufsucht und dort eine Kur macht, die Revitalisierung, Regeneration oder Verjüngung verspricht. Als ich die beiden einmal fragte, warum sie das eigentlich tun, antworteten sie: «Nicht, daß wir unbedingt hundert Jahre alt werden wollen, aber wir möchten unser Leben nicht an Krücken oder im Rollstuhl beschließen.»

Ein Argument, das zweifellos etwas für sich hat. Jedenfalls kenne ich Leute, die ihr Geld für Dümmeres ausgeben. Und da diese Kuren meist auf rein biologischen Methoden beruhen, können sie, wenn sie schon nicht helfen, kaum Schaden anrichten. Außer dem psychologischen Effekt, der für den Patienten gewiß ein Pluspunkt ist, regen sie meist auch zu einer vernünftigen Lebensweise an. Nur muß man, um damit zu beginnen, ja nicht unbedingt warten, bis man an die Neunzig geht.

Besser als das Schlucken von Pillen und Kapseln, die Aktivität und Jugendfrische versprechen, sind solche Kuren allemal. Denn: Allen gegenteiligen Beteuerungen der pharmazeutischen Industrie zum Trotz gibt es bis heute noch kein Präparat, das den Vorgang des Alterns aufhalten kann.

Bei einer Umfrage der Münchner medizinischen Zeitschrift «Ärztliche Praxis» bezeichneten sechs namhafte Mediziner übereinstimmend die Geriatrika – also die Medikamente zur Vorbeugung oder Heilung von normalen Alterserscheinungen – als überflüssig. Andere betrachteten sie als unwirksam oder gar als «möglicherweise gefährlich». Dies vor allem dann, wenn jemand sie auf eigene Faust einnimmt und damit eventuell die Wirkung von anderen, gleichzeitig eingenommenen, aber für ihn wichtigen Medikamenten verschlechtert.

Professor A. Störmer, München, meinte: «Es gibt keine wissenschaftlich erprobte medikamentöse Therapie, die imstande ist, den Alterungsprozeß aufzuhalten oder gar rückgängig zu machen.» Und Dr. G. Kienle, Herford, bezeichnete die Geriatrika als

«Geschäft mit der Angst, Illusion und medizinischen Ignoranz».

> *Wohl dem, der nicht den Irrwegen,*
> *sondern der Ordnung folgt!*
>
> *Paracelsus (1493–1541)*

Bleibt also, solange die Geriatrie nicht eines Tages wirklich Bahnbrechendes entdeckt, nur der dornenvolle Weg der gesunden Lebensweise.

Was antwortete Faust dem Mephisto auf dessen ebenso realistischen wie einleuchtenden Verjüngungsvorschlag, der im wesentlichen auch heute noch seine Gültigkeit hat?

> «Das bin ich nicht gewöhnt, ich kann mich nicht bequemen,
> Den Spaten in die Hand zu nehmen.
> Das enge Leben steht mir gar nicht an.»

Eben – den meisten von uns wohl auch nicht!

Die Mär vom geschlechtslosen Alter

Margot ist außer sich; seit gestern versteht sie die Welt nicht mehr. Seit gestern nämlich weiß sie, daß ihr Vater eine Freundin hat.

«Und dabei ist er doch schon Fünfundsechzig!» empört sie sich, «und seine Freundin ist mit Dreiundsechzig ja auch nicht mehr die Jüngste; alt genug, meine ich, um etwas vernünftiger zu sein!»

> *Die erste Zeit einer erwiderten Liebe ist wohl das Köstlichste, was Menschen erleben können.*
> *André Maurois (1885–1967)*

Jonas P., Margots Vater, ist seit zwei Jahren verwitwet und lebte seither sehr zurückgezogen. Eines Nachmittags in einem Café geschah es dann. Er saß allein vor seinem Kännchen Tee, während es an den beiden zusammengerückten Tischen nebenan hoch herging. Eine Schar Damen, alle etwa Anfang Sechzig, redeten und lachten durcheinander und schienen sich glänzend zu amüsieren. Man konnte sie weder übersehen noch überhören.

Als eine von ihnen vom Kuchenbuffet zurückkam und den Teller mit der Crèmeschnitte an seinem Tisch vorbeibalancieren mußte, blieb sie plötzlich stehen, schaute ihn freundlich an und sagte: «Es tut mir leid, daß wir hier so viel Lärm machen und Sie wahrscheinlich damit stören, aber wir haben ein Klassentreffen, das erste nach dreißig Jahren, und da gibt es natürlich viel zu erzählen.»

Jonas P. lächelte zurück: Aber nein, das sei doch kein Grund, sich zu entschuldigen. Und gestört fühle er sich durchaus nicht.

Natürlich stimmte das nicht. Jonas P. war es nämlich ganz und gar nicht recht gewesen, daß «die schnatternden Weiber», wie er sie im stillen titulierte, sich so breit machten und sich so lautstark unterhielten; aber er war ja ein höflicher Mensch, und eine so nette, spontane Entschuldigung mußte man schon akzeptieren.

> *Die Palme des Schwatzens bleibt nun einmal dem weiblichen Geschlecht.*
> *Karl Julius Weber (1767–1832)*

Seine fromme Lüge machte sich bezahlt. Eine halbe Stunde später stand besagte Dame abermals vor ihm und meinte: «Wissen Sie was, Sie sitzen da so allein, und wir haben es so lustig; kommen Sie doch einfach mit an unseren Tisch!»

Das war vor einem halben Jahr. Inzwischen sind Jonas P. und Frau Berta befreundet.

«Und nicht etwa nur platonisch», seufzt Margot. «Sag mal ehrlich, verstehst du das – in dem Alter?»

Nun, mit Dreißig versteht man das natürlich nicht. Da gibt man jedem über Fünfzig bereits das Prädikat «jenseits von Gut und Böse». Denn Liebe und vor allem Sexualität gelten als ein Vorrecht der Jungen. Würde Jonas seiner Berta nur mal zärtlich über die grauen Haare streichen, hätte Margot ja nichts dagegen, doch daß die beiden die Unverfrorenheit haben, «sich zu lieben wie Zwanzigjährige» und kein Hehl daraus machen, das geht über ihr Begriffsvermögen. Sie findet es einfach geschmacklos.

Über intime Beziehungen im vorgeschrittenen Alter herrschen in unserem an Aufklärung sonst ja nicht gerade armen Zeitalter erstaunlicherweise weitherum die seltsamsten Mißverständnisse; sie wurzeln noch tief in den Vorurteilen des 19. Jahrhunderts. Sogar die Massenmedien und selbst das sich so weltoffen gebende Fernsehen tragen manchmal dazu bei, das falsche Bild der Altersneutren in die Wohnstuben zu tragen.

Da sah ich letzthin ein an sich recht gutes Fernsehspiel, das sich mit der Liebe im Alter befaßte. Witwer und Witwe, etwa zwischen Fünfundsechzig und Siebzig, lernten sich auf dem Friedhof an den Gräbern ihrer Verflossenen kennen und lieben. All die aus dieser neuen Situation entstandenen Probleme mit Freunden, Verwandten und Nachbarn wurden getreulich geschildert und einfühlsam dargestellt, und zum guten Schluß zog das Seniorenpaar, allen Widerständen zum Trotz, in eine gemeinsame Wohnung; ohne Trauschein und ohne sich von den Kindern dreinreden zu lassen.

Wenn dirs in Kopf und Herzen schwirrt,
Was willst du Beßres haben!
Wer nicht mehr liebt und nicht mehr irrt,
Der lasse sich begraben!
Johann Wolfgang von Goethe (1749–1832)

Doch, das war wirklich alles so richtig «aus dem Leben gegriffen». Jegliche Gefühlsregung der beiden Alten wurde von der Kamera sorgsam registriert – außer der sexuellen. Nun erwartet man bei einem solchen Fernsehfilm ja wirklich nicht, daß das Paar auf dem Bildschirm miteinander ins Bett hüpft und dort muntere Spiele treibt, wie das die Kamera bei jüngeren Pärchen stets so ausführlich zu beobachten weiß; aber diese beiden Alten wirkten so geschlechtslos und steril, daß niemand von den Zuschauern sich überhaupt zu solch einer absurden Idee verstiegen hätte.

Ein bißchen erinnerten sie, obwohl ja noch längst nicht so steinalt und abgeklärt, an Philemon und Baucis. Und dieses biedere Paar von Goethes Gnaden – das wird jedermann mit auch nur einem Schuß klassischer Bildung vorbehaltlos bestätigen – hatte ja nun bestimmt nichts mehr miteinander! Wenn Philemon und Baucis zusammen ins Bett gingen, dann garantiert nur noch zum Schlafen. Im übrigen schritten sie zur Kapelle, «letzten Sonnenblick zu schaun» und in trauter Zweisamkeit zu knien und zu beten.

Halt – war es wohl wirklich so? Regt sich hier nicht wieder die phantasielose Arroganz der Jüngeren, deren Vorstellungsvermögen ganz einfach überfordert ist? Wird nicht auch von den Hundertjährigen und weit Älteren im georgischen Hochland und in Ecuador berichtet, daß sie sich noch eines aktiven Sexuallebens erfreuen? – Verzichten wir also lieber auf die Behauptung, das klassische Greisenpaar der Literaturgeschichte habe nur noch fromm Händchen gehalten. Wer weiß . . .

Das Greisenalter ist ein Tyrann, der bei Todesstrafe alle Freuden der Jugend verbietet.
François de La Rochefoucauld (1613–1680)

Doch zurück zu unserem Fernsehpaar, das Philemon und Baucis gegenüber noch ausgesprochen knusprig war! Beim Einzug in die gemeinsame Wohnung betrachteten die zwei zwar ihre neuen Doppelbetten und prüften die Güte der Matratzen, aber mehr war da nicht drin. Sicher verlangte man von der alten Dame in diesem Moment nicht gerade ein holdes Erröten oder ein züchtiges Augenniederschlagen und von ihrem Partner kein hintergründiges Lächeln in den Augenwinkeln – aber hier reichte es nicht einmal für einen stummen Blick des Einverständnisses oder weiß ich was, womit wenigstens entfernt angedeutet worden wäre, daß Ehebetten auch bei älteren Leuten zu mehr als nur zum Schlafen nützlich sein können. Man spürte förmlich die Verlegenheit des Kameramannes, der sich möglichst rasch etwas anderem zuwenden wollte.

Dabei ging für diese beiden sympathischen und lebenstüchtigen Menschen die sexuelle Annäherung doch sicher nicht völlig problemlos über die Bühne beziehungsweise durch die Betten.

Woran das liegt? Vermutlich nur an der mangelnden Vorstellungskraft eines jungen Regisseurs. Oder ist Sex im Alter tatsächlich noch immer ein Tabu?

Gerade das deutsche Fernsehen war doch schon Anfang der siebziger Jahre ein paarmal gegen die verstaubten Ansichten von der Alterserotik vorgeprescht. Mehrere Sendungen waren damals bereits diesem brisanten Thema gewidmet, obwohl die Verantwortlichen größte Mühe hatten, wenigstens ein paar der Betroffenen vor die Kamera zu bekommen. Unter vier Augen waren sie zwar gern bereit, über ihre sexuellen Probleme zu reden, scheuten dann aber vor der Öffentlichkeit zurück. «Sie verhalten sich so», sagte die Autorin einer dieser Sendungen, «wie verklemmte Kinder, denen die Eltern eingetrichtert haben, daß Sex etwas Schmutziges ist.»

Pfarrer Sommerauer, der damals noch als überall beliebter, angesehener Fernsehpfarrer Trost und Rat spendete, bekam die Empörung seines Publikums heftig zu spüren, als er einmal feststellte, es bestehe kein Grund zur Aufregung, wenn jemand im Nachlaß seiner alten Mutter Pornofotos entdecke.

Der Teufel selbst hat's dir gesagt,
Daß alles eine Mutter wagt.
Friedrich Müller (1749–1825)

«Sie haben das erhabene Bild der Mutter in den Dreck gezerrt», entrüstete sich ein Zuhörer so vehement, als gelte es, eine tiefschürfende These zur Verteidigung des Muttertags ethisch zu untermauern.

Auf einen Zeitungsartikel, der für die Liebe im Alter eintrat, reagierte ein fraglos gebildeter Leser mit folgenden Zeilen: «Die Annahme ist grundlegend falsch, daß der alte Mensch genauso fortlebt wie in jüngeren Jahren. Gewollt oder ungewollt muß er sich der Enthaltungsstrategie unterwerfen, die seine Jahre erfordern. Die Triebe geben normalerweise ihr imperatives Beherrschen der Sinne auf. Sie leisten Ihren Lesern einen sehr schlechten Dienst, wenn Sie die Alterssexualität auch noch anregen. Diese Ermunterung entspricht nicht einem normalen Bedürfnis. Sexualität im Alter schadet dem auf Abbruch hin tendierenden Organismus und hindert die geistigen Ansprüche, sich zu entfalten. Im übrigen werden wir die Erfahrung machen, daß die Lebenserwartung gerade durch solche Aufmunterungen merklich sinkt und vielen

Gebrechen Tür und Tor geöffnet wird, die sonst weniger kraß in Erscheinung träten.»

Dieser Brief wurde 1974 geschrieben; er könnte genausogut noch aus dem vorigen Jahrhundert stammen.

Ein anderer Leser, neunundsiebzigjährig, bedankte sich bei der Zeitung für den Mut, das Thema der verkannten Alterssexualität aufgegriffen zu haben, und ergänzte es aus seinem eigenen Erfahrungsbereich:

«Mit meiner fünf Jahre jüngeren Frau mußte ich seit meiner Pensionierung einen regelrechten Kampf führen. Sie vertritt die althergebrachte Einstellung, daß wir aufgrund unseres Alters die sexuellen Beziehungen ausklingen lassen sollten.» Und er fügte hinzu: «Es stimmt zweifellos, daß in sehr vielen Altersehen wegen dieser unterdrückten Probleme Konflikte schwelen.»

Das übernommene Klischeebild vom geschlechtslosen, dafür aber würdigen und erhabenen Alter läßt sich sicherlich nicht von heute auf morgen ausrotten. Simone de Beauvoir drückt das Dilemma in

> *Erster und einziger Grundsatz der Sexualethik: der Ankläger hat immer unrecht.*
> *Theodor W. Adorno (1903–1969)*

ihrer berühmten Untersuchung über das Alter so aus: «Bei den Alten wirken Liebe und Eifersucht widerwärtig oder lächerlich, Sexualität abstoßend, Gewalttätigkeit lachhaft. Sie müssen ein Beispiel für alle Tugenden geben. Weichen sie von dem erhabenen Bild ab, das man ihnen aufnötigt – so fallen sie tief!»

Der Mythos vom geschlechtslosen Alter ist nicht ungefährlich. Denn die zwar gesellschaftlich, aber keinesfalls biologisch bedingte Sexualnorm, wonach die geschlechtliche Aktivität im Alter nachläßt, zieht das nach sich, was die Wissenschaftler Erwartungsnormen nennen. Was man also erwartet, trifft schließlich tatsächlich ein.

Bei einem Forschungsobjekt der Universität Frankfurt am Main über die Sexualität im Alter versuchte Dr. Martin Dannecker bei durchschnittlich achtundsechzigjährigen, sich nicht mehr sexuell betätigenden Männern herauszufinden, warum sie mit der «in der Regel ja nicht abrupt durchbrechenden sexuellen Inaktivität» relativ gut zurechtkommen und sich damit abfinden.

Bei seinen Überlegungen kam er zu folgendem Schluß: «Zwar müssen diese Männer auf manifeste Sexualität verzichten, aber mit diesem Verzicht erreichen sie gleichzeitig eine Milderung der bei den immer wieder angestellten Versuchen, den Geschlechtsverkehr auszuführen, offenbar immer stärker gewordenen Ängste. Es paßt ganz gut in dieses Bild, wenn einige der impotenten älteren Männer so tun, als wollten sie keine Sexualität mehr. Sie tun so, weil sie Sexualität jetzt mit jener Angst assoziieren, die bei den letzten sexuellen Vollzügen aufgetreten ist. Sie sagen zwar ‹Sexualität›, aber sie meinen die Angst, die sie nicht mehr wollen.»

> *Wir hassen bald, was oft uns Furcht erregt.*
> *William Shakespeare (1564–1616)*

Eine gewisse Angst, entstanden aus einem Schuldbewußtsein, über das sich der Betreffende kaum je im klaren ist, kann auch auf die religiöse Erziehung zurückgehen. Bei denen, die heute bereits alt sind, spielt häufiger als bei den Jüngeren der Einfluß der Kirche mit. Und ihre seit altersher gestellte Forderung, daß die Sexualität allein der Fortpflanzung zu dienen habe. Wer seine vermeintlich sündigen Wünsche nicht zügele und sie der «natürlichen Enthaltsamkeit» unterordne, sagen die psychiatrischen Experten, fühle sich schuldbewußt, und das könne zu den verschiedenartigsten Verhaltensstörungen führen. Sie sprechen in diesem Fall von einer «ekklesiogenen» Neurose, geben also der Ekklesiologie, der Lehre von der Kirche, die Schuld daran.

Heute begegnet man auch in der Kirche – in der evangelischen ebenso wie in der katholischen – immer mehr einer neuen, offeneren Einstellung gegenüber der Sexualität. Gewiß, das ist vielleicht noch nicht überall der Fall, aber in ihrem Bemühen, sich mit den Realitäten der Gegenwart auseinanderzusetzen, können die Kirchen der verschiedenen Konfessionen es sich nicht mehr lange leisten, die Sexualität als Grundpfeiler der menschlichen Liebe einfach zu ignorieren.

Ich war jedenfalls auf das angenehmste überrascht, als ich – das liegt schon ein paar Jahre zurück – an der Zürcher Paulus-Akademie die Ausführungen des katholischen Geistlichen Pater Josef Venetz zum Thema «Partnerprobleme im Alter» hörte. Aus den Notizen, die ich mir damals gemacht habe und die seither nichts an Aktualität eingebüßt haben, möchte ich hier einiges zitieren:

Das «Eheleben danach» beginnt für den Pater, der auch als Eheberater amtet, in den Jahren, da die Kinder ausfliegen und die Ehepartner wieder «zu zweit kutschieren» müssen. Auf diese Zeit bereiten sich die Eheleute genausowenig vor wie auf ihr eigenes Alter – und stehen dann eines Tages gänzlich unvorbereitet der neuen Situation gegenüber. Gerade zu diesem Zeitpunkt entscheidet es sich aber weitgehend, ob der «entvölkerten» Familie auch eine Leere im ehelichen Zusammenleben folgt oder ob es gelingt, die Ehe unter den veränderten Verhältnissen neu zu beginnen.

Wahrscheinlich ging in der Ehe auch bisher nicht alles reibungslos, und im Lauf der Jahre bröckelte vom Idealbild, das sich die Frischverliebten einst von ihrem Partner gemacht hatten, einiges ab. Aber die negativen Seiten des Ehepartners gingen sozusagen im

Die Ehe ist recht dazu gemacht, die Flügel der Einbildungskraft zu beschneiden und uns auf die Erde zu bringen.
Theodor Gottlieb von Hippel (1741–1796)

Wirbel des Familienlebens unter. Doch nun, nachdem die Kinder das Haus verlassen haben, kann man sich nicht mehr hinter der Familie verstecken; die Konfrontation ist unausweichlich, und jetzt gilt es, sich gegenseitig zu begegnen und sich mit der Wirklichkeit des anderen, mit all seinen Vor- und Nachteilen, auseinanderzusetzen.

Diese direkte Begegnung kann manchmal regelrecht brutal sein, doch wenn sich daraus eine glückliche Partnerschaft für die zweite Lebenshälfte entwickeln soll, setzt das gegenseitige Offenheit voraus. Mit anderen Worten: Man soll dem Partner sagen, woran man sich bei ihm stört oder wodurch man sich vielleicht verletzt fühlt. Und man soll endlich damit aufhören, in den anderen etwas Falsches hineinzuinterpretieren.

Doch der Weg von der Familie zurück zum Leben zu zweit ist auch noch durch andere Aspekte gekennzeichnet. Vielfach höre man ja, meinte der Pater, das Zusammenleben im Alter müsse auf andere Werte bauen als das der Jungverliebten. Von dieser landläufigen Ansicht jedoch distanzierte er sich ganz kategorisch, als er die verschiedenen Bereiche des ehelichen Zusammenlebens vor seinen Zuhörern aufzeichnete: Neben der Offenheit in der geistigen Bindung, der Öffnung zu Gott oder einer anderen höheren Macht gehörten dazu, über die Zärtlichkeit hinaus, auch die sexuellen Beziehungen in der zweiten Lebenshälfte.

Die Schlußworte des katholischen Geistlichen habe ich noch heute im Ohr: «Verzichtet nicht auf die Sexualität, weil ihr findet, es gehöre sich in diesem Alter nicht mehr, denn in der Ehe gibt es da keine Sünde!»

> *Es ist eine abgeschmackte Verleumdung der menschlichen Natur, daß der Mensch als Sünder geboren werde.*
> *Johann Gottlieb Fichte (1762–1814)*

Nur leider: Eine Schwalbe macht noch keinen Sommer, und ein aufgeschlossener Pfarrer allein vermag noch nicht all die Tabus aus dem Weg zu räumen, mit denen die alte Generation von heute zum Teil noch lebt. Schließlich darf man nicht vergessen, daß die heute Sechzigjährigen und Älteren zumeist mit einer äußerst prüden Sexualmoral aufgewachsen sind; zum großen Teil gilt das auch noch für die heutige mittlere Generation. Denn gar so alt ist die Enttabuisierung des Sex ja auch noch nicht.

Zudem macht es die Verständnislosigkeit der Jugend den Älteren nicht eben leicht, über den Schatten ihrer Vorurteile zu springen. So seltsam sich das vielleicht auch anhören mag: Viele der ach so aufgeklärten Jungen sind in ihren Moralbegriffen weit prüder und spießbürgerlicher als die Alten. Daß auch alte Leute Liebesbeziehungen haben können, geht über ihr Begriffsvermögen, und was sie nicht verstehen, deklassieren sie nur gar zu gern als albern und lächerlich.

Eine amerikanische Wissenschaftlerin, die sich mit Sexualproblemen befaßte, hatte sich bereiterklärt, den Schülerinnen eines Gymnasiums in Chicago über ihr Spezialgebiet Red und Antwort zu stehen. Die ersten Fragen eines vorwitzigen Teens lauteten: «Wie alt sind Sie? Sind Sie verheiratet? Und tun Sie's noch?»

Schnell fertig ist die Jugend mit dem Wort.
Friedrich Schiller (1759–1805)

Brüllendes Gelächter quittierte der provokanten Fragestellerin Anerkennung für ihre vermeintliche Zivilcourage.

Die Wissenschaftlerin ließ sich nicht aus der Ruhe bringen.

«Zu Frage eins», sagte sie: «Ich bin Vierundsechzig. Und zu den beiden anderen Fragen: ja!»

Und mit der gleichen Offenheit und Bestimmtheit, mit der sie geantwortet hatte, fügte sie hinzu: «Der junge Mensch hat kein Monopol auf die Sexualität; sie begleitet den Menschen durch sein ganzes Leben.»

Von der Sexualität zur Erotik

In den letzten Jahren sind verschiedene Versuche unternommen worden, die überholten Vorstellungen vom «natürlichen Vorgang» des Nachlassens sexueller Wünsche und Bedürfnisse im Alter durch wissenschaftliche Forschung zu widerlegen und auch den Durchschnittsmenschen davon zu überzeugen, daß die sexuelle Bereitschaft natürlicherweise überhaupt nie aufhört. Aber in Europa ist die Alterssexualität noch weitgehend unerforscht, und in Amerika ist man über den Kinsey-Report der fünfziger Jahre und die klinischen Beobachtungen von Dr. William Masters und Virginia Johnson in den sechziger Jahren auch noch nicht weit hinausgekommen.

Immerhin haben diese drei Wissenschaftler bewiesen, daß gesunde Männer und Frauen körperlich durchaus in der Lage sind, bis weit in die Achtzig und darüber hinaus befriedigende Geschlechtsbeziehungen aufrechtzuerhalten. Nach Kinsey waren von den befragten sechzigjährigen Männern erst sechs und von den Siebzigjährigen 30 Prozent nicht mehr sexuell aktiv. Und auch bei den Frauen zeigte sich bis ins hohe Alter kaum ein Nachlassen. Bei 15 Prozent der Männer und Frauen konstatierte Kinsey sogar ein stetiges Ansteigen des sexuellen Interesses und der sexuellen Aktivität bei zunehmendem Alter. Zwanzig Jahre später war laut einer Umfrage der «American Geriatrics Society» der Prozentsatz derer, die mit fortschreitendem Alter eine höhere sexuelle Befriedigung empfinden, bereits auf 30 angestiegen.

Masters und Johnson stellten 1964 in ihrer wichtigsten Arbeit fest, daß die Sexualreaktion im Alter zwar langsamer verläuft, daß jedoch bei beiden Geschlechtern keinesfalls die sexuelle Erregsamkeit aufhört. Der ältere Mann braucht länger, um zur vollen

Erektion und zum Höhepunkt zu kommen, und bei der älteren Frau ist die Sekretion geringer – was aber das Vergnügen am intimen Zusammensein durchaus nicht schmälert.

> *Ein bißchen Liebe von Mensch zu Mensch*
> *ist mehr wert als alle Liebe zur Menschheit.*
> *Richard Dehmel (1863–1920)*

Das normale Altern bringt also kein Erlöschen der Sexualität mit sich. Auch bei den von Professor Dr. Volkmar Böhlau in der Bundesrepublik untersuchten Männern hatten alle mit Achtzig noch «ein mäßiges Sexualleben».

Mäßig, aber regelmäßig, sollte man vielleicht ergänzen. Denn hier liegen die Dinge ähnlich wie beim Sport oder auch bei der geistigen Tätigkeit. Die Muskeln erschlaffen, wenn man sie nicht trainiert, die geistigen Fähigkeiten lassen nach, wenn man sie nicht mehr übt.

> *Am rollenden Stein wächst kein Moos.*
> *Griechisches Sprichwort*

Wer auch auf diesem Gebiet «fit» bleiben will, muß sich darüber im klaren sein, daß lange Pausen von Übel sein können. Die Angst vor körperlicher Überanstrengung ist übrigens meist fehl am Platz.

Immer wieder hört man, meist hinter vorgehaltener Hand, die skandalöse Mär von dem Mann – er braucht nicht unbedingt alt zu sein –, der beim Geschlechtsverkehr von einem Herzinfarkt ereilt wird. «Alles Mythen und Märchen!» sagt dazu George Abraham, Sexologe und Psychiatrie-Professor an den Universitäten Genf und Turin. «Die Kardiologen bestätigen, daß nicht nur für Alte allgemein, sondern auch für solche, die bis zu einem bestimmten Grad herzkrank sind, Geschlechtsverkehr und Orgasmus keine Gefahr bedeuten.» Und er fügt hinzu, was heute schon längst kein medizinisches Geheimnis mehr ist: «Ein regelmäßiges und befriedigendes Sexualleben kann im Gegenteil für den gesamten Gesundheitszustand eines alten Menschen von großer Wichtigkeit sein.»

Alex Comfort, der englische Arzt und erfolgreiche Schriftsteller (Autor von «Joy of Sex»), ergänzt diese These: «Sex ist eine weitgehend ungefährliche Aktivität. Es ist gesundheitsschädlicher, zu einem Aufhören gezwungen zu werden, als sich ein bißchen zu überanstrengen.»

«Liebe ist ein Lebenselixier», bestätigte ebenfalls Professor Böhlau an einem Gerontologen-Kongreß in Lugano. «Auch wo keine aktive Sexualität mehr vorhanden ist, hüten ältere Menschen noch einen unermeßlichen Schatz an Liebeskraft. Es ist äußerst dumm und unmenschlich, daraus etwas Lächerliches zu machen.» Die Frauen, fügte er hinzu, begingen noch zu oft den Fehler, sich ihren Männern gegenüber zu verschließen: «Sie glauben noch die Mär vom geschlechtslosen Alter und beschwören damit unnötig Konflikte herauf.»

Das in Wiesbaden erscheinende deutsche Ärztemagazin «Sexualmedizin» ließ kürzlich seine Leser ebenfalls wissen, daß entgegen den hartnäckigen Vorurteilen der Sex auch im Alter noch ein wichtiger Lebensbereich sei. Zwar gehe mit dem Altern ein Nachlassen der sexuellen Leistungsfähigkeit einher – wovon hauptsächlich der Mann betroffen sei, dessen Orgasmusfähigkeit abnehme –, doch «diese Veränderungen sind im Vergleich zu anderen altersbedingten Verschiebungen, wie etwa der Muskelkraft und der Vitalkapazität, funktionell geringfügig».

Und weiter sagen die Sexualmediziner: «Selbst wenn der Geschlechtsverkehr infolge von Gebrechlichkeit nicht mehr gelingt, zeigt sich der fortbestehende Bedarf in anderen Formen sexueller Bindung wie Nähe, Sinnlichkeit und Wertschätzung.»

Man muß leben, wie man kann, nicht wie man will.
Karl Simrock (1802–1876)

Es gibt Ärzte, die darauf schwören, daß Sex ihren Arthritis-Patienten guttut, weil sich dabei die Cortisonausschüttung der Nebennieren erhöht. Ob das zutrifft oder nicht, ist vielleicht gar nicht so wichtig, denn der Abbau psychischer Spannungen, das Gefühl von Freude und Glück, das sich beim Zusammensein im Alter ebenso einstellt wie in der Jugend, tragen ohnehin ihren Teil zur physischen Gesundheit bei. Man kann dem Geschlechtsverkehr im Alter also fraglos eine gewisse therapeutische Wirkung attestieren.

Das schließt nicht aus, daß es bei Krankheiten auch zu sexuellen Störungen kommen kann. Ein einmaliges Versagen ist jedoch absolut kein Grund zur Aufregung. Gefahr besteht erst dann, wenn die Angst vor der Wiederholung eine Kettenreaktion auslöst, die dann schließlich zu wirklichen Störungen führen kann. Aber das ist kein ausgesprochenes Altersproblem; auch relativ junge Männer können in diese Situation geraten, und es ist leichter gesagt als getan, ihnen die Angst vor einem erneuten Versagen zu nehmen. Hier fällt der Frau eine ganz entscheidende Aufgabe zu, und bei dem nötigen Einfühlungsvermögen sollte es ihr nicht allzu schwer fallen, dem Partner aus dieser für ihn so furchterregenden Situation herauszuhelfen.

Frederic Vester, der sich intensiv wie kaum ein anderer mit dem «Phänomen Streß» beschäftigt hat, führt sexuelles Versagen im Alter auf das Schuldbewußtsein des alten Menschen zurück, der sich wegen seiner erotischen Gefühle der Lächerlichkeit preisgegeben fühlt. Das aber frustriert ihn, und dann beginnt der Teufelskreis, und zum Schluß glaubt er selber, impotent zu sein. «In diesem Moment», bedauert Vester, «haben wir einen wichtigen Antistressor weniger!»

> *Wir sind doch törichte Menschen! Wie oft durchkreuzt die Furcht vor dem Lächerlichwerden unsre innigsten, zartesten Gefühle!*
>
> *Wilhelm Raabe (1831–1910)*

Ein Patentrezept gegen sexuelle Störungen gibt es nicht; dies schon allein deshalb nicht, weil die Sexualität, «wenn sie gepflegt wird, bei beiden Geschlechtern lebenslang dauern kann und tatsächlich auch dauert». So jedenfalls sieht es Alex Comfort. «Impotenz bei Männern», sagt er, «hängt nicht vom Alter ab; sie wird häufig durch Leistungsangst hervorgerufen, die allerdings verstärkt werden kann, wenn sie glauben, daß das Alter ihre Fähigkeiten beeinträchtigt.» Er räumt nur die seltenen Fälle ein, in denen Impotenz durch Diabetes, durch blutdrucksenkende Mittel oder durch Alkohol verursacht wird.

Mit ganz wenigen Ausnahmen sind sexuelle Störungen lediglich psychisch bedingt.

Also kein Patentrezept? – Außer dem einen: Statt in Panik zu geraten, muß man sich bemühen, die Zusammenhänge zu verstehen. «Dann» – so Frederic Vester – «kommen die Rezepte aus uns selber!»

Und noch etwas, was häufig falsch gesehen wird; vielleicht nur deshalb, weil sich die Optik im Laufe dessen, was wir Tradition nennen, geändert hat und wir vergessen haben, die getrübte Linse zu putzen: Schrecken, Furcht, Panik, Minderwertigkeitskomplexe – wenn man dieses ganze Vokabularium der von sich selbst enttäuschten Männlichkeit Revue passieren läßt, sollte man wirklich meinen, hier gehe es um Kopf und Kragen, um eine Haupt- und Staatsaktion. Oder doch mindestens um einen Wettkampf in irgendeiner Disziplin des Leistungssports, bei dem man verbissen um Höchstleistungen und entsprechende Ehre und Anerkennung ringt.

Dabei glauben wir doch, eine freiere, natürlichere Einstellung zum Sex zu haben als die Generationen vor uns. Trotzdem werden auch heute an das sexuelle Erlebnis oft immer noch viel zu hohe – fast möchte ich sagen: hehre – Anforderungen gestellt. Statt sich von seinem eigenen Erfolg mit feierlichem Ernst in höhere Sphären tragen zu lassen, kann man das Ganze ja auch schlicht als

Vergnügen betrachten, als ein fröhliches, unbeschwertes Spiel. Und wer nimmt ein Spiel schon allzu ernst, auch dann, wenn es einmal

> *Tatsächlich ist die Fähigkeit, Sex ohne Scham als Spiel aufzufassen, eines der Dinge, die in der «neuen geschlechtlichen Freiheit» noch fehlen.*
>
> *Prof. Dr. med. Alex Comfort*

nicht so ausgeht, wie man es erwartet hat! Davon stürzt kein Himmel ein – nicht einmal der siebente . . .

Im übrigen: Der Geschlechtsakt, den wir in unserer Phantasielosigkeit als «normal» bezeichnen, ist nicht alles; es gibt unzählige andere Möglichkeiten, einander zu erfreuen und zu befriedigen: ganz neue sexuelle Dimensionen voller Überraschungen, die zu erforschen und auszuloten sich lohnt.

Das mag wohl auch der Grund dafür sein, daß es Frauen genug gibt, die der männlichen Impotenz, falls sie eines Tages wirklich eintritt, kaum eine Träne nachweinen, denn erst dann, wenn es mit der Erektion nicht mehr so prompt klappt, kommt den meisten Paaren, der Not gehorchend, die Idee, von dem überkommenen Schema abzuweichen. Erst in dieser neuen Situation werden sie erfinderisch, und viele Frauen beginnen erst zu diesem Zeitpunkt, die sexuelle Begegnung richtig zu genießen.

Hier drängt sich die Parallele mit dem Petting auf, jener Erfindung sittenstrenger Amerikaner, die zum großen Teil noch immer von dem ebenso erstaunlichen wie prüden Wunsch besessen sind, ihre

> *In bezug auf den geschlechtlichen Umgang halte dich vor der Ehe so keusch wie möglich!*
>
> *Epiktet (50–138)*

Töchter jungfräulich in die Ehe zu bugsieren. Man kennt die Geschichte: Wenn das trotz elterlichem Machtwort, sich mit

Petting zu behelfen, nicht gelingt, muß halt geheiratet werden, Liebe hin oder her. Sie spielt dabei nur eine untergeordnete Rolle. Einer baldigen Scheidung steht ja nichts im Wege, und dann ist wenigstens der Schein gewahrt und die Welt wieder in Ordnung.

Was das Petting eigentlich genau bedeutet, verschweigen die einschlägigen Wörterbücher diskret. Nur in einem einzigen kleinen Fremdwörterbuch habe ich eine – wenn auch magere – Definition gefunden: «Austausch von Zärtlichkeiten, Liebesspiel». In die Liebespraxis übersetzt, müßte es im Klartext heißen: Man darf alles, aber auch wirklich alles tun, was den Partner erfreut und ihm Lust bereitet – außer dem Einen. Und «das Eine» bedeutet: das Eindringen des Penis in die Vagina.

Das Petting im Alter, zunächst nicht freiwillig ausgeübt und als fader Ersatz betrachtet, dann mit zunehmender Freude daran jedoch bald virtuos beherrscht, unterscheidet sich ganz wesentlich von den Sexspielen junger Menschen, die sich entweder ihre Keuschheit bewahren oder sich pillenlos vor unerwünschtem Kindersegen schützen wollen. Denn jetzt wird es nicht von zwei sich noch relativ fremden Anfängern betrieben, sondern von zwei erfahrenen, miteinander vertrauten Partnern, die aufeinander eingespielt sind und die keine Angst und Scheu mehr haben.

Die Liebe ist der Endzweck der Weltgeschichte,
das Amen des Universums.

Novalis (1722–1801)

Der Unterschied ist so frappant, daß man eigentlich gar nicht dasselbe Wort dafür verwenden sollte; aber leider hat noch niemand ein anderes kreiert. Man kann schließlich auch keinen Vergleich anstellen zwischen einem Amateur, der auf dem Klavier mühsam den Flohwalzer klimpert, und einem Konzertpianisten, der die Klaviersonate opus 57 von Beethoven zelebriert.

Es mag Männer geben, die jetzt einwenden, das seien ketzerische

Überlegungen und der völlig untaugliche Versuch ungewöhnlicher Argumentationen. Oder das Ganze sei nichts als ein Trostzückerchen für den Fuchs, dem die Trauben zu hoch hängen. – Weit gefehlt!

Allerdings wollen viele Männer es nicht wahrhaben, daß auch ihnen diese für sie meist neue sexuelle Spielart zusagt und daß sie sie – frei von jeglichem Erfolgszwang – ebenso genießen wie ihre Partnerin. Für manche ist es gar nicht so einfach, sich von der Tradition überkommener Riten freizumachen und auf den männlichen Erfolgswahn zu verzichten. Wenn sie sich jedoch dazu durchringen und sich entschließen, nicht länger ihrer sogenannten Männlichkeit und ihrem lädierten Selbstgefühl nachzutrauern, eröffnen sich auch für sie ganz neue Perspektiven. Gewiß, soviel Einsicht und Selbstüberwindung kann man von einem Mann, der nichts weiter zu bieten hat als seine Potenz, kaum erwarten; es bedarf dazu schon einer Persönlichkeit und eines wachen, flexiblen Geistes. – Mehr aber wiederum auch nicht!

Die amerikanische Sexualforscherin Shere Hite hat 3000 Mitschwestern über ihre sexuellen Verhaltensweisen und ihre sexuellen Wünsche befragt. Nach ihrem Report erreichen nur 30 Prozent der Frauen beim «normalen» Geschlechtsverkehr mehr oder weniger einen Orgasmus, was hingegen praktisch allen durch Masturbation gelingt. Woraus sich also schließen läßt, daß diese Frauen bei entsprechender Stimulierung durch den Partner – und ohne anschließenden Geschlechtsakt – ebenfalls den Höhepunkt erreichen würden.

Wenn diese Frauen trotzdem den Geschlechtsverkehr mit ihrem Partner vorziehen, dann nur wegen der Gefühle von Zärtlichkeit und Wärme, von Nähe und Berührung, die sie damit verbinden. Das hindert sie aber nicht an der Feststellung, daß die Männer bei dieser Art der «patriarchalischen» Sexualpraxis meist nicht genug auf die wirklichen Bedürfnisse ihrer Partnerinnen eingehen.

Dr. phil. Shere Hite, jung, attraktiv und bildschön, arbeitete als

Mannequin, bevor sie sich ihren Sexstudien zuwandte. Sie geht mit der männlichen Sexroutine hart ins Gericht. In ihrem Hite-Report schreibt sie: «Es dürfte durch unsere Untersuchung klar geworden sein, wie satt Frauen dieses alte, mechanische Modell sexueller Beziehungen haben, das sich nur um die Erektion des Mannes, das Eindringen des Mannes und den Orgasmus des Mannes dreht.»

Und weiter: «Auch die männliche Sexualität gilt es zu erweitern, damit sie mehr Möglichkeiten umfaßt, als die beinahe hysterische Gefühlsfixierung auf den Geschlechtsverkehr und den Orgasmus,

> *Die Jahre kommen und gehen,*
> *Geschlechter stürzen ins Grab,*
> *Doch nimmer geht die Liebe,*
> *Die ich im Herzen hab.*
>
> *Heinrich Heine (1797–1856)*

wie es heute allgemein üblich ist. Wirklich nötig ist eine völlige Neudefinition oder, besser gesagt, eine Umorientierung der Sexualität und eine Ausdehnung unserer Vorstellung von körperlichen Beziehungen auf einer anderen Bewußtseinsebene.»

Die Autorin bricht eine Lanze für einen partnerschaftlicheren und vitaleren, individuellen und abwechslungsreichen Geschlechtsverkehr, der nicht «so gymnastisch» durchgeführt werden muß.

Immer wieder haben die Frauen ihr bei der Befragung erklärt, daß ihnen der körperliche Kontakt wichtiger ist als der Orgasmus. Eine Frau beschrieb es so: «Ein guter Kuß, eine gegenseitige Berührung

> *Nicht Gold, nicht Edelstein können ein Weib wahrhaft glücklich machen, sondern nur das Gefühl, geliebt zu werden, und darin sind sie alle gleich, die Vornehmen und Geringen, die Reichen wie die Armen.*
>
> *Karl Gutzkow (1811–1878)*

mitten in der Nacht, das Lauschen auf den Atem und den Herzschlag des anderen, lächeln, sich ansehen – die offenen Gespräche, die man im Bett führt, nachdem man sich geliebt hat, all diese Dinge machen Sex zu etwas sehr, sehr Besonderem und können nicht durch Selbstbefriedigung oder Orgasmus ersetzt werden. Eine gute Umarmung – eine Ich-liebe-dich-und-werde-dich-immer-lieben-und-mich-um-dich-kümmern-und-hier-ist-mein-Herz-und-meine-Seele-und-ich-nehme-gerne-deine-in-Empfang-Umarmung –, dafür gebe ich die ganze Welt. Sie ist viel mehr wert als Worte. Eine wirklich gute Umarmung ist mir lieber als jeder Orgasmus.»

Es gibt also viele unterschiedliche Grade und Formen von Sex, unabhängig davon, ob sie zum Höhepunkt führen oder nicht. Und ob sie genital sind oder nicht. Um eine Ahnung von diesem breiten Spektrum der Gefühle und Empfindungen zu vermitteln, sollte man vielleicht auf das Modewort «Sex» verzichten und es durch das altmodische Wort «Erotik» ersetzen. Denn Erotik ist mehr als nur Geschlechtlichkeit; sie ist der Inbegriff all dessen, was sich auf die Liebe bezieht, nicht nur auf die körperliche, sondern auch auf die geistig-seelische. Und Erotik bedeutet auch Sinnlichkeit. Sinnlichkeit und Liebeskunst.

Gut, so sehen und fühlen es die Frauen. Aber die Männer? Stehen sie nicht unter dem Zwang ihres «Männlichkeitswahns», der sich auf das rein Physische beschränkt, der für andere Sexgefühle weit weniger Raum läßt und bei dem der Erfolg ihnen alles gilt?

Aber erstaunlicherweise stehen die Frauen mit ihrem neuen Sexverständnis nicht allein; neuerdings erhalten sie mehr und mehr Schützenhilfe aus dem männlichen Lager. Auch dort scheint sich ein Neu-Besinnen, ein Umdenken anzubahnen. Und das nicht nur bei der jungen Generation, die von patriarchalischer Selbstbestätigung ohnehin nicht mehr allzuviel hält.

Letzthin fiel mir ein bemerkenswerter Artikel des Schweizer Journalisten August E. Hohler in die Hände, in dem die genau gleichen Töne angeschlagen werden. Er geht von dem Grundmuster zwischenmenschlicher Beziehungen in einer männlich dominierten Welt aus, das da lautet: «Beherrschung und Unterwerfung, Beherrschung wenn nötig mittels Gewalt.» Und er fährt fort: «Dieses Grundmuster wird faktisch und symbolisch sichtbar im Eindringen des Penis. Das Ziel solchen Eindringens ist nicht eigentlich die Vereinigung zweier Menschen, sondern die Befriedigung des Mannes.»

Es bedürfe nicht einmal des tiefenpsychologischen Hinweises, meint Hohler, «daß Pistolen, Gewehre, Bomben und Raketen nichts anderes als Symbolisierung, Fortsetzungen, Materialisationen des Penis sind, um zu erkennen, wie phallusstrotzend, männlich dominiert und gewalttätig unsere Welt tatsächlich ist».

«Wenn nun aber», schreibt er weiter, «Existenzentfaltung durch Zärtlichkeit und diese durch emanzipierte Sinnlichkeit angestrebt wird, verliert der Penis seine Allmacht, er wird relativiert. Denn

> *Wo die Sinnlichkeit an die Vernunft grenzt,*
> *ist sie gewiß immer schön.*
> *Johann Gottfried Seume (1763–1810)*

Zärtlichkeit bezieht und erstreckt sich ja auf den ganzen Körper. Die dürftige Öde von, Verzeihung, Loch und Stöpsel weitet sich zu einer erotischen Landschaft voller Fruchtbarkeit.»

Diese neue Sicht des Sex – nein, hier sollten wir wieder von Erotik sprechen – als Erfindung der jungen Generation zu disqualifizieren, wäre ein leichtes; aber es wäre schade. Könnte die mittlere Generation nicht ebenso davon profitieren wie die ältere? Gerade die Alten sollten erkennen, welch wunderbare Chance ihnen daraus erwächst: körperliche und seelische Liebe, die ihnen auch das Alter nicht nehmen kann. Liebe, die sie jung erhält und glücklich macht.

Der Schlüssel zum Weinkeller und eine Reise nach Peking

Unsere Freunde, ein kinderloses Ehepaar, waren so um die Fünfunddreißig, als sie zum ersten Mal eine große Reise machten, eine halbe Weltreise. Das ist schon eine ganze Weile her. Damals waren Gruppentourismus und Charterflugzeuge noch unbekannt, und weite Reisen auf eigene Faust setzten noch eine rechte Portion Abenteuerlust voraus. Ebenso mußte man unterwegs auf Überraschungen gefaßt sein – im guten wie im bösen Sinn.

Die Reisevorbereitungen waren umfangreich, und vor dem Abflug stieg die Spannung der beiden Reiselustigen immer stärker an; erst jetzt schien ihnen klar zu werden, auf welch ein verwegenes Unternehmen sie sich da eigentlich eingelassen hatten.

Am letzten Abend – die Koffer standen bereits gepackt im Korridor – setzten wir uns mit ihnen noch zu einem Abschiedstrunk zusammen.

«Ich habe alles geregelt», hob Viktor an, nachdem wir angestoßen hatten, und setzte eine ernsthafte, geradezu feierliche Miene auf. «Mein Testament liegt im Banksafe. Und hier habe ich noch etwas für euch.»

Wir schwiegen, etwas betreten, aber gleichzeitig auch neugierig, weil er plötzlich so gemessen wurde.

> *Wer dich verschmäht, du edler Wein,*
> *Der ist nicht wert, ein Mensch zu sein.*
> *Joachim Perinet (1763–1816)*

«Hier», sagte er, «übergebe ich euch den Schlüssel zu unserem Weinkeller. Wenn wir abstürzen sollten oder wenn uns sonst etwas zustößt, gehört der Inhalt euch.»

«Aber, aber . . .», warfen wir ein und «Man muß doch nicht gleich an das Schlimmste denken . . .» Und dann lachten wir und spülten unsere Verlegenheit mit dem nächsten Schluck hinunter.

Drei Monate später waren Viktor und seine Frau wieder zurück. Wohlbehalten und vollgestopft mit unvergeßlichen Erlebnissen.

Ich reichte ihm den Kellerschlüssel, und er grinste: «Für euch tut es mir ja leid; ich hätte euch meinen Weinkeller wirklich gern gegönnt . . .»

Eigentlich wäre es ja das Selbstverständlichste von der Welt, beizeiten Vorsorge zu treffen und seine Hinterlassenschaft nicht nur dann zu regeln, wenn man etwas Besonderes vor sich hat; sei es eine Reise oder etwa auch eine Operation. Aber eben!

Vorsorge verhütet Nachsorge.

Sprichwort

Zwar gibt es keine Statistik darüber, doch vermutlich ist die Zahl derer, die mit Dreißig oder Vierzig ihren Nachlaß bereits geordnet und ihr Testament gemacht haben, verschwindend klein.

Eine Lebensversicherung – ja gut! Aber das andere hat ja noch Zeit, das kann man später immer noch erledigen. Man verschiebt den unbequemen Gedanken, daß man irgendwann einmal diese schöne Welt verlassen muß. Und daß dieser Fall natürlich auch sehr bald eintreten kann. Ein Unfall, eine plötzliche Krankheit – dagegen ist ja niemand gefeit. Nur wollen es die wenigsten wahrhaben.

Und dabei ist es so beruhigend, schon «im besten Alter» alles zu ordnen und sich dann nicht mehr unnütz von trüben Gedanken behelligen zu lassen, weil man das Unangenehme hinter sich hat. Abgesehen davon, muß man sich mit einem Testament ja nicht für immer und ewig festlegen, sondern kann es jederzeit, wenn die Verhältnisse sich ändern, in tausend Fetzen zerreißen und ein neues machen. Bevor man zur Füllfeder greift und seinen letzten Willen (mit der Maschine geschrieben, gilt er nicht) zu Papier bringt, muß man sich darüber klar werden, was ein Testament überhaupt bezweckt. Es hat nämlich nur dann einen Sinn, wenn man die gesetzliche Erbfolge ändern möchte.

> *Das Testament des Verstorbenen*
> *ist der Spiegel des Lebenden.*
>
> *Polnisches Sprichwort*

Solche Abänderungen kann man nicht etwa nach eigenem Gutdünken vornehmen, einige Grundbedingungen der gesetzlichen Erbfolge müssen vielmehr korrekt eingehalten werden. Mit anderen Worten: Man kann nicht völlig frei über seinen Nachlaß verfügen, denn gewisse Familienangehörige haben einen gesetzlichen Anspruch auf das Erbe. Das ist der sogenannte Pflichtteil. Auf ihn haben die Kinder, die Eltern, der Ehepartner und zum Teil auch die Geschwister Anspruch. Man kann also nicht einfach, weil einem seine Nase nicht paßt, einen dieser Pflichtteilanwärter ausschließen. Es sei denn, daß schwerwiegende Gründe vorliegen, aber das kommt äußerst selten vor; etwa dann, wenn jemand ein schweres Verbrechen gegen den Aussteller des Testaments begangen hat; dann kann der ihn unter gewissen Umständen enterben.

Da diese Pflichtteilregelung von Land zu Land variiert – in der Schweiz sogar von Kanton zu Kanton –, kann ich hier leider nicht mit allgemeingültigen Normen aufwarten. Am besten lassen Sie, lieber Leser, sich von einem Anwalt informieren, oder konsultieren Sie eine der vielen Broschüren und Ratgeber, die Banken und Versicherungsgesellschaften an Ihrem Wohnort Ihnen kostenlos zur Verfügung stellen.

Vielleicht möchten Sie einen Ihrer Erben bevorzugen und ihm mehr zukommen lassen, als ihm eigentlich zusteht; Ihrer Frau zum Beispiel. Oder Sie möchten jemanden bedenken, der gar nicht zu Ihren gesetzlichen Erben gehört.

Um den überlebenden Ehepartner zu schützen oder zu begünstigen, kurz: um ihn so weit wie möglich finanziell sicherzustellen, sollte dem Testament ein Ehevertrag vorausgehen. Er bietet oftmals die beste Möglichkeit, dem Partner das zukommen zu lassen, was man möchte. In einem solchen Vertrag werden die güterrechtlichen Ansprüche beider Partner geregelt, und es wird

> *Eine Familie ist eine Gruppe von Leuten, die durch Liebe oder Blut vereint und durch Geldfragen getrennt werden.*
> *Aristoteles Onassis (1906–1975)*

klar definiert, was wem gehört, was also beispielsweise Mannes- und was Frauengut ist. Späteren Auseinandersetzungen mit anderen Erben wird dadurch von vornherein ein gut Teil Wind aus den Segeln genommen.

Selbstverständlich denken die wenigsten Frischverliebten, wenn sie im Überschwang des Glückes vor den Altar treten, daran, etwas so Prosaisches wie einen Ehevertrag abzuschließen. Das könnte ja so aussehen, als mißtraue man dem anderen! Außerdem hoffen sie – falls sie überhaupt einen Gedanken daran verschwenden –, daß sich später schon alles von allein regeln und fügen wird.

Zum Glück läßt sich dieses Versäumnis nachholen, denn einen Ehevertrag kann man jederzeit abschließen; wenn nicht zur Grünen, dann eben zur Silbernen oder auch noch zur Goldenen Hochzeit!

Doch zurück zum Testament, für das ein Ehevertrag eine günstige, Klarheit schaffende Voraussetzung ist.

Es ist ja durchaus möglich, daß Sie in Ihrem Testament über Ihre Frau und andere gesetzliche Erben hinaus jemanden bedenken möchten, den das Gesetz gar nicht als Erben vorsieht. Mit Ihrem Testament haben Sie es nämlich in der Hand, Ihren Besitz so zu verteilen, wie Sie es (und nicht später der Gesetzgeber) für richtig halten. Und Sie haben es in der Hand, einem beliebigen Freund etwa Ihre Bibliothek zu vermachen. Und Ihre wertvolle Briefmarkensammlung jemandem, der sie wirklich zu schätzen weiß, während Ihr Sohn, der sich für Briefmarken absolut nicht interessiert, sie später nur verhökern würde. Die Louis XV-Kommode, das prachtvolle alte Familienstück, wird bei der Tochter eines

> *Die Menschen vergessen eher den Tod des Vaters*
> *als den Verlust des väterlichen Erbteils.*
> *Niccolò Machiavelli (1469–1527)*

Kollegen einmal die Wertschätzung erfahren, die ihr zukommt. Und dem Ältesten Ihrer langjährigen Haushaltshilfe würden Sie ganz sicher mit Ihrer Fotoausrüstung eine Riesenfreude machen.

Über Werte, die über Papiere, Bankkonten und Grundstücke hinausgehen, Dinge also, die Ihnen besonders am Herzen liegen, sollten Sie sich früh genug Gedanken machen, und wenn Sie den Betroffenen auch sagen, was sie einmal erwarten dürfen, ernten Sie schon heute Dank und erhalten und verdichten damit Beziehungen und Freundschaften.

Wenn Sie Ihr Testament beizeiten, am besten also schon zwischen Dreißig und Vierzig machen, heißt das ja nicht, daß Sie im Sinn haben, schon in Kürze das Zeitliche zu segnen und damit die Statistiken der Lebenserwartung Lügen zu strafen. Es liegt also durchaus im Bereich des Möglichen, daß Menschen, die Sie in Ihrem Testament bedenken, schon vor Ihnen sterben. Es empfiehlt sich daher, Ersatzerben mit anzuführen. Auf diese Weise schaffen Sie auch für den Fall eine klare Regelung, daß einer der von Ihnen bezeichneten Erben auf sein Erbe verzichten sollte. Auch das soll ja gelegentlich vorkommen.

Vielleicht möchten Sie zwar die gesetzliche Erbfolge einhalten, aber sicherstellen, daß bestimmte Erben bestimmte Werte bekommen.

Oder Sie wollen etwas von Ihrem Vermögen irgendeiner Institution vermachen. Oder einem Kinderheim. Auch das ist möglich.

Oder Sie stehen allein, ohne Familie und Verwandte. Dann können Sie alles, was Sie haben, nach Lust und Laune aufteilen und vergeben.

Vielleicht haben Sie ein Herz für Tiere. Warum nicht den Tierschutzverein oder ein Heim für heimatlose Tiere zum Erben einsetzen? Der Berliner Zoo zum Beispiel kommt sehr häufig in

> *Der untrüglichste Gradmesser für die Herzensbildung eines Volkes und eines Menschen ist, wie sie die Tiere betrachten und behandeln.*
>
> *Berthold Auerbach (1812–1882)*

den Genuß von Erbschaften. Aus den Testamenten, die ihn bedenken, geht zumeist auch genau hervor, wofür das Geld verwendet werden soll; etwa für den Kauf neuer Tiere.

Bevor Sie darangehen, Ihr Testament abzufassen, sollten Sie allerdings genau wissen, was Sie überhaupt besitzen. Am besten machen Sie also erst einmal Inventur. Schreiben Sie auf, über welche Werte Sie verfügen und wo sie sich befinden. (Beispiel auf Seite 191 und 192.)

So ungefähr kann ein Vermögensverzeichnis, das selbstverständlich ganz auf die individuellen Gegebenheiten ausgerichtet sein muß, aussehen.

Bank- und Sparkonten	Kontonummern: Bei folgenden Banken: Vollmacht haben außer mir:
Wertschriften	Titel: Wert: Ausstellungsdatum und Laufzeit: Aufbewahrungsort:
Geschäftsvermögen	Wieviel? Was kann davon freigemacht werden?
Beteiligungen	Welche? Wo? Wert und Ertrag:
Erteilte Darlehen und sonstige Guthaben	Welche? Unter welchen Bedingungen? Bis wann zurückzuzahlen?
Grundbesitz	Haus: Eigentumswohnung: Unbebautes Grundstück: Land, Wald, Jagd usw.: Hypothekar-Belastung:
Auto	Marke: Jahrgang: Heutiger Wert:
Wohnungseinrichtung	

Kunstgegenstände	
Sammlungen	Welcher Art? Welche Werte? Wo aufbewahrt?
Schmuck und Pelze	
Andere Wertgegenstände	
Bausparverträge oder Sparpläne	Wo? Wie hoch?
Lebensversicherung	Wo? Police-Nummer: Auszuzahlen an wen? Auszuzahlender Betrag:
Davon abziehen:	*Schulden:* *Bei wem?* *Wie hoch?*
Anderweitige finanzielle Verpflichtungen:	
Was unter dem Strich übrigbleibt:	
Totaler Wert meines Besitzes:	
Heutiges Datum:	

Natürlich wird sich im Lauf der Jahre daran noch manches ändern, aber wenn Sie erst einmal ein solches Grundschema mit Ihrer Bestandsaufnahme zu Papier gebracht haben, ist es später einfacher, Änderungen vorzunehmen.

> *Ist das nötige Geld vorhanden,*
> *ist das Ende meistens gut.*
>
> *Bert Brecht (1898–1956)*

Und nun können Sie das Spiel – für die nächsten -zig Jahre ist es ja hoffentlich nichts weiter! – munter weiterspielen und überlegen, wie Sie Ihren Besitz später einmal aufteilen möchten.

Wenn Sie das Testament abfassen, müssen Sie sich an gewisse formale Bestimmungen halten, damit es gesetzliche Gültigkeit erhält. Hier die wichtigsten:

- Alles per Hand schreiben, am besten mit Tinte.
- Unabhängig von einem vorhandenen Briefkopf Ort und Datum der Testamentsniederschrift handschriftlich hinzufügen. (Der Ort muß nicht mit dem Wohnort identisch sein.)
- Darüber schreiben: «Testament» oder etwas altmodischer: «Mein letzter Wille» oder «Letztwillige Verfügung».
- Zum Schluß mit vollem Namen unterzeichnen.

Und nun – wohin mit dem Testament, wenn es fertig ist? Da gibt es verschiedene Möglichkeiten: Sie können es in Ihren Schreibtisch oder in Ihr Banksafe legen, es bei Ihrem Anwalt, Ihrem Vermögensberater oder einer anderen Vertrauensperson deponieren. Hauptsache: Sie orientieren Ihre nächsten Angehörigen darüber!

Denn auch das schönste und sorgfältigst abgefaßte Testament nützt nichts, wenn es später niemand findet.

Scheuen Sie sich nicht, mit Ihren Angehörigen über die von Ihnen getroffene Regelung zu sprechen. Es gibt selbst im Zeitalter der weiblichen Emanzipation noch erstaunlich viele Frauen, die von

der finanziellen Lage ihres Eheliebsten nicht die geringste Ahnung haben.
Die Wahrscheinlichkeit, daß die Frau ihren Ehemann überlebt, ist heute sehr groß. Nach einer Schweizer Statistik jedoch informieren nur 30 Prozent der Männer ihre Ehefrau über die Situation, die sie nach dem Tod ihres Mannes erwartet. In Deutschland und Österreich hat sich meines Wissens noch niemand die Mühe gemacht, diese Unterlassungssünde in Prozenten zu berechnen, doch dürfte auch hier bei der älteren Generation noch einiges im argen liegen.

Im vorigen Jahr traf ich mit Frau U. zusammen. Durch gemeinsame Bekannte hatte ich gerade erst erfahren, daß ihr Mann – ein Jüngling war er gewiß nicht mehr gewesen – vor ein paar Monaten gestorben war.

Mein verspätetes Beileid veranlaßte sie, mir von der hinter ihr liegenden schweren Zeit zu erzählen. Sie hatte ihren fast zwanzig Jahre älteren, bereits einmal geschiedenen Mann sehr geliebt und mit ihm eine äußerst harmonische Ehe geführt. Um so härter hatte sie sein plötzlicher Tod getroffen.

«Aber das Schlimmste», fuhr sie fort, «das kam erst später, erst nach ein paar Wochen, als der erste Schmerz vorbei war.»

Ich sah sie fragend an.

Frau U. konnte schon wieder lächeln. «Sie machen sich gar keinen Begriff davon, was da alles auf mich zukam und was ich alles regeln sollte. Dabei hatte ich von all den geschäftlichen Dingen nicht die geringste Ahnung, denn mein Mann hatte mir immer alles abgenommen. Ich war nicht einmal in der Lage, einen Kontoauszug zu lesen, geschweige denn, einen Überweisungsauftrag auszufüllen. Was mir übrigens auch nicht viel genützt hätte, denn ich hatte

Eine Witwe ist fast immer ein Krüppel.
Theodor Gottlieb von Hippel (1741–1796)

keine Vollmacht oder Unterschriftsberechtigung und konnte überhaupt erst nach Wochen, als die Erbschaftsangelegenheiten einigermaßen geregelt waren, an unser Geld herankommen. Ich stand buchstäblich wie vor einer Wand. Sie können sich kaum vorstellen, wie ratlos und verzweifelt ich war. Hätten mir nicht ein Freund meines Mannes und seine Sekretärin bei der Erledigung all der finanziellen Angelegenheiten geholfen – ich weiß nicht, wie ich aus dem ganzen Schlamassel herausgekommen wäre.»

Leider hat nicht jede Frau Freunde, die einerseits mit spontaner Hilfsbereitschaft und andererseits mit den nötigen Kenntnissen einspringen und ihr bei der Nachlaßregelung und der finanziellen Gestaltung ihres künftigen Lebens tatkräftig unter die Arme greifen.

Die Amerikaner, bekannt für ihre nüchterne, pragmatische Einstellung gegenüber pekuniären Dingen, haben eine Redensart, die vielleicht etwas makaber klingt, die sich aber bestens bewährt: «Prepare your wife to be a widow» – frei übersetzt: «Erziehe deine Frau zur Witwe!» Diesem unsentimentalen Rat zu folgen, lohnt sich ganz gewiß, auch in unseren Breitengraden.

> *Amerika, du hast es besser!*
> *Johann Wolfgang von Goethe (1749–1832)*

Vielleicht haben Sie auch schon einmal etwas geerbt, vom sagenhaften Onkel in Amerika oder von Menschen, die Ihnen nahe standen. In einem Testament bedacht zu werden und etwas zu erben, ist zwar grundsätzlich erfreulich, doch wird die Freude meist doch durch den gleichzeitigen Verlust eines lieben Menschen empfindlich getrübt.

Weit schöner ist es, wenn jemand seinen Mitmenschen eine Freude macht, solange er noch lebt. «Mit warmer Hand geben», nannte man das früher oft auf dem Land. Besonders für diejenigen, die keine direkten Nachkommen haben, ist das die entschieden empfehlenswerteste Lösung; doch auch andere können gut damit fahren.

«Ich reise nächsten Monat nach China», berichtete mir unlängst Frau R.; und dabei strahlte sie über das ganze Gesicht.

Frau R. ist über Siebzig. Schon früher, als ihr Mann noch lebte, war sie oft und gern mit ihm gereist. Nach seinem Tod jedoch fehlte es ihr an Reisegefährten. Freundinnen und Bekannte mit den gleichen Interessen hat sie zwar genug, doch die verfügen meist nicht über das nötige Kleingeld, das für die Reisen im Stil der Frau R. nun einmal nötig ist.

Wenn Frau R. auch nie allein, sondern immer mit Reisegruppen reist, weiß sie zuvor doch nie, ob sich in einer so bunt zusammengewürfelten Gesellschaft jemand finden wird, dem sie sich näher anschließen kann. Andererseits aber macht eine Reise doppelten Spaß, wenn man sich hin und wieder jemandem mitteilen, sich gemeinsam mit ihm über seine Erlebnisse und Entdeckungen freuen kann. Diese Erfahrung hat nicht nur Frau R. gemacht.

«Haben Sie diesmal jemanden, der mit Ihnen fährt?» fragte ich also.

«O ja», antwortete sie, «mein Neffe und seine Frau.»

Und nach einer kurzen Pause, in der sie wohl überlegte, ob sie mir das anvertrauen solle: «Ich habe die beiden zu der China-Reise eingeladen. Sie freuen sich sehr darüber, und mir ist es lieber so, als ihnen später etwas von meinem Geld zu vermachen.»

> *Überfluß hat erst Wert, wenn wir ihn zum Wohle anderer benutzen.*
>
> *Hans Rudolf Hilty, Schriftsteller*

Frau R. hat auf diese Weise zwei Fliegen mit einer Klappe geschlagen: Sie wird auf der Chinesischen Mauer, beim Himmelstempel und in der Verbotenen Stadt nicht allein sein, sondern nette Gesellschaft haben. Und der Neffe und seine Frau werden dieses hochherzige Geschenk bestimmt nie vergessen und ihr dafür stets dankbar sein.

Man sieht: Mit «warmer Hand» zu geben, hat viele Vorteile; weil es Freude und Freunde schafft.

Es muß nicht immer Peking sein. Auch auf andere Art kann man zu Lebzeiten Geschenke machen. Zum Beispiel einem jungen Menschen sein Studium ermöglichen oder ihm das Startkapital für den Aufbau eines Geschäfts geben.

Herr C. vermachte, als er im vorgeschrittenen Alter in eine kleinere Wohnung übersiedelte und nicht mehr so viel Platz hatte, seine kostbaren Wiegendrucke einem jungen Mann, mit dem er nur um ein paar Ecken herum verwandt war, von dem er aber wußte, welche Freude er ihm mit den seltenen Inkunabeln machen würde. Als der junge Mann, ein Büchernarr wie er selber, höchst verwirrt über das unerwartete Geschenk Dank stammeln wollte, wehrte Herr C. ab: «Ich habe mich lange genug daran erfreut, und mitnehmen kann niemand etwas; mein letztes Hemd hat schließlich keine Taschen, also was soll's.»

Nichts ist besser verkauft, als was man einem echten Freunde, der's bedürftig ist, schenkt.
Chinesisches Sprichwort

Nun verlangt gewiß niemand von einem mehr oder weniger Begüterten, daß er schon zu Lebzeiten seine gesamte Habe wegschenkt und nicht einmal genug für sich selbst übrigbehält. Denn das wäre höchst unklug.

Statt dessen sollte man sich beizeiten darüber Klarheit verschaffen, was man selber nach der Pensionierung zu erwarten hat. Zwar kann sich in den nächsten zwanzig oder dreißig Jahren noch vieles ändern, aber das schließt ein Mindestmaß an finanzieller Vorsorge nicht aus. Am besten machen Sie sich – am praktischsten gleich zusammen mit Ihrem Inventarverzeichnis – einen regelrechten Budgetplan für die Zeit nach der Pensionierung.

Auf der Einnahmenseite sollte folgendes stehen:

- ungefähre Höhe der staatlichen Altersrente und der Betriebsrente oder einer anderen, aus der beruflichen Arbeit resultierenden Pension
- voraussichtliche Einkünfte aus Besitz und Vermögen
- Versicherungsbezüge
- eventuelle andere Einkünfte

Auf der Ausgabenseite stellen Sie dem gegenüber, was Sie voraussichtlich brauchen werden für:

- Wohnen
- Essen und Trinken
- Garderobe
- Hobbies
- Gesundheit
- Neuanschaffungen

Es kommt dabei nicht so sehr darauf an, schon heute bis auf den letzten Heller alles zu errechnen, denn das ist praktisch unmöglich. Ein solcher provisorischer Budgetplan soll Sie vielmehr anregen, Ihre Finanzen schon jetzt zu überdenken und so zu ordnen, daß Sie Ihrem Alter beruhigt entgegensehen können.

Wie Sie das machen, richtet sich ganz nach Ihrer persönlichen Situation. Aber schon allein das Nachdenken darüber verhilft Ihnen zu mehr Transparenz. Vielleicht kommt Ihnen dabei der Gedanke, Ihr Erspartes gewinnbringender anzulegen, eine neue Versicherung abzuschließen, die Leistungen Ihrer Krankenkasse neu zu überprüfen und bestimmte, längst schon geplante Investitionen zu machen. Und vielleicht disponieren Sie dann im Hinblick auf die späteren Jahre manches um, was Ihnen bisher gut und richtig erschien.

Totale Sicherheit können Sie sich damit nicht erkaufen, wohl aber das beruhigende Gefühl, alles Erdenkliche getan zu haben, um den kommenden Jahren zuversichtlich entgegensehen zu können.

> *Die Sicherheit wohnt nur im Land der Ruhe.*
> *Nezami (1141–1203)*

Verfallen Sie dabei bitte nicht in den Fehler, vorauszusetzen, daß man im Alter nicht mehr so große materielle Bedürfnisse habe. Das ist nämlich ein weit verbreiteter Trugschluß.

Die Internationale Vereinigung für soziale Sicherheit in Genf, der die Sozialversicherungsträger von 110 Staaten angehören, hat genau die gegenteiligen Erfahrungen gemacht. Sie kommt zu dem desillusionierenden Resultat, daß ein alter Mensch oftmals mehr Geld braucht als ein junger. Mehr Geld zum Beispiel für Handwerker; denn mit vielen kleinen Reparaturen, die er in jungen Jahren selbst erledigt hat, wird er jetzt nicht mehr so gut fertig. Auch braucht er, um die Verbindung mit der Umwelt aufrechtzuerhalten, mehr Geld für Telefongespräche. Oder für Taxis, wenn er sich nicht in seinen vier Wänden abkapseln will.

Der älteren Frau, die sich ihre Haare früher immer selber gewaschen hat, wird die Prozedur jetzt vielleicht zu mühsam, und sie geht zum Friseur. Geld kostet beispielsweise auch die Fußpflege, die sie nun von einer Fachkraft ausführen läßt.

Auch Belohnungen und Trinkgelder für kleinere Hilfe- und Dienstleistungen können ins Gewicht fallen. Die Flasche Wein zum

> *Eine Hand wäscht die andere.*
> *Sprichwort*

Beispiel, die man dem Nachbarn schenkt, weil er den Rasen mäht, oder das Geld für den Boten, der einen Kasten Bier ins Haus bringt.

Kostspieliger wird oft auch die Bewirtung von Freunden, die man zu sich einlädt, denn statt selber zu kochen, wird man vielleicht teuer Gekauftes auftischen.

Wer im Alter alleinsteht, muß praktisch für alles genausoviel bezahlen wie ein Ehepaar: Miete, Heizung, Strom ermäßigen sich für den einzelnen ja nicht etwa um die Hälfte, und auch das Einkaufen in kleineren Mengen ist keinesfalls billiger.

Noch mit einer anderen Hypothese räumt die Genfer Vereinigung aufgrund ihrer Erfahrungen auf: Etwa nach zehn Jahren Ruhestand werden viele Neuanschaffungen nötig, weil die noch während des Arbeitslebens erworbenen Möbel, Kleider und Haushaltsgeräte allmählich das Zeitliche segnen und ersetzt werden müssen.

Und wenn dann gar der Fernsehapparat oder das Radiogerät eines Tages ihren Geist aufgeben, wird die Neuanschaffung ohnehin ein Muß, spielen doch gerade diese Kommunikationsmittel im Leben älterer Menschen eine wichtige Rolle. Und für viele sind sie dann eine Art Ersatz des selbstgelebten Lebens, eine Verbindung zu dem, was in der nahen und weiten Welt vor sich geht.

Der Mensch ist, was er ißt

Die beste Altersvorsorge besteht zweifellos darin, sich seine Gesundheit so lange wie möglich zu erhalten. Je gesünder ein Mensch, desto glücklicher und zufriedener ist er auch. Eine gute Gesundheit begünstigt die geistige Leistungsfähigkeit in jedem Lebensabschnitt, und im Alter ermöglicht sie dem Menschen das, was die Wissenschaftler unter der phantasielosen Bezeichnung «Aufrechterhaltung der sozialen Kontakte» verstehen.

Gesundheit ist also wünschbar.

Sagen Sie nun bitte nicht, Gesundheit sei ein Glücksfall, und das

> *Wem die Gesundheit fehlt, dem fehlt alles.*
> *Französisches Sprichwort*

Glück lasse sich nicht erzwingen; das stehe außerhalb unserer Macht, und man müsse es eben nehmen, wie's kommt.

Nein, genau das muß man eben nicht!

Sicherlich ist Gesundheit ein Geschenk, für das wir dem Schicksal Dank schulden, aber Gesundheit kann man auch zu einem sehr, sehr großen Teil lernen. Denn Gesundheit ist ja kein fester Zustand, sondern vielmehr ein dynamisches Geschehen. So jedenfalls sieht es der Zürcher Präventivmediziner Professor Dr. Meinrad Schär.

Als wichtigste Ursachen der Krankheiten, vor allem der chronischen, führt er falsche Ernährung, Genußmittelmißbrauch und Fehlverhalten an. In eben dieser Reihenfolge.

Unter dem Fehlverhalten versteht er einen ganzen Rattenschwanz von Faktoren: Bewegungsmangel etwa gehört ebenso dazu wie das falsche Verhalten, das im Haushalt oder im Straßenverkehr zu Unfällen führt. Zum Fehlverhalten weniger des einzelnen als der ganzen Menschheit zählt weiter all das Schädliche, dem wir durch äußere Einflüsse ausgesetzt sind; also etwa die giftigen Substanzen der Umwelt, der Lärm oder auch der Streß.

Greifen wir erst einmal das heraus, was jedem einleuchtet. Die leidige Sache mit den Genußmitteln ist ja nur allzu bekannt, wobei Tabak und Alkohol ganz oben auf der Rangliste der Gesundheitsfeinde stehen. Es handelt sich um die uns oftmals so lieb gewordenen Gewohnheiten, über deren Schädlichkeit wir zwar bestens informiert sind, die aufzugeben hingegen recht schwierig sein kann.

Was Hänschen nicht lernt, lernt Hans nimmermehr, sagte man früher, und das war ganz und gar nicht positiv gemeint. Auf die Gesundheitserziehung bezogen, eröffnen sich damit allerdings recht erfreuliche Aspekte: Wenn Hänschen beispielsweise das Rauchen und Trinken gar nicht erst lernt, wird er – hoffentlich! – als erwachsener Hans auch nicht mehr damit beginnen.

Mit Verboten werden die Erzieher das zwar kaum erreichen, wenn sie aber Hänschen die Möglichkeit geben, selber zu erkennen und einzusehen, daß Zigaretten und Schnaps schädlich sind, wird Hans es später leichter haben, sich seine Gesundheit zu erhalten; leichter jedenfalls, als wenn er sich mit Vierzig oder Fünfzig mühsam aus dem Trott seiner Gewohnheiten herauszureißen versucht.

Die Basis für die späteren Lebensgewohnheiten wird bereits in der Kindheit – spätestens während der Schulzeit – gelegt. Es kommt also weitgehend auf die Erziehung an; eine Erziehung allerdings,

> *Man muß sich einen Stecken in der Jugend schneiden, damit man im Alter daran gehen kann.*
>
> *K'ung Chi (492–431 v. Chr.)*

die keine autoritären Vorschriften macht, sondern zum selbständigen Denken anregt und die Vernunft fördert.

Unter solch günstigen Voraussetzungen ist Gesundheit tatsächlich lernbar.

Manchen mißlingt der Abschied vom blauen Dunst immer wieder – der endgültige jedenfalls. Dabei hören sie fast so oft zu rauchen auf, wie sie sich die Haare schneiden lassen. Das Dumme ist nur, daß sie immer wieder neu damit anfangen. Ihnen bleibt immerhin der Trost, daß bei den meisten Menschen der Zigarettenkonsum jenseits der Sechzig meist deutlich zurückgeht. Zwischen Dreißig und Fünfundvierzig erreichen die Raucher im allgemeinen ihren mengenmäßigen Höhepunkt. Mit Sechzig jedoch fällt es ihnen leichter, von ihrer Sucht loszukommen oder den täglichen Tabakgenuß ganz wesentlich einzuschränken.

Die Gründe dafür sind der Medizin nicht bekannt. Man tappt nur vage in Richtung gefühlsmäßige Labilität, die sich in jüngeren Jahren stärker bemerkbar macht; dann soll der Griff zur Zigarette die innere Unruhe besänftigen, soll Angst und Spannung, Frustration und Streß vertreiben helfen.

> *Die meisten Menschen brauchen die Hälfte ihres Lebens dazu, sich die andere Hälfte zu verderben.*
> *Jean de La Bruyère (1645–1696)*

Vielleicht wird man in späteren Jahren aber auch nur deswegen leichter zum Nicht- oder Wenigraucher, weil man das Leben nicht mehr so dramatisch und sich selber nicht mehr ganz so wichtig nimmt. Man läßt die Dinge mit einer gewissen Gelassenheit an sich herankommen und regt sich nicht mehr so furchtbar auf, wenn tatsächlich einmal eine Panne passiert. Statt wie früher aus der Haut zu fahren, läßt man es bei einem Schulterzucken bewenden.

Während die Wissenschaft noch an dem erfreulichen Phänomen

des Nachlassens der Rauschgelüste im Alter herumrätselt, ist Dr. Volker Faust von der Psychiatrischen und Nervenklinik der Universität Freiburg bereits einen Schritt weiter gegangen. Seine eingehenden Untersuchungen haben zu dem Resultat geführt, daß es nie oder doch selten zu spät ist, sich das Rauchen abzugewöhnen. «Raucher, die schon vor über zehn Jahren mit Rauchen aufgehört haben», stellt er fest, «sterben nicht früher als Nichtraucher.» Das haben seine statistischen Erhebungen ergeben. Und Dr. Faust wagt sogar die auf seiner Statistik fußende Prognose, daß ähnliches für solche gilt, denen es gelingt, ihren Zigarettenkonsum auf acht Stück am Tag zu drosseln.

Über die gesundheitsschädlichen Einflüsse des Alkohols liegen ebenfalls seit Jahren und Jahrzehnten Untersuchungen vor, die sich ähneln wie ein Ei dem anderen. Man kennt die mit dem Trinken verbundenen Gefahren zur Genüge, was aber den Liebhaber guter oder starker Tropfen nicht daran hindert, weiterzutrinken. – Der Mensch ist wirklich ein seltsames, unergründliches Wesen.

Ein Gläschen Wein jedoch in Ehren! Dagegen haben auch die Ernährungs-Experten nichts; im Gegenteil. Etwas Wein zum Essen empfehlen sie gerade älteren Menschen, da er nicht nur die Verdauungssäfte anregt, sondern auch die Lebensfreude steigert. Und das, folgern sie zu Recht, sei genauso unentbehrlich wie eine

> *Der Wein ist die Milch der Alten.*
>
> *Isländisches Sprichwort*

vernünftige Ernährung. Mehr medizinisch sehen es andere: Sie führen die große Zahl der Wirkstoffe ins Feld, die im Wein enthalten sind, desgleichen die zahlreichen Vitamine. Nur dürfe man nicht vergessen, daß der Wein, wie alle alkoholischen Getränke, auch Kalorien enthält. Man müsse, wenn man Wein trinkt, halt die «festen» Kalorien entsprechend einschränken. Doch einig sind sich so ziemlich alle, daß der Wein, in mäßigen Mengen genossen, den Stoffwechsel, speziell der älteren Leute, anregen und damit günstig beeinflussen kann.

Wenn ich es mir schon verkniffen habe, auf den ständig dicke Zigarren paffenden Churchill hinzuweisen, der immerhin erst im einundneunzigsten Altersjahr starb, möchte ich doch wenigstens meine alte Nachbarin – Gott habe sie selig! – ins Treffen führen, die alles, aber auch wirklich alles, mit einem halben Liter Rotwein zu kurieren pflegte; vom Kindbettfieber bis zur Krebsnachbehandlung.

Einmal fiel sie doch tatsächlich (damals gab es die selbstschließenden Türen noch nicht) aus der fahrenden Straßenbahn. Ihr Mann wollte in höchster Panik sofort einen Krankenwagen kommen lassen, doch sie winkte souverän ab und rappelte sich mühsam hoch. «Gebrochen habe ich mir anscheinend nichts», stellte sie fest, «höchstens verstaucht.» Und im gleichen Atemzug folgte die sachliche Feststellung: «Jetzt fehlt mir nur ein Tropfen Roter!»

Sprach's, hängte sich bei ihrem Eheliebsten ein und humpelte über die Straße. Mit direktem Kurs auf die nächste Wirtschaft. Erst um

> *Ganz glücklich hat sich noch kein Mensch gefühlt,*
> *er wäre denn betrunken gewesen.*
> *Arthur Schopenhauer (1788–1860)*

Mitternacht ließ sie sich heimführen. Trotz Sehnenzerrung am rechten Fuß schwebte sie wie auf Engelsflügeln.

Der Rote half ihr, die Ärzte und Medikamente gleichermaßen verabscheute, noch oft. Mit Neunundachtzig entschlummerte sie sanft.

Nun ja, man könnte einwenden, daß sie ohne ihren Rotwein und dafür mit ärztlichem Beistand vielleicht Neunundneunzig geworden wäre – aber wer will das schon so genau wissen . . .

Die alte Dame kam mir nur kürzlich wieder in den Sinn, als mir englische Forschungsergebnisse über die Trinkgewohnheiten in 18

Ländern Europas und Nordamerikas auf den Tisch flatterten. Ich traute meinen Augen kaum. Denn da hieß es schwarz auf weiß: «Je höher in einem Land der Pro-Kopf-Verbrauch an Wein ist, desto tiefer liegt die Häufigkeit koronarer Herzkrankheiten.» Ich las noch einmal, denn ich weiß aus Erfahrung, daß Wissenschaftler mitunter ins Stolpern geraten, wenn sie sich allgemeinverständlich ausdrücken wollen; was dann hin und wieder eine einfache Mitteilung zum sphinxschen Rätsel werden läßt. Aber siehe da, auch beim zweiten Lese-Anlauf kam nichts anderes heraus als dieses: Wo viel Wein getrunken wird, gibt es nur wenig Erkrankungen der Herzkranzgefäße!

Ihr Götter, steht mir Armem bei!
Schafft, daß der Wein nicht schädlich sey;
Wo nicht, so laßt, Gesundheit zu erwecken,
Das Wasser besser schmecken!
Johann Wilhelm Ludwig Gleim (1719–1803)

Die drei Wissenschaftler Leger, Cochrane und Moore aus Cardiff in Wales führten Frankreich und Italien als Musterbeispiele an; dort sind Herzkrankheiten relativ selten. Der Wein, so meinten sie, enthalte eine Fülle von Aromastoffen und Spurenelementen, die einen Schutz vor bestimmten Herzkrankheiten bewirken könnten.

Dagegen warnten sie vor Whisky und anderen scharfen Sachen und wiesen mit erhobenem Zeigefinger auf die hohe Sterblichkeitsrate Herzkranker in Schottland, Finnland und den USA hin.

Gewiß, mit Statistiken läßt sich alles und nichts beweisen. Zwar haben die Forscher in diesem Fall etliche andere Faktoren berücksichtigt, wie den Zigarettenkonsum, den Fettkonsum samt seinen Anteilen an gesättigten und ungesättigten Fettsäuren und noch vieles mehr, aber genausogut können auch tausend andere Konstellationen zu diesen erstaunlichen Ergebnissen geführt haben. Wozu das Sporttreiben ebenso gehören kann wie der Härtegrad des Wassers, die berufliche Beanspruchung ebenso wie das Ausmaß der Luftverschmutzung.

Trotzdem habe ich mein Weinglas erhoben und den drei Wissenschaftlern in merry old England von ferne ein herzliches Prosit zugerufen.

Die falsche Ernährung rangiert bei dem Zürcher Präventivmediziner Professor Schär noch vor dem Alkohol- und Nikotinmißbrauch auf der Liste dessen, was unserer Gesundheit unzuträglich ist. Mit ihr wird vielleicht nicht so kraß und auffallend, aber anhaltender gegen die Gesundheit gesündigt.

Ernährung! Eine Zwischenfrage, liebe Leser, ernähren Sie sich überhaupt? Ich neige eher zu der Ansicht, daß wir uns heute nicht ernähren, sondern daß wir essen. Und das Essen mit Genießen gleichsetzen. Was an sich ja schön und richtig ist, nur kommt es darauf an, wie weit wir uns damit von dem entfernen, was unserer Gesundheit eigentlich zuträglich wäre. Wir essen. Wir speisen. Und wir tafeln – je nachdem. Und daß uns das zuweilen viel Spaß bereitet, ist ja nun an sich auch wieder nicht so verwerflich.

Wer nicht arbeitet, soll auch nicht essen.
Wer nicht arbeitet, soll speisen.
Wer aber gar nichts tut, der darf tafeln.
Peter Hille (1854–1904)

Allerdings waren schon die alten Ägypter weise genug, festzustellen, daß der Mensch nur von einem Drittel der aufgenommenen Nahrung lebe. «Von den restlichen zwei Dritteln», fügten sie boshaft hinzu, «leben die Ärzte.» «Der Magen ist der Schlupfwinkel der Krankheit», heißt es im Koran; auch Mohammed kam also zu ähnlichen Erkenntnissen. Und eine aktuelle Variation des gleichen Themas besagt, daß die meisten Selbstmorde nicht mit Gift, Drogen oder der Pistole begangen werden, sondern mit Messer und Gabel.

Trotzdem hält Essen und Trinken Leib und Seele zusammen. Man darf es nur nicht übertreiben, und man darf dabei ruhig ein wenig den Verstand gebrauchen. Am einfachsten bewältigt man sämtliche

Ernährungsprobleme, wenn man schon von klein auf vernünftig – also abwechslungsreich und nicht zuviel – gegessen hat. Mit zunehmendem Alter bedarf es dann keiner Umstellung, sondern höchstens einer Reduktion, denn der Kalorien- bzw. Joules-Bedarf alter Menschen ist bis zu zwanzig und dreißig Prozent kleiner als bei jungen Menschen. Zwischen Fünfzig und Sechzig sollte man daran gelegentlich denken und sich entsprechend vorsichtig verhalten.

Wer dieses Naturgesetz mißachtet und die gleichen Mengen verzehrt wie in früheren Jahren, riskiert eine Gewichtszunahme und damit eine zu starke Belastung des gesamten Bewegungsapparates; das kann sich recht bös auf Knie- und Hüftgelenke und auf die Wirbel auswirken. Übergewicht macht ferner anfälliger für

Übermäßiges Essen ist eine der wichtigsten Ursachen des Krankseins.

Athenaios (1. Jahrhundert)

hohen Blutdruck, für Zuckerkrankheit und Gicht. Auf falsche und zu reichliche Ernährung geht auch die gefürchtete Arteriosklerose zurück, und wenn die Gallenblase aufmuckt, liegt das ganz sicher an einer Fehlkonstruktion des Speisezettels.

Es hat wenig Sinn, jetzt zu sagen: «Aber das habe ich doch immer gegessen, und bisher habe ich das ausgezeichnet vertragen!» Die Eßsünden früherer Jahre mögen dieselben gewesen sein – nur reagiert der Organismus darauf in einem gewissen Alter empfindlicher.

Es nützt also alles nichts – wir müssen uns umstellen, auch dann, wenn unser Gewicht normal ist. Sofern Sie noch den nostalgischen Reizen von Omas Kochbuch erlegen sein sollten, wird es Zeit, endgültig damit Schluß zu machen und nicht nur den Appetit, sondern ein bißchen auch den gesunden Menschenverstand sprechen zu lassen. Was nun aber durchaus nicht heißt, daß die moderne, wesentlich gesündere Küche reizlos sein muß. Wer etwa schon einmal mit der Nouvelle Cuisine und ihren Meisterwerken französischer Kochkunst in Gaumenkontakt gekommen ist, wird das genußvoll bestätigen.

Vielleicht gehören Sie zu den glücklichen Menschen, die essen können, was sie wollen, ohne je ein Gramm zuzunehmen. Dann herzliche Gratulation (nicht ohne Neid)! Aber die Umstellung auf vernünftige oder doch wenigstens vernünftigere Kost wird dadurch nicht etwa überflüssig.

> *Mit dem Alter werden wir nicht weiser,*
> *sondern nur vorsichtiger.*
> *Ernest Hemingway (1899–1961)*

Die Ernährungswissenschaftler bedienen sich zwecks Errechnung des Normalgewichts der sogenannten Brocaschen Formel. Sie heißt so nach dem 1880 verstorbenen französischen Anthropologen und Chirurgen Paul Broca. Er war der erste, der ein System anwandte, mit dem er das menschliche Normalgewicht bestimmte. Zwar mag er sich übergewichtige Feinde genug geschaffen haben, aber es spricht doch für ihn, daß er ein durch und durch konsequenter Mensch war. Er erfand eine Formel und damit basta. Sie hieß: Körpergröße in Zentimetern minus 100.

Danach durfte man bei einer Größe von 170 cm 70 Kilo auf die Waage bringen.

Doch dabei blieb es nicht. Die Ärzte begannen zwischen Normal- und Idealgewicht zu differenzieren, und das führte zu folgender Einschränkung:

Körpergröße in Zentimetern minus 100
und davon nochmals ein Abstrich von 10 Prozent.

Das wären also 70 kg minus 7 = 63 kg.

Ihr persönliches Idealgewicht	Für Männer	
	Ihre Körpergröße beträgt	_______ cm
	minus	100
		_______ kg
	Davon 10 % abziehen =	_______
	Ihr Idealgewicht:	_______ kg
	Für Frauen	
	Ihre Körpergröße beträgt	_______ cm
	minus	100
		_______ kg
	Davon 15 % abziehen =	_______
	Ihr Idealgewicht:	_______ kg

Für die Herren der Schöpfung gilt das noch heute. Den Damen hingegen begegnen die Ärzte weniger liebenswürdig; sie sollen von dem Resultat 15 Prozent abziehen, bei einer Größe von 1,70 m also 10,5 kg. Macht ganze 59,5 kg.

Übergewicht bedeutet für Männlein und Weiblein: 10 Prozent mehr als das Idealgewicht. Besorgniserregend wird das Übergewicht jedoch erst dann, wenn es mehr als 30 Prozent über dem Idealgewicht liegt. Das hat jedenfalls 1980 die seit 25 Jahren laufende amerikanische Framingham-Studie ergeben. Danach leben Dicke länger als Dünne, die das Idealgewicht mit 10 und mehr Prozent unterbieten. Nach dieser Studie werden Herz und Kreislauf offenbar am wenigsten vom Übergewicht betroffen.

Wenn wir mit Omas Kochbuch auch unsere bisherigen Eßgewohnheiten über Bord werfen wollen, brauchen wir erst einmal einen neuen Stundenplan. In der zweiten Lebenshälfte sollte man mit dem Drei-Mahlzeiten-Rhythmus Schluß machen und die bisherigen Hauptmahlzeiten auf fünf oder sogar sechs kleinere Mahlzeiten verteilen. Das wirkt sich nicht nur günstig auf Leute mit Liniensorgen aus, sondern ist allgemein bekömmlicher. Magen und Darm brauchen Zeit, die Nahrung zu verarbeiten; bei mehreren kleinen Mahlzeiten schaffen sie das besser als bei wenigen großen.

> *Lasset uns essen und fröhlich sein!*
> *Lukas (um 70 n. Chr.)*

Keine Angst, liebe Hausfrauen und Hausmannen! Von Ihnen verlangt nämlich niemand, daß Sie künftig fünf- oder sechsmal am Tag Küchendienst haben. Die kleinen Zwischenmahlzeiten am Vor- und am Nachmittag sind in der «Kalten Küche» beheimatet und erfordern keine großen Vorbereitungen: ein Glas Milch oder ein Becher Joghurt, ein Apfel, eine Karotte oder eine Portion Salat. Bei der Auswahl und Zusammenstellung dieser Zwischenmahlzeiten berücksichtigt man zweckmäßigerweise das, was bei den Hauptmahlzeiten zu kurz kommt.

Im übrigen bleibt es bei der alten Regel: Frühstücken wie ein König und zu Abend essen wie ein Bettelmann. Wobei Sie Ihr «Bettelbrot» möglichst nicht später als drei Stunden vor dem Schlafengehen verzehren sollten.

Haben Sie einen Abscheu gegen Rohkost? Macht nichts! Rohkost ist zwar unbestritten etwas sehr Gesundes, aber wem sie nicht bekommt, der lasse ruhig die Finger wie die Zähne von den rohen Rüebli, Karotten, Möhren, Mohrrüben oder wie immer sie heißen mögen. Bei den 170 Hundertjährigen, die der Würzburger Mediziner Professor Hans Franke untersuchte, zeigte es sich nämlich, daß kein einziger der Jubilare mit den zwei Nullen Rohköstler war. Die Ausnahme mag auch hier die Regel bestätigen.

> *Was sind die Orgien des Bacchus gegen die Räusche dessen, der sich zügellos der Enthaltsamkeit ergibt!*
> *Karl Kraus (1874–1936)*

Wenn Sie in der zweiten Lebenshälfte frischen Wind in Ihre Küche bringen wollen, merken Sie sich vor allem dies:

Mit zunehmendem Alter braucht der Mensch weniger Kalorien, aber mehr Eiweiß und Vitamine. Und außerdem weniger Fett und weniger Kohlehydrate.

Das ist eigentlich schon die ganze Zauberformel und das Geheimnis der gesunden Ernährung.

Doch nun der Reihe nach:

Eiweiß ist in allen Milchprodukten enthalten; im Fleisch zwar auch, doch sollte man im Alter fettarmen Milchprodukten den Vorzug geben. Das Fleisch sollte stets mager sein, ebenso wie der Fisch. Und was viele nicht wissen: auch Vollkornbrot enthält Eiweiß; recht viel sogar.

Vitamine bezieht man aus Obst, Gemüse, Salat, den Lebensmitteln also, die gleichzeitig reich an Mineralstoffen sind, an Rohfasern (wichtig für die Verdauung!) und Spurenelementen, wie zum Beispiel Eisen.

Der Bedarf an *Mineralstoffen* und *Spurenelementen* erhöht sich mit den Jahren. Die Mineralstoffe Kalzium und Phosphor, in dunklem Brot und Milchprodukten zu finden, wirken dem Abbau der Knochensubstanz entgegen; speziell Kalzium, in der Milch enthalten, beugt Knochenbrüchen und Skelettverformungen vor. Phosphor belebt auch die Hirntätigkeit.

Die *Kohlehydrate*, mit denen man im Alter ganz allgemein sparsamer umgehen soll, nimmt man am besten in Form von Vollkornbrot und Kartoffeln zu sich; Mehlspeisen aller Art – also auch Teigwaren, die anderen Kohlehydrat-Lieferanten – sind dagegen weniger gesund.

Kalium, Kalzium, Eisen, Carotin und Vitamin C gehören zu den wichtigsten Stoffen, die im Gemüse enthalten sind; etwas davon gehört jeden Tag auf den Tisch. So finden wir

- *Kalium* (das nach neuesten Forschungen den Bluthochdruck verhindern hilft) in Pilzen, Schwarzwurzeln, Rosenkohl, Broccoli und Feldsalat,
- *Kalzium* in Spinat, Grünkohl, Kohlrabi, Sellerie und Lauch,
- *Eisen* in Spinat, Hülsenfrüchten, Schwarzwurzeln, Feld- und Endiviensalat,
- *Carotin* am meisten in Karotten, aber auch in Spinat, Paprikaschoten (Peperoni) und Feldsalat,
- *Vitamin C* in Weiß-, Rot- und Grünkohl, Paprikaschoten, Kartoffeln, Tomaten und grünem Salat.

Das ist zwar in speziellen Fällen, beispielsweise bei Krankheiten, gut zu wissen, aber im übrigen rate ich: Vergessen Sie's! Eine ungefähre Ahnung dieser Bestandteile genügt für den täglichen Hausgebrauch vollauf. Komplizierte Rechnungen und Überlegungen, wieviel von welchen Elementen nun gerade in diesem oder jenem Lebensmittel vorhanden sind, machen das Kochen zur Plage und degradieren die schönste Mahlzeit zu einem Balanceakt zwischen Briefwaage und Rechenschieber.

Kochen und essen Sie so normal und ungezwungen wie möglich. Wichtig ist eigentlich nur, daß Sie dabei für Abwechslung sorgen.

> *Nimm es als ein Vergnügen, und es ist ein Vergnügen;*
> *nimm es als Qual, und es ist Qual.*
>
> *Japanisches Sprichwort*

Diese Abwechslung garantiert automatisch, daß Sie von all dem, was Ihr Körper braucht, auch genügend bekommen. Der beste Rat: Essen Sie ausgewogen! Aber, wie gesagt, nicht nach einem minuziös ausgeklügelten Plan; Ausgewogenheit dieser Art überlassen Sie lieber dem politischen Teil der Fernsehprogramme.

Und noch eine Bemerkung: Allein essen ist langweilig und

bekommt nur zu leicht den faden Beigeschmack einer Pflichtübung. Essen Sie also, damit es Ihnen wohl bekomme, so oft wie möglich in Gesellschaft.

Sind Sie alleinstehend? Dann tun Sie sich doch mit anderen Solo-Köchen und -Köchinnen zu einem «Reihum-Essen» zusammen! Kochen und Essen macht dann mehr Spaß. Wobei Sie als gelegentlicher Gastgeber ja nicht unbedingt großen Aufwand treiben müssen.

Gut essen kann man auch dann, wenn man sich bestimmte Regeln zu eigen macht. Deswegen müssen Sie aber die folgende Tabelle nun nicht etwa auswendig lernen; es genügt, wenn Sie hin und wieder einen Blick darauf werfen.

Trinken soll man gerade im Alter nach Herzenslust; auch zu den Mahlzeiten. Wenn man zum Essen trinkt, wird der Nahrungsbrei gut durchgemischt, was der Verdauung zugutekommt. Auch darf man die Speisen reichlich würzen, denn Gewürze regen die Verdauungssäfte an.

Womit wir schon mitten in dem Thema wären, das älteren Leuten, vorab den Frauen, häufig zu schaffen macht: die Verdauung. Gleich vorweg sei aber gesagt, daß normale Verdauung nicht etwa mit täglicher Stuhlentleerung gleichzusetzen ist; mit diesem Mißverständnis versuchen die Ärzte heute immer wieder – wenn auch oft vergeblich – aufzuräumen. Auch ein individuell bedingter Rhythmus von zwei oder gar drei Tagen kann durchaus normal sein; dies vor allem dann, wenn mit zunehmendem Alter der Speisezettel reduziert wird.

Die Verdauung funktioniert nur dann einwandfrei, wenn genügend Schlacken, Ballast- und Faserstoffe in den Darm gelangen. Aber

> *Je älter der Mensch wird, desto mehr lebt er von dem, was er nicht ißt.*
>
> *Bolivianisches Sprichwort*

Empfehlenswert	Zurückhaltung üben
Fleisch, Geflügel, Fisch mageres Fleisch mageres Geflügel und Wild magerer Fisch	fettes Fleisch Speck Wurst und Würstchen Gänse und Enten Aal Hering Räucherlachs und alle geräucherten Fische
Gemüse und Früchte jedes Gemüse (am besten im Dampfkochtopf gekocht oder roh) Salat Pilze Kartoffeln (in der Schale gekocht) frisches Obst	Bratkartoffeln Pommes frites Pommes chips Nüsse Mandeln
Brot, Backwaren, Teigwaren, Zerealien, Süßigkeiten	
Vollkornbrot Grahambrot Soja-Produkte Reis Mais Hülsenfrüchte (Linsen sind am gesündesten, wenn auch kalorienreich) Honig	Weißbrot Nudeln, Spaghetti und andere Teigwaren Kuchen und Torten Pudding Eiscreme Schokolade Zucker Konfitüre mit normalem Zuckergehalt

Empfehlenswert	Zurückhaltung üben
Milch- und Eiweißprodukte Magermilch (entrahmte Milch) Sauermilch, Buttermilch Magerquark fettarmer Joghurt fettarmer Käse Eier (wegen des hohen Cholesteringehalts im Eidotter aber nicht täglich)	Vollmilch Sahne Rahmquark Joghurt mit normalem Fettgehalt und gezuckerten Früchten Vollfettkäse
Fette (nicht mehr als 40 bis 50 g pro Tag, wobei die cholesterinhaltigen tierischen Fette nicht überwiegen dürfen)	
fettarme Margarine Pflanzenöl (Sonnenblumen-, Mais-, Soja- und Erdnußöl, alle Keimöle)	Schmalz Talg Kokosfett Mayonnaise
Gewürze alle Gewürze, frisch oder getrocknet Pfeffer Paprika Zwiebeln Knoblauch	Kochsalz Fertige Gewürzmischungen (sie enthalten meist Salz)
Getränke Mineralwasser Magermilch Fruchtsäfte (frischgepreßt) Milchkaffee Kräutertee Wein und Bier (in bescheidenen Mengen)	zuviel Kaffee zuviel Schwarztee Limonade und andere zuckerhaltige Getränke (z. B. Saft von Obstkonserven)

gerade da liegt bei unserer raffinierten, an Rohfasern recht armen Nahrung der Haken. Eigentlich sollte man es ohne Pillen und Tabletten schaffen, sofern man nur genügend Obst, Gemüse und Vollkornbrot ißt. Aber in der Praxis ist das leider oft illusorisch. Da nützt eben manchmal auch die alte Weisheit nichts, daß man das am besten verdaut, was man mit Appetit verzehrt.

Wenn alles nichts nützt, kann man zu einem Trick greifen, mit dem man jeder «normalen» Verstopfung beikommt: der Weizenkleie. Man kauft sie – je gröber, desto besser – in Reformhäusern oder in Lebensmittelgeschäften. Übrigens ist sie spottbillig.

Die Kleie, der ideale Ballaststoff, der unserer zivilisierten, schlakkenarmen Nahrung verlorengegangen ist, besteht aus den Randschichten von Weizen- oder anderen Getreidekörnern: den Spelzen oder auch den Keimlingen. 100 g Kleie enthalten 15 g Eiweiß, 5 g Fett, 63 g Kohlehydrate (die Rohfasern!), 11 g Mineralstoffe und sechs verschiedene Vitamine. 100 g Kleie haben höchstens 220 Kalorien (920 Joules), doch nimmt der Körper nicht einmal die Hälfte dieser Kalorien auf.

Ob Sie nun einen Löffel oder bis zu fünf Eßlöffeln (25 g) Weizenkleie täglich brauchen, müssen Sie selber ausprobieren. Wichtig ist, daß Sie gleichzeitig genügend Flüssigkeit zu sich nehmen, damit die Kleie aufquellen kann. Mit (entrahmter) Milch und Früchten oder auch mit Joghurt zusammen ist das eine ideale Zwischenmahlzeit.

Der Geheimtip Weizenkleie ist keineswegs neu. Doch neu ist, daß Ärzte die Weizenkleie heute als wichtiges Heilmittel ansehen, das zahlreichen Erkrankungen im Bereich von Magen und Darm

> *Probieren geht über Studieren.*
>
> *Sprichwort*

vorbeugt oder sie heilt. Ein Düsseldorfer Facharzt erklärte letzthin an einem Kongreß, die Weizenkleie sei vielfach sogar einem chirurgischen Eingriff vorzuziehen. Und ein Basler Magenspezialist läßt sich die Kleie gleich sackweise aus einer Mühle kommen. Seinen Patienten empfiehlt er, sich kostenlos aus dem Kleiesack – er steht im Korridor seiner Praxis – zu bedienen.

Geheimtips für die Gesunderhaltung, neue und solche, die im Zeitalter der Nostalgie wieder aufgewärmt werden, gibt es wie Sand am Meer. Natürlich steht es jedem frei, sie mit einem Besserwisser-Lächeln abzutun – aber man kann sie selbstverständlich auch ausprobieren. Und mitunter helfen sie sogar dem Skeptiker.

Die einen schwören auf Nährhefe oder auf ihre täglichen Kapseln mit Lebertran und Weizenkeimen, die anderen auf das morgendliche Glas Wasser mit einem Schuß Obstessig und einem Teelöffel Honig.

Bei älteren Menschen sinkt zwar der Energiebedarf um durchschnittlich 15 Prozent, doch bleibt der Vitaminbedarf unverändert bestehen und steigt zum Teil sogar noch an; der Organismus braucht im Lauf der Zeit eben mehr Aufbau- und Schutzstoffe. Das verleitet manchen dazu, wahllos, quasi nach dem Gießkannenprinzip, alle möglichen Vitamine und Multivitamine zu schlucken. Was nicht nur sinnlos ist, sondern manchmal sogar schaden kann. Es ist also in jedem Fall besser, vorher den Arzt zu fragen.

> *Gott macht gesund – aber der Doktor bekommt's Geld dafür.*
>
> *Französisches Sprichwort*

Welch wichtige Rolle der Fisch, speziell der Meerfisch, in unserer Ernährung spielt, hat sich ja allmählich herumgesprochen. Früher sah man im Fisch nur den – dem Fleisch ebenbürtigen – Eiweißlieferanten; heute schätzt man den Fisch auch wegen seines Gehalts an Kalzium und vor allem an Phosphor. Wer viel Fisch ißt, sagt man, stärkt seine körperliche und auch seine geistige Leistungskraft, denn der im Fisch enthaltene Phosphor gilt als Gehirnnahrung; manche behaupten sogar, daß er sich auch günstig auf die Stimmung, auf das seelische Wohlbefinden auswirkt.

Wissenschaftler haben errechnet: Wollte man soviel Phosphor zu sich nehmen, wie in 200 g Dorsch enthalten ist, müßte man 2,6 kg Bienenhonig löffeln, die gleiche Menge Butter verzehren oder fast 4 kg Äpfel essen. Und die Japaner haben in umfangreichen Studien neuerdings herausgefunden, daß die im Fisch enthaltenen Öle den Fett- und Cholesteringehalt im Blut senken und so einem eventuellen Herzinfarkt entgegenarbeiten.

Professor Benjamin Frank, ein amerikanischer Zellforscher, preist Fisch allgemein, speziell aber Ölsardinen, als wahres Jugendelixier, was er auf ihren hohen Gehalt an Nukleinsäure zurückführt. «Nukleinsäuren», sagt er, «sind die Architekten jedes lebenden Organismus. Und an der Fähigkeit der Zellen, sich zu teilen und zu erneuern, hängt unser Leben.» Was ja hinlänglich bekannt ist. Neu ist hingegen, daß Professor Frank diese Stoffe den menschlichen Zellen durch eine entsprechende Ernährung zuführen will. Er behauptet, daß er mit den Nukleinsäuren auf dem direkten Weg durch den Magen bei seinen Patienten bereits verblüffende Erfolge erzielt habe.

> *Mein Magen hat wenig Sinn für Unsterblichkeit.*
> *Heinrich Heine (1797–1856)*

Wer zwischen Fünfunddreißig und Fünfzig damit beginnt, viermal in der Woche Ölsardinen (das Öl abgießen!) zu essen, behauptet er, verjüngt sich um mindestens fünf Jahre. Im Alter zwischen Siebzig und Achtzig könne man auf diese Weise die Lebensuhr gar um ganze zwanzig Jahre zurückdrehen. Wenn die Patienten nach seinem Menüvorschlag essen, fährt er fort, glätten sich spätestens nach zwei Monaten die Stirnfalten; etwas später auch die Falten zwischen Nase und Mund und um die Augen.

Doch es geht ihm natürlich nicht nur um das gute Aussehen; das sind lediglich die äußeren Zeichen. Benjamin Frank ist vielmehr davon überzeugt, daß die Vitalität zurückkehrt, daß das Gedächtnis sich merklich bessert und daß man wieder gelenkiger wird. Sein Speiseplan sieht so aus:

– Viermal in der Woche Ölsardinen (wie gesagt: ohne Öl)
Daneben jede Woche an verschiedenen Tagen einmal:
– Fisch
– Meeresfrüchte
– Leber
– Rote Rüben
– Linsen, Erbsen oder Bohnen
und dazu jeden Tag die folgende Gemüseplatte:
– Blumenkohl, Spinat, Pilze, Salat und Rettich oder Sellerie.

Warum sollte man das nicht einmal probieren? Schaden kann es nicht, vielleicht tut es aber wirklich gut.

Wenn man die Leistungs- und Konzentrationsfähigkeit lediglich für ein paar Stunden auf Hochtouren bringen will, soll man, empfehlen Ernährungsforscher, 50 Gramm Lecithin (Pulver oder Granulat) schlucken. Vor Prüfungen, wichtigen Konferenzen oder speziellen Anstrengungen, sagen sie, wirke das Wunder.

Ein anderer Geheimtip, diesmal einer aus der Rezeptmottenkiste, machte vor nicht langer Zeit in der Westschweiz von sich reden. Madame Colette, Briefkastentante einer Lausanner Zeitung, klärte

> *Lieber ein Löffel voll Tat*
> *als ein Scheffel voll Rat.* *Indisches Sprichwort*

in der Sauren-Gurken-Zeit mangels anderer Aktualitäten ihre Leserinnen und Leser eines Tages über die Heilkräfte und die verjüngende Wirkung der hundsgemeinen Zwiebel auf. Sie lieferte ein altes Rezept für einen Zwiebelsud mit, von dem sie täglich drei bis vier Eßlöffel empfahl.

Zwiebeln, Wein und Honig:
ein Wundertrank
gegen allerlei Gebrechen.

Das Ergebnis war umwerfend. Schon bald meldeten sich die ersten Leser mit Erfolgsberichten. Worauf die Zwiebel in Lausanne und Umgebung regelrecht Karriere machte und zum begehrtesten Konsumobjekt wurde; ebenso zum Gesprächsthema Nummer eins.

«Ich bin wieder jung, verliebt und unternehmungslustig wie in den Flitterwochen», ließ sich ein Vierzigjähriger vernehmen.

«Ich konnte kaum noch gehen», verriet eine alte Dame, «jetzt mache ich mit meinem Hund jeden Tag einen ausgiebigen Morgenlauf. Und nachdem ich auch ihm Zwiebelsud gegeben habe, ist er endlich seine Würmer los.»

«Mein Mann und ich haben je fünf Kilo abgenommen», jubelte eine Frau in mittleren Jahren, und die Bewohner eines Altersheims vermeldeten froh, daß sie jetzt alle wieder mühelos Treppen steigen könnten.

Die bisher so geschmähte Zwiebel entpuppte sich plötzlich als Kräutlein gegen alle Gebresten, das nicht nur müde Männer munter machte, sondern auch bei Rheumatismus, Haarausfall, Kopfschmerzen, Zirkulationsstörungen sowie bei sämtlichen Herz-, Magen- und Nierenleiden half. Die Liste der Krankheiten, die durch das Wundermittel verschwunden sein sollen, ließe sich beliebig verlängern; in rund 20 000 Briefen äußerten sich die Welschen zwischen Lausanne und Genf begeistert über ihre unerwartete Heilung, und wenn zwei sich trafen, sprachen sie kaum noch von etwas anderem.

Dem sonst eher verpönten Liliengewächs gelang sogar das, was Karl Marx sich nur erträumt hatte, nämlich sämtliche Klassenschranken niederzureißen. Würdige Universitätsprofessoren tauschten mit Putzfrauen, hochdotierte Bankdirektoren mit Straßenkehrern Zwiebel-Erfahrungen aus. Kommunikationsfördernd wirkte sich die Zwiebel auch in den Fabriken aus, wo ganze Belegschaften gemeinsam das Zwiebelelixier ansetzten und tranken.

> *Auch Gesundheit kann anstecken.*
>
> *Jüdisches Sprichwort*

Am meisten überrascht von dem durchschlagenden Erfolg ihres harmlosen Ratschlags war die Briefkastentante selbst. So etwa nach dem 17 000. Dankesbrief, der sie erreichte, besann sie sich auf ihre unterlassene Sorgfaltspflicht in der Rezepterprobung und braute sich selbst einen Zwiebelsaft.

Und bald stellte Madame Colette, über alle Maßen erstaunt, fest: «Es stimmt wirklich. Seit ich den Zwiebelsud trinke, brauche ich meine Lesebrille nicht mehr!»

Falls auch Sie, liebe Leserinnen und Leser, das Wundermittel einmal ausprobieren möchten, hier das Rezept:

> 300 g Zwiebeln feinhacken und mit 100 g Honig in einen halben Liter Weißwein geben. Das Ganze zwei Tage lang immer wieder umrühren und zum Schluß filtern. Von dem Saft drei bis vier Eßlöffel täglich nehmen.

Es schmeckt übrigens gar nicht so schlecht. Und die Westschweizer haben auch längst herausgefunden, wie man des unfeinen Dufts Herr wird, den dieses Getränk nun einmal mit sich bringt: Petersilie essen oder Kaffeebohnen langsam zerkauen. –

Sicher, das ist eine höchst amüsante Geschichte. Aber es hat garantiert schon ungesündere Allround-Heilmittel gegeben . . .

Mein fünfter Zahnarzt

Kennen Sie die Geschichte von dem Patienten, der über Schmerzen im rechten Knie klagte?

Der Arzt untersuchte ihn, schüttelte dann den Kopf und sagte: «Tja, mein Lieber, da kann man nichts machen; das ist eben das Alter!»

Worauf der Patient sich entrüstete: «Aber Herr Doktor, das kann unmöglich am Alter liegen. Mein linkes Knie ist vollkommen gesund, und das ist bestimmt keinen Tag jünger als das rechte!»

Sollte Ihr Arzt einmal eine ähnliche Bemerkung machen, dann kann ich Ihnen nur raten, sich schleunigst nach einem anderen umzusehen. Schließlich ist das Alter ja keine Krankheit.

> *Ein guter Arzt rettet, wenn nicht immer von der Krankheit, so doch von einem schlechten Arzte.*
>
> *Jean Paul (1763–1825)*

Mit den Ärzten ist das überhaupt so eine Sache. Man braucht sie und ist auf sie angewiesen, wenn man krank ist. Vor allem der ältere Mensch braucht einen Hausarzt. Der bedeutet ihm mehr als irgendein x-beliebiger Mediziner. Meist besteht eine besondere Art von Vertrauensverhältnis zum Hausarzt; mit ihm kann man sich auch mal richtig aussprechen, für ihn ist man ein Mensch und nicht nur eine Karteikarte in seiner Patientenkartei.

Auch Fachärzte braucht man manchmal, und selbstverständlich auch einen Zahnarzt. Grund genug also, sich seine Ärzte sorgfältig auszusuchen!

Ich habe da meine eigenen Erfahrungen. Eines Tages reichte es mir. Das war kurz nachdem auch mein vierter Zahnarzt das Zeitliche gesegnet und – wie schon seine Vorgänger – die teuren Röntgenbilder meines Gebisses sowie sämtliche Behandlungsunterlagen mit ins Grab genommen hatte; das mußte ich jedenfalls annehmen, denn in seinem Nachlaß waren sie trotz wiederholter Reklamationen nicht aufzufinden.

Nimmer gibt das Grab zurück.
Friedrich Schiller (1759–1805)

Was, um Himmels willen, sollte ich jetzt machen?

Ich überlegte. Die vier Zahnärzte waren samt und sonders würdige alte Herren gewesen, und eigentlich hätte ich, wenn auch nicht gerade mit ihrem Ableben, so doch mit ihrer gelegentlichen Pensionierung rechnen müssen.

Es war also allein meine Schuld, daß ich jetzt wieder ohne Zahnarzt und Röntgenbilder dasaß und irgendwann auf die Frage: «Was ist denn mit dem Dritten unten links? Hatten Sie da schon mal eine Wurzelbehandlung?» keine Antwort wissen würde. Denn die Buchhaltung über das Soll und Haben meiner Beißwerkzeuge hatte ich stets vertrauensvoll den Herren Doktoren überlassen.

Also beschloß ich, mir diesmal einen ganz jungen Zahnarzt zu suchen, einen, der mich mit einiger Wahrscheinlichkeit überleben würde.

Ich glaube, ich war die erste Patientin in seiner soeben eröffneten Praxis. Jedesmal, wenn er irgendeine Manipulation in meinem

Wer Zahnweh hat, wünscht, daß es Kopfweh wär',
Und wär' es Kopfweh, würd' er Zahnweh wünschen.
Christian Dietrich Grabbe (1801–1836)

Mund vornehmen wollte, mußte er erst die erforderlichen Instrumente auspacken. Seine Behandlungsmethoden unterschieden sich deutlich von denen seiner Vorgänger; er arbeitete mit modernen Techniken, von denen sie nicht einmal zu träumen gewagt hatten.

Das war vor bald zehn Jahren. Inzwischen bin ich mit meinem Zahnarzt von einer Praxis in die andere umgezogen – immer etwas großzügiger und eine Nuance vornehmer –, aber ich habe ihm die Treue gehalten und gedenke das auch fürderhin zu tun. Ich wünsche ihm ein langes, gesundes Leben.

Ob Zahnarzt, praktischer Arzt oder Facharzt – so um die Vierzig sollte man wirklich nach einem jungen, vielversprechenden Exemplar dieser Gattung Ausschau halten. Das ist der erste und wichtigste Schritt auf dem Weg zur persönlichen medizinischen Altersvorsorge.

Daß man dem Arzt und seinem Können vertrauen muß, versteht sich von selbst. Denn leider sind die Zeiten vorbei, in denen – wie im alten China und Indien – die Ärzte nur für die Patienten Honorar kassieren durften, die sich bester Gesundheit erfreuten. Sobald ein Patient erkrankte, hörten die Zahlungen auf, und der Arzt mußte sich im eigenen Interesse beeilen, ihn wieder gesund zu

Die meisten Menschen sterben an ihren Ärzten,
nicht an ihren Krankheiten.

Französisches Sprichwort

machen. Wenn man der Historie Glauben schenken darf, wurden die Mediziner seinerzeit für Fehlbehandlungen streng bestraft; bei den Babyloniern hackte man ihnen sogar die Hand ab, wenn ein Kranker durch falsche Behandlung ins Gras beißen mußte.

Wie weit die Ärzte unseres Jahrhunderts sowohl mit ihrer Diagnose wie auch mit ihrer Therapie immer richtig liegen, bleibe dahingestellt. Letzte Woche las ich in der Zeitung vom Tod eines hundertundvierjährigen ehemaligen Elektrotechnikers, der auch die letzten Lebensjahre offensichtlich mit erstaunlicher Vitalität verbracht hatte. Zu seinem hundertsten Geburtstag nämlich verzichtete er auf das in der Schweiz übliche Geschenk der Gemeinde: einen Lehnsessel. Statt dessen äußerte er einen anderen Wunsch, der ihm auch erfüllt wurde: Er ließ sich vom Gemeindepräsidenten dessen Modelleisenbahn vorführen.

Ein halbes Jahrhundert vorher hatten die Ärzte ihn bereits aufgegeben. Mit Fünfzig war er aus Gesundheitsgründen in den Ruhestand versetzt worden.

Des weiteren kenne ich den Fall eines Bergarbeiters aus dem Ruhrgebiet, der sogar schon mit Dreiundzwanzig pensioniert wurde. Der Vertrauensarzt gab damals keinen Pfifferling mehr für ihn. Dieser Frührentner starb nach Jahren voller Aktivität als Fünfundachtzigjähriger.

Selbstverständlich ist ein Arzt kein Hellseher. So können wir andererseits von ihm auch keine Liste mit all den Krankheiten verlangen, die uns noch bevorstehen. Dagegen kann der Arzt uns

> *Neun Zehntel unseres Glücks beruhen allein auf der Gesundheit; mit ihr wird alles eine Quelle des Genusses. Hingegen ist ohne sie kein äußeres Gut, welcher Art auch immer es sei, genießbar.*
>
> *Arthur Schopenhauer (1788–1860)*

auf unsere Schwachstellen hinweisen und uns entsprechende Ratschläge geben. Und was er häufig kann: eine Krankheit feststellen, die erst im Anzuge ist, ohne daß wir schon etwas davon spüren. Und wenn wir Glück und einen guten Arzt haben, kann er vielleicht sogar verhindern, daß die Krankheit überhaupt erst ausbricht.

Vorbeugen ist immer besser als Heilen, und regelmäßige ärztliche Untersuchungen sind heute – oder sollten es zumindest sein – eine

Selbstverständlichkeit. Die jährliche Vorsorge-Untersuchung der Frau zum Beispiel hat schon manche vor bösen Überraschungen bewahrt; das Blutdruckmessen sollte zur Routine werden, des weiteren die Untersuchung auf Diabetes und das EKG, die Kontrolle der Herztätigkeit.

Der jährliche Check-up, zu dem noch eine ganze Reihe von weiteren Untersuchungen gehört, ist heute große Mode. Wer etwas auf seine Gesundheit hält, unterzieht sich dieser nicht gerade billigen Generaluntersuchung. Und wer einen wichtigen Posten bekleidet, wird manchmal auch von seinem Arbeitgeber zu dieser Pflichtübung angehalten. Was der Arzt dabei alles mit ihm anstellt, sah ich neulich in einer Fernsehsendung. Es war wirklich beeindruckend.

Hinterher erfuhr man dann allerdings, daß der Mann, der die Prozedur mit hervorragenden Noten in Sachen Gesundheitszu-

> *Man muß für seinen Arzt geboren sein;*
> *sonst geht man an ihm zugrunde.*
> *Friedrich Nietzsche (1844–1900)*

stand hinter sich gebracht hatte, wenige Wochen später von einem Herzinfarkt heimgesucht wurde. Was nicht eben ermunternd wirkte.

Anschließend diskutierten die Ärzte über Nutz und Frommen solcher kostspieligen Vorsorge-Untersuchungen und kamen zu dem Ergebnis, daß sie wenig einbringen (dem Patienten, wohlgemerkt!) und «medizinisch auf wackligen Beinen» stehen. «Großer Aufwand für kleinen Nutzen», rekapitulierte ein Präventivmediziner.

Er hielt nicht viel von solchen Untersuchungen, und schon gar nicht bei einem Spezialisten, der den Patienten nicht kennt. Wenn schon, meinte er, dann sollte man sich von seinem Hausarzt generaluntersuchen lassen. Der Hausarzt habe mehr Möglichkeiten, mit dem Patienten ins Gespräch zu kommen, denn er kenne im allgemeinen dessen Lebensumstände und sein Verhalten, beispielsweise seine Rauch- und Trinkgewohnheiten, seine berufliche Belastung oder seinen ebenso unermüdlichen wie vergeblichen Kampf gegen sein Übergewicht.

Am Schluß der Sendung war die Ärzterunde sich einig: Für Menschen, die sich wohlbefinden und die keine Beschwerden haben, genüge ein Check-up alle drei Jahre. Diesen Rhythmus schreiben auch die Versicherungsgesellschaften in den USA vor.

Das schließt nicht aus, daß man bei Beschwerden sofort den Arzt aufsucht. Bei älteren Leuten erweitert sich das Repertoire der Beschwerden jedoch. Dazu zählt auch, wenn sie ungewöhnlich rasch ermüden oder wenn sie zu nichts mehr Lust haben und sich zu nichts aufraffen können (Antriebsschwäche nennt die Medizin das). Solche Zeichen, die von vielen zu wenig ernstgenommen werden, können Warnsignale sein.

Eine schwere Krankheit zu haben, ist gewiß kein Honiglecken. Eine Krankheit kann hart und grausam sein; ich will da nichts beschönigen. Doch ob und wie rasch man wieder gesund wird, hängt oft nur zum Teil von den Ärzten ab; der andere Teil kommt auf das Konto des Patienten. Sein Wille zur Heilung und seine aktive Mitarbeit sind dabei ganz wesentliche, nicht zu unterschätzende Faktoren.

> *Erkläre dich für gesund – und du magst es werden.*
> *Ernst Freiherr von Feuchtersleben (1806–1849)*

Die Ärzte wissen schon, warum sie ihre Patienten, selbst nach schweren Operationen, so rasch wie möglich regelrecht zum Bett herausjagen: Neben den einleuchtenden medizinischen Gründen hat diese den Kranken oft brutal erscheinende Maßnahme auch ihre psychologischen Auswirkungen. Man mutet sich, weil man dazu gezwungen wird, etwas zu, und jeder gelungene Schritt ist ein Erfolgserlebnis, das die Besserung beschleunigt. So etwas läßt sich nicht durch noch so viele Tabletten und Spritzen ersetzen.

Wo der Wille zur Gesundung fehlt, wo der Patient sich gehen läßt, sind die Heilungs-Chancen weit geringer. Da hat ein Mann jahrelang seine kranke Frau aufopferungsvoll gepflegt. Er selber konnte sich in all den Jahren kaum einmal ein persönliches Vergnügen, geschweige denn eine Krankheit, leisten; er mußte ja immer zur Stelle sein.

Nach dem Tod seiner Frau heiratete er wieder: eine jüngere, kerngesunde Frau. Seither fehlt ihm ständig etwas. Und schon bei einer mittleren Erkältung legt er sich mit Wehgeklage ins Bett und läßt sich – nur zu gern – von seiner Frau pflegen.

> *Unser Körper ist ein Garten*
> *und unser Wille der Gärtner.*
> *William Shakespeare (1564–1616)*

Kommentar seines Arztes: «Seine Krankheiten sind zum größten Teil psychisch bedingt. Möglicherweise hat er eine Art Nachholbedarf. All die Fürsorge und Opferbereitschaft, die das Schicksal früher von ihm verlangte, möchte er jetzt – sozusagen im Umkehrverfahren – für sich selber in Anspruch nehmen. Er weiß genau – obwohl er sich verstandesmäßig darüber gar nicht klar ist –, daß er es sich heute leisten kann, krank zu sein. Wenn seine erste Frau noch lebte, wäre er nach wie vor gesund.»

Nach einem Herzinfarkt behandelte man noch vor wenigen Jahren die Patienten wie ein rohes Ei. Heute läßt man sie ein gezieltes Aktivitätstraining absolvieren; selbstverständlich unter ärztlicher Aufsicht. «Fördern durch Fordern», nennen die Ärzte diese Therapie, die sie namentlich auch älteren Menschen, kranken wie gesunden, empfehlen.

Wer immer nur ängstlich darauf bedacht ist, sich zu schonen, wird eines Tages wirklich krank und gebrechlich. Zuviel Ruhe ruiniert die Gesundheit und läßt die Vitalität erschlaffen. Oder, wie es die amerikanische Biologin Irene Gore formuliert: «Wenn der Mensch seine Kräfte nicht ausnutzt, stagniert er. Benutzt er sie jedoch, erneuert sich sein Körper, und seine Vitalität bleibt erhalten.»

Eine trotzdem recht ungewöhnliche Art der Therapie verordnete sich jüngst ein dreiundzwanzigjähriger Engländer selbst. Drei Jahre zuvor hatte er sich beim Sport einen Aorta-Riß zugezogen und sich anschließend zahlreichen Operationen unterziehen müssen.

Nach der zehnten Operation hatte er das Krankenbett gründlich satt. Er verzichtete auch auf die empfohlene Kur zur Nacherholung. Statt dessen startete er in einem selbstgebauten, sechs Meter langen Segelboot zu einer Fahrt über den Atlantik. Nach Zwischenstationen in Spanien, auf den Azoren und den Bermudas legte er nach gut drei Monaten mit seiner Jolle in Newport im amerikanischen Staat Rhode Island an.

> *Am Mute hängt der Erfolg.*
> *Theodor Fontane (1819–1898)*

Nomen est omen. Newport wurde für ihn tatsächlich zu einem neuen Hafen, zum Beginn eines neuen Lebens. Erschöpft, aber glücklich und zufrieden erklärte er nach seiner Ankunft: «Vielleicht schauen Leute, die krank sind, auf das, was ich gemacht habe; es könnte für sie ein Ansporn sein und auch ihnen zur Besserung verhelfen.»

Es muß ja nicht immer gleich eine Atlantiküberquerung sein! –

Manchmal ist es doch fein, daß die Ärzte sich widersprechen, daß einer dieses für gut befindet und jenes verurteilt, während sein Kollege es genau umgekehrt hält. Das versetzt den Lebenskünstler in die glückliche Lage, sich aus den ärztlichen Ratschlägen das herauszufischen, was seinen Neigungen am ehesten entgegenkommt.

Hoch soll er leben, der Geriatrie-Mediziner William MacLennan von der Universität Southampton! Er und mehrere seiner Kollegen warnten an einer Tagung der britischen Gesellschaft zur Förderung der Wissenschaften in Birmingham ältere Menschen vor dem übermäßigen Gebrauch von Schlaf- und Beruhigungsmitteln. Statt dessen empfahl ihnen Mr. MacLennan – sein Name läßt auf seine schottische Herkunft schließen – unter dem Beifall seiner Mitdozenten, vor dem Schlafengehen lieber einen Schluck Whisky zu trinken. Und ich gehe wohl nicht fehl in der Annahme, daß er dabei speziell an den schottischen Whisky dachte.

Wer seine Menschen- und Bürgerpflicht
Am Tage treulich hat verricht't,
Dem ist auch in der Abendstund'
Von Gott und Menschen ein Trunk vergunnt.
Inschrift im Ratskeller von Wiesbaden

Es ist bekannt, daß Schlafmittel keinen natürlichen, erholsamen Schlaf bewirken, sondern eine Art Lähmung des Nervenzentrums. Die Barbiturate, Grundbestandteile der meisten Schlafmittel, stören den Tiefschlaf und sind vor allem wegen ihrer zahlreichen Nebenwirkungen gefährlich. So können sie, wie MacLennan sagte, gerade bei älteren Patienten Verwirrung hervorrufen.

Auch der Basler Professor Werner P. Koella, Präsident der Europäischen Gesellschaft für Schlafforschung, hält es für erwiesen, daß praktisch kein Schlafmittel imstande ist, «einen Normalschlaf zu induzieren (herbeizuführen), zu stabilisieren und zu unterhalten.» Schlafmittel nehmen, meint er, heiße den Teufel mit Beelzebub austreiben, denn das Spektrum der Begleiterscheinungen reiche vom schweren Kopf und Schwindelgefühl bis zur gefährlichen Dämpfung der Atmungsorgane, was namentlich bei älteren Leuten zu katastrophalen Folgen führen könne.

Schlaftabletten verändern die Schlafstruktur: Tiefschlaf, Traumschlaf und Leichtschlaf. Der Traumschlaf wird durch Barbiturate häufig besonders stark beeinflußt, was zu überaus intensiven, oft schrecklichen und qualvollen Traum-Erlebnissen führen kann. Die

Nachwirkung solcher Erlebnisse kann wochen-, oft sogar monatelang anhalten. Wer sich an Schlafmittel gewöhnt, braucht bald immer stärkere Dosen und wird schließlich süchtig. Und wer davon wieder loskommen will, muß mit schweren Entzugserscheinungen rechnen; von der erneuten Schlaflosigkeit ganz abgesehen. Was viele nicht wissen: Frauen, die zum Schlafmittel greifen, riskieren – so Professor Koella –, daß dadurch die Wirkung der Antibabypille aufgehoben wird.

Wenn es sich um «normale» Schlaflosigkeit handelt, wenn sie also nicht auf andere Krankheiten zurückzuführen ist, tut man gut daran, ein paar Regeln zu beachten, die schon unsere Großeltern kannten, die aber noch nichts von ihrer Gültigkeit verloren haben:

Früh und leicht zu Abend essen und vor dem Schlafengehen noch einen Spaziergang machen. Ein probates Mittel sind ebenfalls die

> *Den Schlaf, den Reichtum und die Gesundheit genießet man nur, wenn sie unterbrochen werden.*
>
> *Jean Paul (1763–1825)*

feuchten Wollsocken (in lauwarmes Wasser getaucht und gut ausgedrückt), die man im Bett anzieht; sie bewirken, daß der Blutstrom in die Beine umgeleitet und der Kopf dadurch entlastet wird. Unschädlich, aber gleichwohl wirksam sind des weiteren 10 bis 30 Tropfen Baldriantinktur, die auch mit einem Stück Zucker eingenommen werden können. Baldriantabletten haben die gleiche Wirkung.

Zu Großmamas Rat kommt noch der zeitgemäße hinzu: nicht zuviel fernsehen und vor allem nicht am späten Abend noch einen knallharten Krimi konsumieren!

Übrigens betrachten die Ärzte eine schlaflose Nacht durchaus nicht als Katastrophe. Der Zürcher Neurologe Dr. Dietrich Lehmann rät: «Besser, als sich stundenlang schlaflos hin- und herwälzen, ist es, aufzustehen und zu lesen.» Bis man dann von selber müde wird.

Schlaflosigkeit kann aber auch ganz schlicht auf einer Fehlannahme beruhen. Es ist noch viel zu wenig bekannt, daß ältere Leute nicht mehr so viel Schlaf brauchen wie jüngere, daß zuviel Schlaf in der zweiten Lebenshälfte sogar gefährlich sein kann.

Die britische Psychiaterin Dr. Joan Gomez behauptet, daß Männer über Fünfzig, die neun Stunden pro Nacht schlafen, doppelt so häufig an einem Herz- oder Schlaganfall sterben wie andere, die sieben Stunden oder weniger lang schlafen. Bei den Zehn-Stunden-Schläfern, sagt sie, sei das Risiko sogar viermal so hoch.

Verschon uns, Gott, mit Strafen,
Und laß uns ruhig schlafen!
Und unsern kranken Nachbarn auch!
Matthias Claudius (1740–1815)

Wenn Babies zwei Drittel des Tages mit Schlafen zubringen und Kinder zehn Stunden Schlaf brauchen, so vor allem deshalb, weil ihr Organismus noch ganz auf Wachstum eingestellt ist. Ältere Menschen, bei denen der Schlaf ja nur noch die Aufgabe hat, die Funktion des Organismus aufrechtzuerhalten, sollten im allgemeinen mit sechs oder sieben Stunden Schlaf auskommen.

Wobei natürlich auch das Mittagsschläfchen mit einkalkuliert werden muß. Wer das «Nur-ein-Viertelstündchen» auf ein oder zwei Stunden ausdehnt, kann nicht verlangen, daß er dann auch noch die ganze Nacht durchschläft.

Zu berücksichtigen ist für das «Schlafsoll» selbstverständlich ebenfalls, ob man sich tagsüber viel bewegt, ob man sich körperlich ausarbeitet oder nicht. Nach einer anstrengenden Wanderung – frische Luft macht bekanntlich müde! – wird jeder ganz von selber besser schlafen als nach einem Tag im Lehnstuhl.

Auf zur Fit-Parade!

Von den Männern und Frauen in mittleren Jahren, die sich vor dem Alter fürchten, haben laut Umfragen mehr als siebzig Prozent Angst davor, sich in späten Jahren nicht mehr richtig bewegen zu können. Knochenschwund, Gelenkverschleiß, Veränderungen der Wirbelsäule und Arterienverkalkung (die gefürchtete Arteriosklerose) geistern durch ihre Vorstellung und lassen sie dem dritten Lebensalter mit Bangen entgegensehen.

Dabei vergessen sie zumeist – oder wissen es nicht einmal –, daß man gerade gegen diese Art von Alterserscheinungen sehr viel tun kann; allerdings nicht erst dann, wenn sich schon die ersten Symptome zeigen, sondern vorbeugend.

Falsche Ernährung, Übergewicht und Bewegungsmangel sind die Hauptursachen dieser Erkrankungen. Von der Ernährung haben wir bereits gesprochen. Wie aber steht es mit der Bewegung? In unserem modernen Leben, in dem wir zu unserer Fortbewegung öfter vier Räder als unsere zwei Beine zur Hilfe nehmen, gehen viele Krankheiten auf den Mangel an Bewegung zurück.

Sicher, man weiß das ja nur zu genau. Aber dann, wenn man sich vielleicht gerade aufraffen will, überfällt einen die große Müdigkeit; man kann sich vor Gähnen kaum noch retten, verschiebt den geplanten Marsch auf morgen oder übermorgen und läßt sich vor dem Fernseher nieder.

Diese permanente Müdigkeit und Unlust, die jegliche Bewegungslust im Keim erstickt, entsteht paradoxerweise aber gerade durch Bewegungsmangel. Die Katze beißt sich also selbst in den Schwanz. Wenn wir uns nicht öfter bewegen, möglichst an der frischen Luft, müssen wir damit rechnen, daß unsere Kräfte allmählich nachlassen, daß uns jede körperliche Anstrengung mehr Mühe kostet und daß wir dann eines nicht fernen Tages resigniert feststellen: «Ja, ich werde wirklich alt . . .»

Büro, Lift, Auto, Fernsehsessel – das ist allerdings nicht der Rhythmus, der unseren Kreislauf in Schwung bringt; bewegen wir uns also! Und da die Fitnesswelle heute ohnehin fast überschwappt

> *Der größte Schritt ist der aus der Tür.*
>
> *Sprichwort*

und da nur «in» ist, wer mindestens einmal die Woche gewissenhaft seinen Trimm-dich-Pfad abhaspelt oder wenigstens Jogging-Schuhe samt dazugehörigem Jogging-Outfit sein eigen nennt, hindert uns ja eigentlich nichts, unsere vom Einrosten bedrohten Glieder in Trab zu setzen. Auf daß aus dem Büro-, dem Schreibtisch- oder dem Faulenzer-Herz wieder eine normale, gutfunktionierende Pumpe werde!

Seit der Papst in Castel Gandolfo seine Runden im Swimmingpool zieht und Amerika-Touristen der lustigen Onassis-Witwe beim Dauerlauf im Central Park begegnen können, braucht ja nun wirklich niemand mehr Hemmungen zu haben, bei der Ausübung seines Lieblingssports von einem hämisch grinsenden Nachbarn überrascht zu werden.

Worauf warten wir also noch? – Auf zur Fit-Parade!

Oder gehören Sie etwa zu den Sportmuffeln, die daheim nicht einmal ein Rudergerät, eine Reckstange, ein An-Ort-Fahrrad mit Kilometeranzeiger oder ein sonstiges Arsenal an Gymnastik- und Foltergeräten haben?

Doch Spaß beseite. Wenn wir uns entschließen, uns etwas mehr zu bewegen, so tun wir's ja nicht der Fitnessindustrie, sondern unserem alten Adam zuliebe. Auf die raffinierten Geräte kann man

Klimme wacker,
Alter Knacker!
Klimme, klimb
Zum Olymp!
Höher hinauf!
Glückauf!
Kragen total durchweicht.
Äh – äh – äh – endlich erreicht.
Das Unbeschreibliche zieht uns hinan.
Der ewigweibliche Turnvater Jahn.

Joachim Ringelnatz (1883–1934)

getrost verzichten, denn wenn der Reiz des Neuen erst einmal vorbei ist, stehen sie sowieso unbenutzt herum und bereiten uns bei ihrem Anblick höchstens ein schlechtes Gewissen; so billig waren sie nun ja auch wieder nicht!

Um sich beweglich, gelenkig und fit zu halten, braucht es das alles nicht. Was es hingegen braucht, das ist Charakter. Ja doch, Charakter, oder aus welchen anderen Urgründen unseres Ego sollen wir den Willen und das Durchhaltevermögen sonst schöpfen, die erforderlich sind, wenn wir Sport und Gymnastik in unser tägliches Programm einbauen und zur Gewohnheit machen!

Sich einmal die Woche zu sportlichem Tun mehr oder weniger intensiven Ausmaßes aufzuraffen, ist gut. Ein tägliches Pensum zu absolvieren, ist besser; auch wenn es sich dabei nur um ein Miniprogramm handelt.

Welche Sportarten eignen sich für wen?

Das kommt ganz darauf an – auf Sie, Ihren persönlichen Lebensstil und -rhythmus. Das Was ist gar nicht so wichtig; Hauptsache, Sie tun überhaupt irgend etwas. Ob Sie nun wandern, bergsteigen, schwimmen, Leichtathletik betreiben, Tennis, Golf oder Handball spielen, Skifahren, Langlauf oder Waldlauf bevorzugen – das ist allein Ihre Sache. Nur leider werden Sie für all diese zweifellos gesundheitsfördernden Betätigungen kaum jeden Tag Zeit und Gelegenheit haben. Und Lust wohl auch nicht!

Vielleicht können Sie sich – statt dessen oder zusätzlich – entschließen, Ihr Auto in der Garage stehen zu lassen und den Weg zum Arbeitsplatz zu Fuß zurückzulegen. Natürlich läßt sich das längst

> *Nimm dine Beene unner'n Aam un laup, wat du kannst!*
> *Münsterische Redensart*

nicht für jeden realisieren; da spielt die Geographie ja auch noch mit.

Aber vielleicht steht in Ihrem Keller ein Fahrrad, das Rost anzusetzen droht. Falls Ihr Weg Sie durch nicht allzu verkehrsreiche Straßen führt, können Sie ja mal versuchen, sich in den Sattel zu schwingen.

Beim Radfahren werden keineswegs nur die Beinmuskeln trainiert; auch die Arm- und Rückenmuskeln und noch etliche andere werden in Anspruch genommen. Außerdem fördert das Radfahren den Gleichgewichtssinn, der im Lauf der Jahre oft nachzulassen droht.

Da das Körpergewicht auf dem Sattel ruht und nicht auf den Beingelenken, wird das Stützgewebe nicht zu stark belastet, so daß auch untrainierte, ältere und übergewichtige Leute hoch auf dem Stahlroß ein regelrechtes Ausdauertraining absolvieren können.

Übrigens ist, wer regelmäßig radfährt, weitgehend gegen Herzinfarkt und andere Herzkrankheiten gefeit. Und das nicht nur in den

> *Das Herz ist nichts anderes als eine Pumpe.*
> *Es wäre falsch, es mit einem Mythos zu umgeben.*
> *Christian Barnard, Chirurg*

mittleren Jahren, sondern vornehmlich auch im Alter. Medizinische Untersuchungen haben ergeben, daß Radfahrer über Fünfundsiebzig gegenüber den Nicht-Radfahrern gleichen Alters zu neunzig Prozent weniger von Herzkrankheiten befallen werden.

Vielleicht halten Sie aus irgendwelchen Gründen trotzdem nichts vom Radfahren. Dann hätte ich noch einen anderen Vorschlag: Wie wär's beispielsweise mit Treppensteigen? Dazu bietet sich vielleicht schon eher Gelegenheit. Rümpfen Sie, vom frisch erwachten sportlichen Ehrgeiz bereits angefressen, jetzt bitte nicht verächtlich die Nase, weil Sie glauben, das sei denn doch gar zu anspruchslos. Da irren Sie nämlich: Treppensteigen kann ein ausgesprochenes Konditionstraining sein. Pech nur, wenn Sie im Bungalow wohnen und dazu noch ein ebenerdiges Büro haben. Doch auch dann besteht die Chance, daß Sie im Lauf des Tages mal irgendwo Stufen unter Ihre Füße nehmen können; vielleicht beim Spaziergang in der Mittagspause.

Das Institut für Arbeitsphysiologie an der Universität Dortmund hat letzthin einen Treppentest durchgeführt und dabei ganz erstaunliche Resultate erzielt. Sportlich untrainierte Schreibtischmenschen mußten sich verpflichten, drei Monate lang täglich – außer am Wochenende – mindestens 25 Stockwerke zu Fuß zu bezwingen. Die Möglichkeit dazu bot sich ihnen ohne weiteres, denn sie arbeiteten in einem Hochhaus mit 31 Stockwerken.

Bei dem Versuch ging es darum, die Herz- und Kreislauffunktion zu verbessern. Und nach einem Vierteljahr zeigte es sich, daß sich die körperliche Leistungsfähigkeit der Treppensportler im Durchschnitt um 26 Prozent gesteigert hatte.

Den gleichen Effekt kann man mit jeder Ausdauerübung erreichen. Fünf bis zehn Minuten tägliche Gymnastik – etwa mit Kniebeugen

> *Ausdauer ist eine Tochter der Kraft.*
> *Marie von Ebner-Eschenbach (1830–1916)*

und Liegestütz – sind ebenfalls ein ideales Konditionstraining. Dabei muß sich der Pulsschlag kräftig erhöhen. Die Faustregel für die Pulsbeschleunigung lautet bei unter Fünfzigjährigen: 215 minus Lebensalter, bei über Fünfzigjährigen (normale Gesundheit vorausgesetzt): 180 minus Lebensalter. Danach sollte also ein Vierzigjähriger auf eine Pulsfrequenz von 175 (215 minus 40) und ein Sechzigjähriger auf 120 (180 minus 60) kommen.

Je schlechter Sie trainiert sind, desto schneller gelangt Ihr Puls auf Hochtouren. Fünf Minuten nach der Beanspruchung sollte er wieder auf den Normalrhythmus zurückgehen.

Merken Sie sich: Wichtig ist vor allem, den Puls einmal pro Tag kräftig in die Höhe zu jagen.

Wenn Sie sich zu einer täglichen Gymnastik – mit Vorteil bei offenem Fenster – durchringen, wollen Sie es sicher nicht bei Kniebeugen und Liegestütz bewenden lassen; das wäre einseitig, langweilig und würde Ihnen bald die Freude an der Sache nehmen. Auch geht es ja nicht nur um die Ankurbelung des Kreislaufs; mit gezielten Übungen erreichen Sie weit mehr.

Am Schluß dieses Buches finden Sie auf Seite 305 eine Auswahl solcher Übungen für verschiedene Altersstufen.

Keine Frage: Bewegung ist gesund. Gesund in jedem Lebensalter. Und es ist auch nie zu spät, damit anzufangen. Sechzig- bis Siebzigjährige werden, wenn sie viermal in der Woche je eine Stunde Ausdauertraining betreiben, bereits nach drei Monaten um dreißig Prozent leistungsfähiger; besonders Herz und Lunge profitieren davon, wie kürzlich kanadische Präventivmediziner herausfanden.

Aber trotzdem heißt es aufpassen. Das gilt vor allem für die «passiven Sportler», die den Kontakt zum Sport in erster Linie via Fernsehapparat pflegen, die sich aber selbst bisher kaum einmal sportlich betätigt haben. Ältere vor allem sollten die körperliche

> *Soviel vom Fußball. Und nun zum Sport!*
> *Ein Fernsehsprecher*

Bewegung nicht gleich in Anstrengung ausarten lassen, also nicht übertreiben, sondern vorsichtig dosieren.

Wer erst mit Sechzig oder in späteren Jahren Sport zu treiben beginnt, wählt am besten eine Sportart, die seinem Alter entspricht, mit Vorteil eine, bei der sich die Bewegungen regelmäßig und rhythmisch wiederholen; die Wissenschaftler nennen das zyklische Bewegungsformen. Dazu zählen Dauerlauf oder Skilanglauf, Schwimmen, Radfahren und auch Wandern. Diese Sportarten erhalten jung und führen zu gesteigertem Wohlbefinden. Darüber hinaus bleiben die Organe durch das regelmäßige Training funktionstüchtig, was nicht nur der allgemeinen Fitness dient, sondern auch die Abwehrkraft der einzelnen Organe fördert.

Keinen nennenswerten Trainingseffekt für Ihr Herz und Ihren Kreislauf erzielen Sie mit Skiabfahrten, Kurzstreckenläufen und allen Sportarten im Bereich des Werfens und Stoßens. Auf Geräteturnen und Gewichtheben verzichten Sie, sofern Sie untrainiert sind, lieber ganz; es kann Ihnen eher schaden als nützen.

Daß ausgesprochener Leistungssport schon für Vierzig- oder Fünfzigjährige nicht mehr in Frage kommt, versteht sich wohl von selbst. Die obere Grenze für Höchstleistungen und Wettkämpfe liegt heute schon bei fünfundzwanzig bis dreißig Jahren. Sportler, die später noch eine Chance haben, sind dünn gesät. Der Slogan der

> *Kampf frischt die Brust, Sieg stählt. Das heiße Blut*
> *rollt hurtig. Lustig hüpfen alle Pulse.*
> *Gerhart Hauptmann (1862–1946)*

Hippies seligen Angedenkens: «Trau keinem über Dreißig», hat im Leistungssport längst schon seine Bestätigung gefunden.

Alle schnellen Sportarten, die unerwartete Reaktionen erfordern, sind für ältere Leute weniger empfehlenswert; sie können leicht zu Unfällen führen. Dazu gehören beispielsweise Skiabfahrten und Tischtennis.

Also nur Ausdauertraining? Das nun auch wieder nicht, denn Ältere sollten ebenso versuchen, Beweglichkeit, Gleichgewichtssinn sowie ihre Fähigkeiten der Reaktion und der Koordination zu trainieren. Mit anderen Worten: nicht jeden Tag robotermäßig immer wieder die gleichen Übungen absolvieren, sondern sich um Abwechslung bemühen.

Im großen ganzen gilt die Regel: Je natürlicher eine Bewegung, desto günstiger sind die Auswirkungen auf den gesamten Organismus. Und Vorsicht vor jeder Überforderung! Wer etwa untrainiert oder nach längerer Krankheit in die Pedale des Heimtrainers steigt und sich bis zur Erschöpfung abstrampelt, geht das Risiko ein, dem Kreislauf zuviel zuzumuten.

Selbst der vielgerühmte Trimm-dich-Pfad ist für Leute fortgeschrittenen Alters, auch für trainierte, nicht unbedingt der Weisheit letzter Schluß. Der Wechsel von relativ leichter und starker Beanspruchung setzt ein ganz und gar intaktes Kreislaufsystem voraus. Sonst können diese Übungen leicht zu Überlastungen führen, die sich dann im Endeffekt schädlich auswirken.

Bleiben wir also lieber bei den rhythmischen und dynamischen Sportarten, wie Schwimmen, gleichmäßigem Dauerlauf oder Rad-

> *Besser laufen als faulen.*
> *Johann Wolfgang von Goethe (1749–1832)*

fahren im Freien, die dem natürlichen Rhythmus eher entgegenkommen. Sie haben den großen Vorteil, daß man dabei merkt, wenn man müde wird und genug hat. Und dann sollte man aufhören.

Mehrere amerikanische Lebensversicherungs-Gesellschaften sind bereits dazu übergegangen, ihren Versicherten unter Sechzig, die an mindestens vier Tagen in der Woche je zwanzig Minuten lang schwimmen, radfahren, schnell gehen oder joggen, einen Prämienrabatt einzuräumen. In Europa sind wir zwar noch nicht so weit, doch der persönliche Nutzen, den ein jeder aus wohldosierter sportlicher Betätigung ziehen und das intensivere Lebensgefühl, das er daraus gewinnen kann – diese persönlichen Erfolge sind sicher mehr wert als ein Versicherungsrabatt von zehn oder fünfzehn Prozent.

Wenn einer allein zurückbleibt

Kein Tag wie jeder andere – ein ganz besonders schöner, ein unvergeßlicher Tag!

Luxor. Jenseits des Nils das Tal der Könige. Dort sind wir heute von einer Grabkammer in die andere geklettert und haben gestaunt, wie die alten Ägypter es verstanden, den Tod in ihr Leben einzubeziehen, sich im Diesseits auf das Jenseits vorzubereiten. Auf ein fröhliches, verheißungsvolles Jenseits, das eine Verdoppelung all der schönen Augenblicke bringen wird, die man bereits auf der Erde genossen hat.

Wir haben sie alle gesehen, die Gräber des Setos, des Amenophis, des Merneptah, der fünf Ramses. Nicht zu vergessen Tut-ench-Amon, der schöne Jüngling unter seiner goldenen Totenmaske, ein Schwiegersohn der berühmten Nofretete. Und zum Abschluß, halb in die schroffen gelben Felsen von Deir el-Bahari hineingebaut, der Totentempel der eigenwilligen Hatschepsut, der einzigen Frau in der illustren Pharaonenreihe.

Ich glaube, es war nicht nur der feine Staub in den Höhlen, der uns den Atem nahm und uns still werden ließ. In den Grabgewölben hatte uns doch wohl so etwas wie ein Hauch von Ewigkeit gestreift.

Es zittern, die den Nil sehen, wenn er strömt.
Die Felder lachen, und die Ufer sind überflutet.
Die Opfer des Gottes steigen herab,
das Gesicht der Menschen wird hell,
und das Herz der Götter jauchzt.
Ägyptisches Lied (um 2800 v. Chr.)

Abends sitzen wir im eleganten Speisesaal des Etap-Hotels mit dem Ehepaar M. zusammen. Es ist ihre erste große Reise, seit sie ihr Geschäft aufgegeben und sich ins Privatleben zurückgezogen haben. Ägypten war schon immer ihr Traumziel gewesen, und nun schauen wir miteinander auf den nächtlichen Nil hinunter, der majestätisch und lautlos dahinzieht. «Er ist so ganz anders als all die anderen Ströme», hatte heute morgen jemand gesagt, «ich glaube, der Nil hat eine Seele.»

Ob er sich denn schon an den Ruhestand gewöhnt habe oder ob er sein Geschäft noch vermisse, frage ich Herrn M. Er erzählt von seinem neuen Leben, das nun so verheißungsvoll vor ihm liegt, von den Plänen, die er und seine Frau haben. «Eigentlich ist es die schönste Zeit des Lebens», sagt er schließlich und – nach einer Pause: «Wenn man nur nicht an den Tod denken müßte.»

Lange gingen mir seine Worte nicht aus dem Sinn. Und seither frage ich mich und viele andere, die mir begegnen: Warum eigentlich? Warum soll man denn nicht an den Tod denken?

Die Antworten sind so vielfältig wie die Menschen selbst. Manche versuchen, den Gedanken daran, daß sie nicht ewig leben können, einfach wegzuwischen oder durch emsige Betriebsamkeit zu übertönen. Das scheint wohl die am meisten verbreitete Methode zu sein. Die bequemste ist es sicher. Ob es aber auch die beste ist?

Wir wissen ja gottseidank nicht, was uns im Leben alles bevorsteht; nur eines wissen wir mit Sicherheit: daß wir eines Tages sterben müssen. Warum verdrängen viele den Gedanken an das, was mit

> *Der Tod geht uns nichts an. Solange wir da sind, ist der Tod nicht. Ist der Tod da, sind wir nicht mehr!*
>
> *Epikur (341–270 v. Chr.)*

absoluter Gewißheit auf uns zukommt? Nur, weil es unangenehm ist, daran zu denken?

«Mit meiner Frau spreche ich öfters darüber», sagte mir der alte Lehrer. «Erst wollte sie nichts davon wissen; das geht noch auf ihre Erziehung zurück. Bei ihr zuhause gab es drei Dinge, über die man nicht sprach: Geld, Liebe und Tod waren tabu. Doch inzwischen hat sie sich an den Gedanken gewöhnt. Vielleicht könnte man es so ausdrücken: Sie hat den Tod angenommen. Seitdem ist sie – wie soll ich's ausdrücken? – ja, seitdem ist sie irgendwie erleichtert und hat mehr Freude am Leben.»

John Rockefeller fiel mir ein, Seniorchef der bekannten amerikanischen Milliardärsfamilie. Er hatte eine ganz andere Methode, seine Lebensfreude zu steigern. In den letzten drei Jahren seines Lebens – er wurde Achtundneunzig – ließ er sich für seine Privatlektüre täglich eine eigene Zeitung drucken. Eigentlich war es eine ganz normale Zeitung; nur enthielt sie keinen einzigen Bericht über Todesfälle. Und schon gar keine Todesanzeigen.

Den Tod fürchten ist ärger als Sterben.
Publilius Syrus (1. Jahrhundert v. Chr.)

Vielleicht ist es nur eine Anekdote, aber die Pointe ist zu hübsch, um sie zu verschweigen. Die Fama berichtet also, daß Rockefellers Privatzeitung durch ein Versehen auch noch einen Tag nach seinem Tod erschien. Und da war auf der ersten Seite mit der üblichen Beschönigung zu lesen: «Rockefeller leicht erkrankt».

Eigentlich kann er einem noch nachträglich leidtun, der reiche Rockefeller!

Ich fragte eine alte Dame, weit über Achtzig, ob sie sich hin und wieder mit dem Gedanken an ihren Tod beschäftige. «Sich mit dem eigenen Tod auseinanderzusetzen», antwortete sie, «ist unumgänglich. Aber in einem gewissen Lebensabschnitt bedeutet der Tod keine Bedrohung mehr. Ich erledige meine täglichen Verrichtungen genauso wie immer; ich kaufe mir einen neuen Wintermantel, ohne zu denken, daß ich ihn im nächsten Winter vielleicht nicht mehr tragen kann. Ich lebe so, als ob ich ewig leben würde. Es ist schon so: Ich stehe im Einklang mit dem Tode, aber deswegen gebe ich das Leben nicht auf. Im Gegenteil.»

Ein Mann, ebenfalls kein Jüngling mehr, meinte: «Wenn man sich einmal mit dem Gedanken abgefunden hat, beginnt das Leben erst richtig. Man genießt dann jeden Tag mit doppelter Intensität. Man

> *Wäre der Tod nicht, es würde keiner das Leben schätzen.*
>
> *Jakob Boßhart (1862–1924)*

bemüht sich, dem Leben mehr Inhalt zu geben, und ist glücklich über jeden Tag, den man noch erleben darf.»

Ein anderer, um die Fünfundsiebzig: «Ich bin, wie die Berliner sagen, dem Tod schon ein paarmal von der Schippe gehopst. Ich habe schon einige schwere Krankheiten hinter mir, aber noch allemal bin ich gesund geworden. Wenn Sie es genau wissen wollen ... ich habe da nämlich einen Geheimtip: Ich freue mich immer auf irgend etwas und nehme mir ganz fest vor: Das mußt du auf alle Fälle noch erleben! Und dann klappt es auch. Ob es nun die Geburt meines Urenkels oder die Abschlußprüfung meiner Enkelin ist, die Diamantene Hochzeit meiner Freunde oder das Jubiläum unserer Firma, das ist nicht so wichtig. Hauptsache, man hat immer ein Ziel vor Augen!»

«Die Tage gehen immer schneller vorbei; eine Woche ist schon um, wenn gerade eben erst Montag war, und die Jahre rennen davon wie junge Hunde.» Das sagte eine Frau, die bis zu ihrer Pensionierung ein anstrengendes berufliches Pensum zu bewältigen hatte und die auch jetzt noch immer wieder Vertretungen übernimmt oder einspringt, wenn eine der ehemaligen Kolleginnen erkrankt.

Doch sie empfindet es keineswegs als unheimlich, daß die Zeit so schnell vergeht, und auch über den Tod redet sie ganz sachlich:

«Ich selber glaube – aber bitte, das ist wirklich meine ganz persönliche Ansicht! –, daß der Tod die Vollendung des Lebens ist. Ich stehe positiv dazu, und eigentlich bin ich sogar froh, daß ich nicht unsterblich bin.»

Die unkomplizierteste Antwort erhielt ich von einem jungen Mann, einem Studenten. «Der Tod?» fragte er, «Warum sollte ich mich denn davor fürchten? Das ist doch etwas Stinknormales!»

Ach, ich werde mir doch mächtig fehlen,
wenn ich einst gestorben bin.
Kurt Tucholsky (1890–1935)

«Stinknormal» war der Gedanke an den Tod auch für den persischen Dichter Hafiz, der im 14. Jahrhundert lebte und starb. An einem strahlendschönen Sonntagnachmittag stand ich in Schiras an seinem Grab in der offenen Säulenhalle eines Mausoleums. Aber ich war dort nicht etwa allein. Scharenweise kamen seine Landsleute herbei, ihn zu besuchen, sonntäglich aufgeputzt und voller Fröhlichkeit. Mit Kind und Kegel, mit Blumen und Picknick – wie zu einem Volksfest.

Eine persische Studentin übersetzte mir die Inschrift auf der Grabplatte, die aus Hafiz' eigener Feder stammt. Sie stimmte auch mich fröhlich:

«Wenn du mit deinen Schritten meinem Grabe nahst, dann bringe mit dir den Wein und die Laute. Und spiel mir ein Lied. Dann werde ich mich erheben aus meinem Grab und zu deiner Melodie tanzen. Drücke mich, umarme mich nur einmal diese Nacht. Dann werde ich am anderen Morgen aufstehen mit dem Hauch der Jugend, obwohl ich alt bin.» –

Schwerer als der Gedanke an den eigenen Tod mag die Furcht vor dem Tod nahestehender Menschen wiegen. Gegen ihn können wir uns nicht wappnen; ihn müssen wir hinnehmen. Den Tod des Ehepartners zum Beispiel.

Ich leb, weiß nit wie lang,
ich stirb und weiß nit wann,
ich fahr, weiß nit wohin,
mich wundert, daß ich fröhlich bin.
Grabschrift des Magister Martinus Biberach
zu Heilbronn (15. Jahrhundert)

Ob Mann oder Frau, für die Zurückbleibenden ändert sich das Leben von Grund auf. Nichts ist mehr so wie früher zur Zeit der Zweisamkeit, und ob diese Zweisamkeit harmonisch oder weniger erfreulich war, spielt jetzt nur noch eine untergeordnete Rolle. Sie müssen sich an ein neues Leben unter stark veränderten Verhältnissen gewöhnen; und dies oft in einem Alter, in dem sie vielleicht nicht mehr so flexibel und anpassungsfähig sind.

Trotzdem geht das Leben weiter, und mitunter kann man nur staunen, wie Witwen und Witwer sich nach einer mehr oder weniger langen Zeit der Resignation wieder auffangen und manchmal sogar noch ihr ganzes Leben umzukrempeln beginnen.

Vornehmlich Frauen der älteren Generation leisten in dieser Lage manchmal Bemerkenswertes. Da sie ohnehin oft praktischer veranlagt sind als die Männer oder sich doch jedenfalls besser auf den Umgang mit dem täglichen Kleinkram verstehen, legen sie jetzt überraschende Initiative an den Tag. Manche beginnen in späten Jahren mit dem, wozu sie ihr ganzes Eheleben lang nicht gekommen sind und was man wohl nur mit dem Modewort ausdrücken kann, das die Ingredienzien sämtlicher Emanzipationsbestrebungen enthält: Selbstverwirklichung.

Nun, da sie auf sich allein angewiesen sind, entwickeln sie völlig neue, bisher ungeahnte Fähigkeiten, und die Freude darüber, daß

Solang man lebt, sei man lebendig!
Johann Wolfgang von Goethe (1749–1832)

sie tatsächlich in der Lage sind, schwierige Situationen allein zu meistern, gibt ihnen neuen Auftrieb. Dieser positive Streß tut ihnen offensichtlich gut, und mitunter, wenn man sie nach Jahren wiedertrifft, sind sie förmlich aufgeblüht.

Mit der Qualität der Ehe, die sie geführt, und mit der Liebe für den Partner muß das nicht unbedingt etwas zu tun haben. Auch aus sehr glücklichen Ehefrauen können glückliche Witwen werden. Was vielleicht an der Fähigkeit liegt, allen Lebenslagen gute Seiten abzugewinnen und stets das Beste aus einer Situation zu machen.

Auch diese Entwicklung sollte man nicht nur durch eine rosarote Brille betrachten, denn oftmals ist der Weg zu einem späten, lange blockiert gewesenen Reifungsprozeß recht steinig; doch wer ihn unbeirrt weitergeht und sich nach jedem Stolpern wieder aufrappelt, der kann zu ganz neuen Dimensionen des Selbstbewußtseins gelangen.

Bei der heutigen höheren Lebenserwartung der Frau sind die Witwen eindeutig in der Mehrzahl. In der Schweiz – um nur ein Beispiel zu nennen – werden täglich 48 Frauen zur Witwe, dagegen nur 20 Männer zum Witwer.

Für einen Mann, der in späten Jahren seine Frau verliert, ist es oft noch weit problematischer, sich im Alltag zurechtzufinden. Und bis er wieder Fuß gefaßt hat, vergeht meist mehr Zeit. Das gilt speziell für die Männer, die heute zur alten Generation gehören und die ihre Ehe noch mehr oder weniger nach dem patriarchalischen Prinzip geführt haben.

Schon bei der häuslichen Arbeit fängt es an: Mit den einfachsten Dingen kennen sie sich nicht aus, wissen kaum, wie man ein Bett

> *Die Zeit ist eine mächtige Meisterin;*
> *sie bringt vieles in Ordnung.*
> *Pierre Corneille (1606–1684)*

macht, einen Knopf annäht oder einen Tee aufgießt. Vom Kochen ganz zu schweigen. Das alles sind Sachen, die sie früher mit der größten Selbstverständlichkeit in die Domäne der Hausfrau abgeschoben haben. Solche Männer, von denen es in einem gewissen Alter auch heute noch genügend gibt, neigen dazu, sich gehen zu lassen und allmählich zu vereinsamen.

Bei der jungen und mittleren Generation besteht diese Gefahr kaum. Diese Männer sind – auch wenn ihre Frauen keinem Beruf nachgehen – eher an Arbeitsteilung oder zumindest doch an kleine Hilfeleistungen gewöhnt; sie kennen sich in den Alltäglichkeiten des Haushalts weit besser aus als ihre Väter und Großväter.

Das erste, was ein Mann nach dem Tod seiner Frau tun sollte, ist das Kochenlernen. Falls er diese Kunst nämlich noch nicht beherrscht, wird es höchste Zeit, sich damit vertraut zu machen. Dazu gibt es heute erfreulich viele Möglichkeiten, insbesondere in Gesellschaft anderer Männer, die vor ähnlichen Problemen stehen. Ein solcher Kreis bietet den Männern mehr als nur den Zugang zu einem Gebiet, das sie bisher für eine Geheimwissenschaft gehalten haben. Sie können mit anderen Männern – oftmals sogar mit Leidensgenossen – Kontakt aufnehmen, Erfahrungen austauschen und mit ihnen ihre gegenwärtigen Sorgen und Nöte besprechen, die weit über den Kochtopf hinausgehen. Auch wenn ein Kurs dieser Art nicht unbedingt zu neuen Freundschaften führt, ist er doch ein Trittbrett auf dem Weg zurück ins normale Leben.

Solche Begegnungen müssen sich nicht auf das Kochen beschränken. Praktisch in jedem Ort gibt es heute Möglichkeiten, Kurse zu besuchen oder an Veranstaltungen teilzunehmen, die Verbindungen zu anderen Menschen schaffen.

Auch für den Mann kann daraus eine regelrechte Verjüngungskur werden. Er wird aus dem gewohnten Trott gerissen und muß sich auf einem Gebiet, das ihm bisher fremd war, durchsetzen und behaupten. Und wenn er sich eines Tages vielleicht zu einer neuen Bindung entschließt, erfordert das ebenfalls wieder Umstellung und

Seine Liebe war ewig.
Als seine Frau starb, nahm er eine andere.
Wilhelm Busch (1832–1908)

Neuorientierung – jene Impulse also, die den Menschen aktivieren.

Aktivität wiederum ist, mit oder ohne neuen Partner, das sicherste Mittel, nicht zu vereinsamen. Und Einsamkeit – das hat eine Umfrage bei französischen Senioren beiderlei Geschlechts ergeben – fürchten alte Leute am meisten. Ihre Angst vor dem Alleinsein rangiert noch vor den Geldsorgen und gesundheitlichen Schwierigkeiten.

Nichts gegen die Einsamkeit an sich. Selbstgewählte Einsamkeit kann etwas sehr Schönes und Befriedigendes sein. Doch nicht jedem ist es gegeben, sich mit der eigenen Gesellschaft zu begnügen. Und selbst dann braucht der Mensch, wenn er nicht am Leben vorbeileben will, den Kontakt mit anderen Menschen. Dies nicht einmal so sehr, um mit ihnen sein etwaiges Leid zu teilen; viel wichtiger noch ist es, jemanden zu haben, mit dem man seine Freude teilen kann.

Was hilft das Glück, wenn's niemand mit uns teilt?
Ein einsam' Glück ist eine schwere Last.
Christian Dietrich Grabbe (1801–1836)

Dafür sind auch die Massenmedien, deren sich einsame Menschen mehr und mehr bedienen, kein Ersatz. Man nimmt sie ja nur einseitig in Anspruch, ohne bei ihnen auf ein Echo zu stoßen. Immerhin helfen sie, den Horizont zu erweitern – ein nicht zu unterschätzender Vorteil!

Zeitungen, Rundfunk, Fernsehen – das alles sind Brücken zur Welt; sie geben dem alten Menschen die willkommene Chance, sich mit dem Umweltgeschehen auseinanderzusetzen, auf dem laufenden zu bleiben oder sich ganz einfach zu unterhalten. Und wer diese Medien richtig zu nutzen versteht, kann sie ganz gezielt für sein Geistestraining einsetzen. Schulfunksendungen und Kurse für Erwachsenenbildung können ebenso dazu beitragen wie Quizsendungen oder wie der vielgeschmähte Krimi. Dessen oft verwickelte Zusammenhänge zu durchschauen und dem mit allen kriminellen Wassern gewaschenen Inspektor bei der Entdeckung der richtigen Spur ein paar Bildschirmschritte voraus zu sein, das erfordert manchmal schon eine Hohe Schule geistiger Beweglichkeit.

Viele Menschen machen sich, wenn sie plötzlich alleinstehen, ganz falsche Vorstellungen über ihren Freundes- und Bekanntenkreis. Mögen die Freunde ihnen auch in der ersten Zeit mit Rat und Tat zur Seite stehen und sich hilfreich ihrer annehmen – das heißt noch lange nicht, daß diese Beziehungen auch weiterbestehen werden. Die Bekannten eines Ehepaares müssen nämlich nicht identisch sein mit den Bekannten der späteren Witwe und des späteren Witwers.

> *Freunde, die zählst du in Menge, solange dir das Glück noch hold ist. Doch sind die Zeiten umwölkt, bist du verlassen allein.*
>
> *Ovid (43 v. Chr.–18 n. Chr.)*

Frau K. weiß ein Lied davon zu singen. In einem Brief an eine Zeitung beklagt sie sich: «Vor einem Jahr ist mein Mann ganz unerwartet gestorben. Er war achtundsechzig Jahre alt, aber eigentlich immer kerngesund, so daß sein Tod – ein Herzschlag – mich ganz unvorbereitet traf. Ich selber bin fünfundsechzig Jahre alt. Wir haben zwei Kinder. Beide wohnen außerhalb und sind verheiratet. Solange mein Mann lebte, pflegten wir ein ruhiges Familienleben. Mein Mann war jeden Abend zuhause. Wir gingen manchmal mit Freunden in irgendein nettes Restaurant zum Essen. Aber sonst lebten wir für uns. Wir genügten einander. Seit mein Mann gestorben ist, fühle ich mich völlig vereinsamt. Die Freunde laden mich nie ein. Es kommt auch niemand zu mir. Meine Kinder fragen mich dann und wann, wie es mir geht, aber sonst kümmern sie sich wenig um mich. Sie besuchen mich ein- oder zweimal im Jahr. Für längere Zeit haben sie mich noch nie zu sich eingeladen. Sie können sich sicher vorstellen, wie schwer das Leben für mich ist . . .»

Die Wissenschaftler sind von solchen Problemen nicht überrascht. Die sozialen Kontakte, sagen sie (Freundschaft wäre ein gar zu laienhaftes Wort), richten sich nach ganz bestimmten Kriterien, und zwar nach Kriterien, die den Betroffenen gar nicht bewußt sind. Kontakte werden stets – so die Wissenschaftler – nach ähnlichen Merkmalen der Mobilität ausgesucht. Darunter versteht man in erster Linie gleiche Interessen, gleiches Alter, gleichen Familienstand.

«Aber», mag jetzt Frau K. einwenden, «wir waren mit dem Ehepaar Sch. doch so viel zusammen und haben uns immer gut verstanden.» Sie ist sich nie darüber klar geworden, daß die

> *Freunde finden, ist leicht; sie behalten, ist schwer.*
> *Russisches Sprichwort*

Freundschaft der beiden Ehepaare im Grunde genommen nur eine Männerfreundschaft war. Die Frauen kamen zwar auch leidlich miteinander aus, aber «übers Kreuz» hatte man sich eigentlich nicht viel zu sagen. Die beiden Frauen gerieten nur zufällig in diese Freundschaft hinein und blieben darin nicht viel mehr als Statisten. Jetzt, da Herr K. gestorben ist, tritt der Mangel an Gemeinsamkeiten zwischen den Sch.s und Frau K. offen zutage.

Umgekehrt kann es sich natürlich genauso abspielen: eine Frauenfreundschaft, bei der die Männer nur Staffage sind. Manchmal kümmert man sich anstandshalber noch eine Weile um die Witwe oder den Witwer, aber dann läßt man die Beziehungen langsam einschlafen.

Andere Gründe sind ebenfalls denkbar: Wenn der Alleinstehende immer nur über sich, seinen Schmerz und seine Probleme redet, kann das auch guten Freunden allmählich auf die Nerven gehen. Sie wollen nicht immer nur Klagemauer spielen, sondern interessie-

> *Wer jammert, ist niemands Freund.*
> *Joost van den Vondel (1587–1679)*

ren sich – bei aller Zuneigung – auch noch für andere Dinge. Sie leben in der Gegenwart und in der Zukunft, während der Vereinsamte nur seiner Vergangenheit nachhängt. Auch das kann über kurz oder lang zu einem Bruch führen.

«Wir genügten einander», schreibt Frau K. So schön und harmonisch das vielleicht auch gewesen sein mag – so etwas kann sich rächen. Es gibt Ehen, in denen der eine nur für den anderen lebt, in denen man alle Freundschaften abwimmelt und sich ganz dem Egoismus zu zweit hingibt. Wer sich gar zu einseitig auf den Ehepartner fixiert, leidet später mehr als andere unter Kontakt- und Anpassungsschwierigkeiten.

Und die Familie? Kinder, Geschwister und andere Verwandte? Gut, in günstigen Fällen kann man bei den Angehörigen auf Verständnis und Hilfsbereitschaft zählen, aber man darf nicht vergessen, daß sie – auch die Kinder – das Recht haben, ihr eigenes Leben zu führen. Mit Wahlverwandten ist man oftmals besser dran als mit leiblichen Verwandten.

So weit die negativen Aspekte der Freundschaft. Gottlob gibt es auch positive; nur muß man sich beizeiten darum kümmern, den Grundstein dafür zu legen. Es ist leichter, mit Vierzig gute Freunde zu finden als mit Sechzig oder Siebzig. Wer mit Vierzig einem Gesangverein, einem Sportclub oder einer politischen Partei beitritt, findet Gleichgesinnte genug und kann sich seinen Freundeskreis auswählen. Und wenn er ihn pflegt, kann er auch in späteren Jahren darauf zurückgreifen.

Das Handikap besteht nur darin, daß diese günstige Zeit, Freundschaften aufzubauen, meist in die Zeit der stärksten beruflichen

Beanspruchung fällt, in der man viel zu wenig Zeit für Geselligkeit hat. Nun sind aber gute Bekannte und Freunde nicht einfach

> *Aber da es keine Kaufläden für Freunde gibt,*
> *haben die Leute keine Freunde mehr.*
> *Antoine de Saint-Exupéry (1900–1944)*

Schachfiguren, die man beliebig hin- und herschieben oder gar hinauswerfen kann.

Sie stehen auch nicht, sollte man sie plötzlich wieder brauchen, auf Abruf bereit. Freundschaft ist ein zartes Pflänzchen, das liebevoll gehegt und gepflegt werden will. Macht man sich wirklich klar, von welcher Bedeutung Freunde später einmal sein können, wird man sich eher bemühen, über Beruf und Familie den Freundeskreis nicht zu vergessen. Man wird alles daransetzen, bereits bestehende Kontakte auszubauen und nach neuen Ausschau zu halten.

Im Alter wird man sich selber dafür dankbar sein.

Das alles will nun aber nicht heißen, daß man frühere Unterlassungssünden nicht auch im Alter wiedergutmachen könnte. Die nötige Initiative vorausgesetzt, kann es auch dann noch gelingen. Mag sein, daß man in jungen Jahren leichter Freundschaften schließt; dafür sind die späten Freundschaften oft dauerhafter.

Der Seniorenclub, den Herr T. ins Leben rief, ist dafür ein Musterbeispiel. Mit einem Zeitungsinserat suchte er unternehmungslustige Partner und Partnerinnen, Ehepaare wie Alleinstehende. Viele meldeten sich, beschnupperten sich gegenseitig, und zum guten Schluß blieben etwa zwanzig beisammen.

Das Programm dieses Clubs kann sich sehen lassen: Ausflüge, Reisen, Vorträge, Konzert-, Theater- und Ausstellungsbesuche stehen auf dem Programm; man trifft sich wöchentlich zum Stammtisch oder zum Kartenspielen, und manchmal schwingen die

> *Liebe zur Geselligkeit ist uns von Natur gegeben.*
> *Magnus Gottfried Lichtwer (1719–1783)*

alten Damen und Herren auch das Tanzbein. In den drei Jahren des Bestehens haben sich längst auch kleinere Gruppen gebildet, die über das offizielle Programm hinaus noch etwas miteinander unternehmen, die sich gegenseitig besuchen oder auch größere Reisen miteinander machen.

Von den Mitgliedern wird jedoch erwartet, daß sie nicht einfach die Hände in den Schoß legen und alles auf sich zukommen lassen. Zwei oder drei agieren zum Beispiel als «Vorwanderer», die geplante Touren erst selber unter die Füße nehmen, und im übrigen macht jeder Vorschläge, die zu neuen Taten und Entdeckungen führen.

So weit – so gut. Hinzuzufügen wäre lediglich, daß ein solch vielseitiges Clubleben auch etwas kostet. Bei all den Fahrten und Ausflügen muß selbstverständlich jeder selber bezahlen. Wer nur von einer ohnehin knapp bemessenen Rente lebt, wird auf die Dauer also wohl kaum mithalten können.

Doch auch ihm oder ihr bleiben noch zahlreiche Möglichkeiten, die wenig oder gar kein Geld kosten. Fast in jedem Ort gibt es heute ja organisierte Abend- und vor allem Nachmittagsveranstaltungen für ältere Mitbürger. Auch der Besuch der Volkshochschule oder ähnlicher Institutionen strapaziert das Budget nur geringfügig.

Und wo zu alledem keine Möglichkeit besteht, kann man sich immer noch zu Wanderungen oder Spaziergängen zusammenschließen. Unter den Pensionierten gibt es heute ja so viele Alleinstehende, daß man mit etwas gutem Willen immer und überall Gesellschaft findet.

Knecht Ruprecht wird nie böse!

Wieder einmal feierten wir ein Geburtstagsfest. Ein rundes noch dazu. Ein alter Freund der Familie wurde Siebzig.

«Wie fühlt man sich denn so in deinem Alter?» fragte ich ihn, als ich ihm in der Küche beim Flaschenaufziehen Gesellschaft leistete.

Ich wußte, es war eine etwas banale Frage. Aber ich hätte es wirklich gern gewußt, denn schon als kleines Mädchen hatte ich ihn gekannt und immer gern gemocht. Einmal hatte er für uns Kinder den Nikolaus gespielt. Ich sollte ein Gedicht aufsagen. «Knecht Ruprecht» hieß es, und mit «Von drauß' vom Walde komm ich her» fing es an; ich weiß es noch wie heute.

Aber dann, Angesicht in Angesicht mit dem leibhaftigen Nikolaus und seiner Rute war ich plötzlich so aufgeregt, daß ich steckenblieb und schließlich unter heftigem Schluchzen davonlaufen wollte. Da riß er sich den wallenden weißen Bart vom Kinn und sagte: «Heul bloß nicht, ich bin's doch!» Und dann nahm er mich auf den Schoß und tröstete mich. Mit vielen guten Worten und Marzipan. Das habe ich ihm nie vergessen. Und in Gedanken nenne ich ihn noch heute «Knecht Ruprecht».

Die überraschendste Erfahrung des Alternden ist das vergebliche Warten auf den Zeitpunkt, da er sich selber als einen Gealterten und durch Alter Gewandelten erkennt. Das Bewußtsein der eigenen Lebenskontinuität ist stärker als das der zurückgelegten Jahre, und, einige Erfahrungen abgerechnet, ist man noch genau so kindlich wie in Tertia.

Werner Bergengruen (1892–1964)

Jetzt hatte er die letzten zehn Jahre im Ausland verbracht, und heute waren wir uns zum erstenmal wieder begegnet. Ich betrachtete ihn genau. Ein paar Haare weniger vielleicht, aber sonst war er eigentlich ganz und gar der alte.

Er nahm einen Probeschluck und reichte mir das Glas.

«Wie ich mich fühle, willst du wissen? Genau wie immer!»

Er schien zu überlegen, ob das wirklich die ganze Wahrheit und nichts als die Wahrheit sei.

«Wenn ich ehrlich sein soll», meinte er dann, «ich fühle mich keine Spur älter. Früher habe ich immer gedacht: Mit Siebzig, da ist man ein alter Mann, weise und abgeklärt. Ist man aber nicht! Nur etwas hat sich vielleicht geändert: Ich nehme alles nicht mehr so tragisch – eher ein bißchen gelassener, wenn man das so ausdrücken kann. Ich rege mich nicht mehr wegen jeder Kleinigkeit auf, sondern sage mir einfach: Was soll's . . .»

> *Je älter man wird, desto besser lernt man, auf Katzenpfoten zu leben, immer leiser, immer weniger unbedingt.*
> *Luise Rinser, Schriftstellerin*

«Und sonst?»

Er dachte angestrengt nach. «Doch, ich engagiere mich zwar nach wie vor für Angelegenheiten, die ich für gut halte, aber ich lasse mich von niemandem mehr beeinflussen oder mir gar dreinreden. Ich habe meine eigene, selbständige Meinung und damit basta! Auch nehme ich nicht mehr so viel Rücksicht auf das, was man gesellschaftliche Konventionen nennt. Wenn mir etwas nicht paßt, sage ich es frank und frei heraus. Jetzt zum Beispiel. Es ist gleich Mitternacht. Und wenn ich jetzt müde wäre, würde ich mich nicht krampfhaft wachhalten. Ich würde nach nebenan gehen und sagen: ‹Meine lieben Freunde, das Fest ist aus. Es war sehr schön, und ich danke euch, daß ihr gekommen seid. Aber jetzt macht, daß ihr nach Haus kommt!› – Das sind so die kleinen Freiheiten, die ich mir in meinem Alter nehmen zu können glaube. Sag selber, ist das nicht herrlich?»

Ich lachte. Er war eben einer von der liebenswerten Sorte. Und so wird er wohl auch immer bleiben. –

Es gibt allerdings auch andere. Alte Leute, denen man am liebsten aus dem Weg geht. Weil sie so viele unangenehme Wesenszüge aufweisen, die den Alten ganz generell – und nicht nur von den Jungen – zum Vorwurf gemacht werden. Ihre Einstellung zum Leben ist von Grund auf negativ. Bei allem Schönen, Erfreulichen, das sie sehen oder erleben, erspähen sie sogleich die Kehrseite, und sie zögern nicht, ihren Pessimismus kundzutun und damit vielleicht auch andere alte Menschen zu verunsichern.

Nur ist dies – ich habe bereits früher auf entsprechende medizinische Feststellungen hingewiesen – keine typische Alterserscheinung. Wer verbittert und gehässig ist und über all und jedes schimpft, speziell über die ihm übelwollenden Mitmenschen und allgemein über die gräßliche heutige Zeit, der war auch schon früher kein ausgeglichener Mensch, der mit sich und der Welt in Einklang lebte. Diese Alten trauern einer Welt nach, die nur in ihrer Phantasie existiert, denn auch die sogenannte gute alte Zeit hatte ja ihre Tücken, und sie merken dabei nicht, daß sie selber sich ebenso verändert haben wie die Welt.

> *Nichts ist so verantwortlich für die «gute alte Zeit» wie unser schlechtes Gedächtnis.*
>
> *Anatole France (1844–1924)*

Widerspruch dulden diese unbeliebten Alten nicht; sie wissen prinzipiell alles besser und beharren – allen Gegenargumenten zum Trotz – steif und fest auf ihrer Ansicht. Altersstarrsinn, sagen die Leute in ihrer Umgebung und zucken die Schultern; da kann man nichts machen! Wenn dann auch noch Geiz und Mißtrauen hinzukommen, weiß die Umwelt kaum noch, was sie mit diesen «bösen Alten» anfangen und wie sie es ihnen recht machen soll.

Wichtig ist, daß man eventuelle Anzeichen für solche Erscheinungen, wenn man selber in die Jahre kommt, keinesfalls als gottgegeben hinnimmt, sondern sich kräftig dagegen zur Wehr setzt.

Schon allein das Wissen, daß es Menschen gibt, die ihre negativen Charaktereigenschaften der jungen und mittleren Jahre mit zunehmendem Alter mehr und mehr kultivieren, ist die beste Vorbeugemaßnahme gegen eine solche Entwicklung. Dieses Wissen versetzt uns nämlich in die Lage, uns, wenn wir älter werden, mit vermehrter Selbstkritik zu beobachten. Ist man sich darüber klar, daß unter Umständen solche Gefahren drohen, kann man ihnen schon bei den ersten Symptomen begegnen und sich damit selbst wieder unter Kontrolle bringen.

Wer sich immer nur auf seine eigenen Sorgen und Kümmernisse konzentriert und kaum je einen Gedanken daran verschwendet, wie er anderen helfen oder ihnen eine Freude machen könnte (das

> *Willst du für dich leben, leb für andere.*
> *Seneca (um 55 v. Chr.–40 n. Chr.)*

kann man nämlich in jedem Alter!), der wird mit zunehmenden Jahren immer egozentrischer, und die Eingleisigkeit, auf die er seine Sinne fixiert, beginnt sich allmählich auch auf seinen Charakter auszuwirken. Wer dagegen weltoffen zu leben versucht, wer sich seine Interessen wahrt und Anteil nimmt, der bleibt mit ziemlicher Sicherheit von solchen Wesensveränderungen verschont.

Wenn er sich selbst zudem so objektiv wie möglich betrachtet, sich also quasi mit den Augen anderer sieht, wird er kaum Gefahr laufen, sich zu einem wirklich unausstehlichen Menschen zu entwickeln.

Auch die Mitmenschen können dazu beitragen, eine solche Entwicklung zu verhüten. Die Jüngeren tragen eine ganz wesentliche Mitverantwortung durch die Art und Weise, wie sie alten Leuten begegnen und wie sie sie behandeln.

Der schlimmste Fehler, den sie machen können, ist, alte Leute – sofern sie nicht wirklich ernsthaft krank oder behindert sind – zu «betreuen». Jede Art der Betreuung, wenn sie auch noch so gut gemeint ist, beschränkt die Selbständigkeit, läßt die natürlichen Anlagen und das Erlernte verkümmern und vernichtet das Selbstvertrauen. Von der Betreuung zur Entmündigung ist es oft nur ein kleiner Schritt.

Statt alte Leute in der Familie, in der Verwandtschaft oder im Bekanntenkreis übertrieben zu umsorgen und ihnen alle Schwierigkeiten aus dem Weg zu räumen, gibt man ihnen gescheiter die Möglichkeit, ihre Selbständigkeit zu wahren. Die junge und mittlere Generation hält doch so viel von dem, was sie mit dem Wort «Erfolgserlebnis» umschreibt; warum gönnt sie dieses Erlebnis nicht auch den Alten? Natürlich kann man ihnen hin und wieder zur Hand gehen und ihnen etwas abnehmen, doch die beste Hilfe ist auch hier die unauffällige, die sie gar nicht als Hilfe wahrnehmen.

Geben Sie den Alten doch öfter Gelegenheit, etwas für Sie zu tun! Fragen Sie sie ruhig um Rat, erbitten Sie ihre Hilfe, und geben Sie ihnen Aufgaben, von denen Sie wissen, daß sie sie bewältigen können. Und zeigen Sie ihnen dann auch, daß Sie ihnen dafür dankbar sind. Sagen Sie es ihnen, und sparen Sie nicht mit Lob. Sie

> *Mit Verstand loben ist schwer; darum tun es so wenige.*
> *Anselm Feuerbach (1829–1880)*

kennen das ja aus der Kindererziehung: Lob erzeugt Freude und stärkt das Selbstbewußtsein; es spornt an, alles noch besser zu machen.

Gelegenheiten zu loben finden sich immer; es muß sich ja nicht um große, weltbewegende Dinge handeln. Wenn Sie dem alten Onkel sagen, daß er für Ihre Kinder der beste und witzigste Geschichtenerzähler weit und breit ist, wird er das nächste Mal noch tiefer in seinem Erinnerungsschatz graben und noch originellere Anekdoten hervorzaubern. Und wenn Sie der bejahrten Tante erklären, daß niemand einen so guten Kaffee zu machen versteht wie sie, tun Sie mehr für sie, als wenn Sie ihr Rheumaknie bejammern.

Zeigen Sie den alten Menschen, daß sie in Ihrem Lebensbereich einen festen Platz einnehmen und dazugehören. Ihnen Aufgaben und die Möglichkeit zu geben, sich nützlich zu machen, ist tausendmal mehr wert, als sie penetrant zu betreuen.

Mit etwas Phantasie und gutem Willen finden Sie Dutzende solcher Aufgaben. Hier nur ein paar Beispiele aus dem Stegreif:

- Lassen Sie die Großeltern so oft wie möglich den Nachwuchs betreuen. Ängstlichkeit ist fehl am Platz, denn gerade alte Leute nehmen es mit der ihnen übertragenen Verantwortung sehr genau. Außerdem haben Großeltern und Enkel häufig die gleiche «Wellenlänge» und sind miteinander vertrauter, als Eltern und Kinder es je waren oder werden.

- Bitten Sie den Senior oder die Seniorin Ihrer Familie, eine Familienchronik zusammenzustellen und sich dabei auf Erlebnisse mit den eigenen Eltern oder Großeltern zu besinnen. Wenn den alten Herrschaften das Schreiben Mühe bereitet, geben Sie ihnen ein Tonbandgerät. Oder noch besser eine Schreibmaschine; auch wenn sie das Zehnfingersystem nicht mehr erlernen, wird es ihnen vielleicht Spaß machen, mit zwei Fingern drauflos zu tippen und ihre Gedanken gut lesbar zu Papier zu bringen.

- Vielleicht haben die Familien-Ältesten auch Spaß daran, eine Art Lexikon zusammenzustellen: mit alten Wörtern, Ausdrükken und Redensarten, die heute niemand mehr benutzt und die

die Jungen sonst gar nicht kennenlernen würden. Auch dafür leisten Tonband oder Schreibmaschine die besten Dienste.

- Bitten Sie die Patentante um das Gugelhupf-Rezept von ihrer letzten Geburtstagseinladung. Und sagen Sie ihr, wie froh Sie wären, ein paar Kochrezepte aus der guten alten Zeit von ihr zu bekommen, die heute ja wieder groß in Mode sind.

- Fragen Sie die Urgroßmutter, ob sie Ihnen für einen Kostümball ein Kleid aus früheren Jahren oder einen Anzug mit «Vatermörder» ausleiht. Und lassen Sie sich gleichzeitig von ihr belehren, welche Accessoires und welche Frisuren dem Stil jener Zeit entsprechen.

- Fragen Sie die Alten vor allem immer wieder um Rat. Fragen Sie den Hobbygärtner, wie er seine Rosen schneidet, fragen Sie den ehemaligen Börsenmakler, ob er nicht ein paar gute Tips für Sie hat, und die pensionierte Buchhalterin, ob sie Ihnen wohl bei einem kniffligen Finanzproblem helfen kann.

Sie wissen schon, wie ich es meine: Appellieren Sie an die Erfahrung und an die Hilfsbereitschaft der Alten. Sie können damit

> *Es ist wohl nicht die schlimmste Eigenschaft des Menschen, wenn er für geistige Guttaten dankbarer ist als für leibliche.*
>
> *Gottfried Keller (1819–1890)*

mühelos Kontakt herstellen. Die Alten freuen sich, daß sie sich nützlich machen können, und Sie selber profitieren ganz sicher auch davon.

Soviel über die Alten, die man aktivieren möchte. Wer noch jung genug ist, sich selber zu aktivieren und sein Leben auch in späteren Jahren erneut in Schwung zu bringen, ist auf die Hilfe anderer weniger angewiesen.

Hundebesitzer
sind ein Völkchen für sich,
stets bereit,
miteinander zu diskutieren
und Freundschaften
zu schließen.

Die konkurrenzlose Loreley

Wir sprachen von der Einsamkeit und vom Alleinsein. Zwischen diesen beiden Begriffen besteht ein himmelweiter Unterschied. Es kann aber auch dasselbe bedeuten. Irgendwo habe ich einmal diese Definition gelesen: «Einsamkeit ist Alleinsein, wenn man nicht allein sein will.»

> *Einsamkeit ist dem Geiste, was dem Körper Diät ist: tödlich, wenn sie zu lange dauert.*
>
> *Vauvenargues (1715–1747)*

Ich hatte einmal einen Freund. Er hieß Christian und war vier Jahre alt. Er wohnte nebenan. Meine Wohnung war damals der reinste Taubenschlag; ständig kam und ging jemand, immer herrschte Hochbetrieb.

Auch Christian kam fürs Leben gern zu mir herüber. Aber eines Tages verbot es ihm seine Mutter; sie hatte Angst, daß er mich störte.

Christian war erbost, und er sann lange nach, wie dem abzuhelfen sei. Eines Tages hatte er einen genialen Plan ausgeheckt. Er baute sich vor mir auf und sagte: «Du gehst jetzt rüber zu meiner Mutter und sagst ganz traurig: ‹Liebe Frau Müller, darf Christian nicht mal zu mir kommen? Ich bin ja sooo allein!› »

Nur mit Mühe konnte ich ernst bleiben. Er sah, wie es um meine Mundwinkel zuckte, und befahl: «Du mußt meine Mutter dabei aber wirklich ganz traurig angucken! Damit sie es auch glaubt!»

Falls Sie, liebe Leserin, oder Sie, lieber Leser, auch gerade allein sind und keinen Christian haben, der Sie besucht, möchte ich Ihnen einen Vorschlag machen und Sie auf eine der angenehmsten und abwechslungsreichsten Möglichkeiten hinweisen, dem Alleinsein zu entgehen:

Wie wäre es, wenn Sie sich einen Hund anschaffen würden? – Vorausgesetzt natürlich, daß Sie Hunde gern mögen und auch Erfahrung im Umgang mit ihnen haben. Denn so ein kleines

Eine der liebenswürdigsten Etappen auf Gottes Weltgang vom Guten zum Besseren ist die Schöpfung des Hundes.
Friedrich Theodor Vischer (1807–1887)

Wollknäuel kann einen nicht mehr ganz so jungen Menschen beachtlich auf Trab bringen und vielleicht mehr als gewünscht in Bewegung halten.

Wer über die nötigen Kraftreserven und einen Grundstock an Hundepädagogik verfügt, kann indes kaum etwas Vernünftigeres tun. Mit dem Hund muß man mindestens dreimal am Tag spazierengehen, bei Wind und Wetter. Ein Hundehalter, der sich über Bewegungsmangel beklagte, ist mir wirklich noch nie begegnet.

Außerdem ist ein Hund in Sachen Bekanntschaftsvermittlung konkurrenzlos, und seine Erfolge in der Kommunikationsherstellung dürften sich etwa im Range eines Kinderwagens mit munteren Drillingen bewegen. Ich habe neulich die Probe aufs Exempel gemacht. An einem einzigen Tag, an dem ich als Babysitter eines jungen Boxers amtete, habe ich fast mehr nette Menschen kennengelernt, als andere vielleicht in einem ganzen Jahr überhaupt zu sehen bekommen.

Hundebesitzer sind ein Völkchen für sich, stets bereit, jeden, der auch mit einem Vierbeiner daherkommt, in ihre Diskutiergemeinschaft, ihren Erfahrungsaustausch und über kurz oder lang auch in ihre Freundschaft aufzunehmen. Die oft gehörte Mahnung, über aller Liebe zu einem Hund nun nicht etwa die Menschen zu vernachlässigen, ist sicher gut gemeint, aber in diesem Fall völlig fehl am Platz.

> *Hunde haben alle guten Eigenschaften des Menschen, ohne gleichzeitig ihre Fehler zu besitzen.*
> *Friedrich der Große (1712–1786)*

Ärger gibt es dagegen, wenn das liebe Tier sein Geschäft vor Nachbars Gartenzaun, in einer öffentlichen Parkanlage oder auf dem Gehsteig verrichtet. Was sich auch bei bester Erziehung nicht immer verhindern läßt, da ja der Weg in Gottes freie Natur meist durch bewohnte Gebiete führt. Wer sich jedoch mit einer Plastiktüte und einer Minischaufel wappnet, kann Anstößiges beseitigen und aufgeregte Gemüter besänftigen.

Trotz aller Vorteile – ein Hundekauf will gründlich überlegt sein. Ein alleinstehender Hundebesitzer in spe braucht vor allem einen «Ersatzmann» oder eine «Ersatzfrau», jemanden, der einspringt, falls Herrchen oder Frauchen einmal verreisen wollen oder krank werden. Ohne eine Vertrauensperson, die dem Hund ebenso zugetan ist wie er ihr, geht es nicht. Eine Vertrauensperson notabene, die auch für den Hund sorgt, falls dem Besitzer etwas zustößt, die man notfalls als «Hundeerben» einsetzen kann.

Will man diese Voraussetzungen nicht erfüllen, läßt man lieber die Finger davon. Schließlich ist der Hund ein lebendiges Wesen, das voll und ganz von uns abhängig ist und uns bedingungslos vertraut. Entsprechend groß muß unser Verantwortungsgefühl sein.

Ein billiges Vergnügen ist ein Hund übrigens nicht. Er kostet, wenn man Hundesteuer, Fressen und Tierarztrechnungen über Jahre hinweg addiert, eine ganz schöne Stange Geld. Dafür muß es aber auch nicht unbedingt ein teures Rassetier sein, bei dem ohnehin die Gefahr besteht, daß es überzüchtet und anfällig ist.

Falls Sie, lieber Leser oder liebe Leserin, sich ernsthaft mit dem Gedanken an einen neuen Hausgenossen tragen, halten Sie doch einmal in einem Tierheim Ausschau nach einem Findelkind, einer «Loreley», wie mir ein Professor vom Tierspital kürzlich erklärte.

«Loreley, wieso?» fragte ich ahnungslos.

Und er belehrte mich: «Irgendeine Chausseegrabenmischung, nach dem Motto: Ich weiß nicht, was soll es bedeuten. Diese Tiere sind im allgemeinen robuster, intelligenter und anhänglicher.»

Alte Leute, die einen Hund haben, können sich ein Leben ohne ihn kaum noch vorstellen. Sie kommen nie mehr in eine leere Wohnung heim, sie werden stets sehnsüchtig erwartet und freudig begrüßt.

In meinem besten Erinnern wird stets
Etwas wedeln und etwas bellen.
Joachim Ringelnatz (1883–1934)

Wußten Sie übrigens schon, daß Haustiere gesundheitsfördernd sind? Ein amerikanisches Ärzteteam in Maryland machte vor nicht langer Zeit Versuche mit zwei Gruppen von Herzpatienten – einer mit Haustieren und einer ohne. Die Überlebens-Chancen der Tierbesitzer nach einer Herzattacke war weit größer als die der tierlosen Patienten.

Über das Warum kann man nur Vermutungen anstellen. Aber wahrscheinlich verleiht das Bewußtsein, von einem lebenden Wesen gebraucht zu werden, nicht nur psychische, sondern auch physische Kraft. Bei den weitaus meisten Fällen handelte es sich um Hunde, doch auch Katzen und Vögel trugen zur rascheren Genesung bei. Und – man höre und staune! – sogar ein Leguan.

Gewiß hat auch der schwedische Veterinärmediziner recht, der auf einem Kongreß in Stockholm erklärte, ein Hund sei oft der billigste

Psychiater. Bereits seien schwedische Ärzte in vielen Fällen dazu übergegangen, wußte er zu berichten, alleinstehenden, kontaktarmen und depressiven alten Menschen einen Hund als Heilmittel zu verordnen.

Verhaltensforscher Konrad Lorenz formuliert seine Erfahrungen zwar etwas anders, kommt aber zu ähnlichen Schlußfolgerungen, wenn er sagt: «In einer bestimmten Hinsicht ist der Hund unbedingt menschenähnlicher als die klügsten Affen. Wie der Mensch ist nämlich auch er ein domestiziertes Wesen, und wie der Mensch verdankt er der Domestikation zwei konstitutive Eigenschaften: erstens das Freiwerden von den starren Bahnen des instiktiven Verhaltens, das ihm, gleich dem Menschen, neue Handlungsmöglichkeiten eröffnet, zweitens aber jene Verjugendlichung, welche

> *Woran sollte man sich von der endlosen Verstellung, Falschheit und Heimtücke der Menschen erholen, wenn die Hunde nicht wären, in deren ehrliches Gesicht man ohne Mißtrauen schauen kann?*
>
> *Arthur Schopenhauer (1788–1860)*

bei ihm die Wurzel seiner dauernden Liebesbedürftigkeit ist, dem Menschen aber die jugendliche Weltoffenheit erhält, derentwegen er bis in das hohe Alter ein Werdender bleibt.»

Also – bleiben auch Sie jung mit einem Hund!

Auf Kleiderjagd in Indien

Das Lachen der beiden alten Damen am Frühstückstisch war nicht zu überhören. Sie lachten, bis ihnen die Tränen in den Augen standen. Das machte uns natürlich neugierig. Aber schon bald erzählten sie jedem, der es hören wollte, was sie an diesem Morgen, nach ihrer ersten Nacht in Indien, Aufregendes erlebt hatten.

> *Wer einen Menschen zum Lachen bringt,*
> *tut ein gutes Werk.*
>
> *Koreanisches Sprichwort*

Heute sind die Inder sicher schon eher an den Umgang mit Touristen gewöhnt, aber damals hatten sie noch große Schwierigkeiten mit den westlichen Begriffen der Zeiteinteilung. Am Abend zuvor hatte es der Reiseleiter den Hotelbediensteten und den Gästen sorgfältig erklärt: «Morgens um fünf wecken, um halb sechs die Koffer von den Zimmern holen, um sechs Uhr Frühstück – alles klar?»

Die zwei Damen, beide so um die Fünfundsiebzig, teilten ein Doppelzimmer miteinander. Am Morgen erwachten sie von einem heftigen Klopfen an der Tür. Draußen stand ein Boy, der sich nicht wegschicken ließ; er wollte das Gepäck haben. In aller Hast und in höchster Aufregung suchten die beiden Damen ihre Siebensachen zusammen und stopften sie in die Koffer.

Erst als der Boy davongetrabt war, bemerkte Frau F., daß sie in der Eile auch das Kleid eingepackt hatte, das sie heute anziehen wollte. Im Nachthemd spurteten beide dem entschwindenden Koffer nach, und tatsächlich gelang es ihnen, den Diener über zwei Stockwerke hinweg zu erwischen und seinem Gepäck ein Kleid zu entreißen.

Als sie atemlos wieder in ihrem Zimmer angelangt waren, schauten sie auf die Uhr. Fünf Minuten nach fünf. Eine halbe Stunde später klopfte es wieder. Und da wurden sie von dem gleichen Boy geweckt.

Da behaupten Wissenschaftler immer wieder, bei alternden Menschen nehme die Adaptationsfähigkeit, die Anpassungsfähigkeit also – und damit auch die Erlebnisfähigkeit –, ab, des weiteren die Fähigkeit, sich zu freuen und zu lachen. Weit gefehlt! Frau F. berichtete so temperamentvoll von ihrem Schreck in der Morgenstunde und amüsierte sich so sehr über ihr eigenes Mißgeschick, daß die ganze Reisegruppe mit in ihr Lachen einstimmte.

Auf dieser Reise hatte ich noch oft Gelegenheit, mit Frau F. zusammen zu sein. Sie erzählte mir manches aus ihrem Leben.

«Ich habe erst mit Siebzig angefangen zu reisen», sagte sie, «vorher, als mein Mann noch lebte, vertrug ich das Reisen überhaupt nicht. Mir wurde in jedem Auto, auf jedem Schiff und in jedem Flugzeug schlecht; nach jeder Hotelmahlzeit kam mir das Essen hoch, und aus jedem Meer und jedem Swimming-Pool kehrte ich mit irgendeiner Allergie zurück. Es war wie verhext.»

Mit Siebzig jedoch hatte sich ihre Gesundheit so merklich stabilisiert, daß der Arzt ihr empfahl, es doch noch mal mit dem Reisen zu versuchen. Und seither kreuzte sie von einem Kontinent zum andern und fühlte sich pudelwohl.

Wenn wir Jungen uns müde und schweißgebadet irgendwo im Schatten eines Baumes zu einer wohlverdienten Ruhepause niederließen, erkletterte sie munter und flink wie ein Wiesel eine

Das ist das Angenehme auf Reisen, daß auch
das Gewöhnliche durch Neuheit und Überraschung
das Ansehen eines Abenteuers gewinnt.
Johann Wolfgang von Goethe (1749–1832)

entsetzlich hohe Treppe oder den Turm eines Tempels. Keine Sehenswürdigkeit war vor ihr sicher, nicht einmal, später in Japan, der Daibutso von Kamakura, der 15 Meter hohe Bronze-Buddha; ihm kroch sie über eine Steintreppe mit wackligen Stufen in den Hinterkopf, allwo sie durch ein kleines Gitterfenster die Aussicht bewundern wollte.

Auf dieser Reise fotografierte sie zum ersten Mal in ihrem Leben. Irgend jemand hatte ihr eine Kamera geliehen, leider eine ohne Belichtungsmesser. Sie erkor mich zu einer Art Auskunftsperson und war mir ständig auf den Fersen, um sich über die jeweilige Belichtungszeit und Blendenöffnung aufklären zu lassen. Man nannte sie nur noch meinen Fotoschatten.

Was niemand erwartet hatte, geschah: Ihre Dias gerieten prächtig, und zuhause führte sie ihre Fotoausbeute, mit zahllosen Erlebnisschilderungen angereichert, in einem Altersheim vor. «Ich habe denen aber nicht gesagt, daß ich schon Siebenundsiebzig bin», gestand sie mir später. «Ich wollte die alten Leutchen dort doch nicht neidisch darauf machen, daß ich noch so viel reisen kann!»

Man erblickt nicht die Welt,
wenn man zum eigenen Fenster hinaussieht.
Russisches Sprichwort

Frau F. hat noch sehr viele schöne Reisen gemacht, und da sie ihren Fotoschatten offenbar ins Herz geschlossen hatte, bekam ich jedesmal eine Ansichtskarte. –

«Die Mutter – Achtundachtzig – in Rom –, sie will noch alles sehen, nämlich sie ist zum ersten Mal in Rom, sie ist unermüdlich. Sie schreibt sich alles auf, was sie von Tag zu Tag gesehen hat; das Heft endet mit dem Satz: ROM, ES WAR EINE GOTTVOLLE ZEIT!»

So beschreibt Max Frisch die Reise seiner Mutter in die Heilige Stadt. Und so wie sie lernen heute viele noch im Alter fremde

Länder und Kulturen kennen. Das Reisen ist ja schon längst kein Privileg der Jungen mehr, und leichtgemacht wird es einem auch, wenn man will. Bei organisierten Reisen jedenfalls halten sich die Strapazen im allgemeinen in Grenzen; wenn nicht, bringen die Reisebüros in ihren Prospekten fairerweise entsprechende Warnungen an.

Trotzdem ist älteren Reise-Novizen zu empfehlen, vor größeren Unternehmungen vorher mit dem Hausarzt zu reden. Nicht jeder verträgt jedes Klima und jede Höhe, und in einem gewissen Alter kann es dem Organismus unter Umständen schwerer fallen, sich umzustellen und anzupassen. Die Medizin neigt heute dazu, selbst Herzpatienten ohne weiteres Höhen von 2000 Metern zu erlauben, während früher 1500 Meter als Höchstgrenze galten. Sobald es jedoch in höhere Regionen geht, ist Vorsicht am Platz.

Ich erinnere mich an eine – gar nicht einmal alte – Reisegenossin, die auf einer Südamerika-Reise in La Paz einen Herzanfall bekam und die ganze Woche, die wir dort waren, im Hotelbett verbringen mußte. Vor Bolivien und im besonderen vor La Paz, mit 3840

> *Das Beste, was man vom Reisen nach Hause bringt,*
> *ist die heile Haut.*
>
> *Persisches Sprichwort*

Metern über dem Meer die höchste Hauptstadt der Welt, sollten ältere oder nicht ganz gesunde Reiselustige auf der Hut sein. Schon bei der Landung auf dem 4100 Meter hoch gelegenen Flugplatz fallen in der unerwartet dünnen Luft sogar die Jungen oft um wie die Fliegen.

Der Arzt kann vorher auch darüber Auskunft geben, ob bei einer Erkrankung in dem betreffenden Land die heimatliche Krankenkasse für die Behandlungskosten einspringt, und er kann des weiteren dafür sorgen, daß der Patient die richtigen Medikamente in seine Reiseapotheke packt.

Wer sich an eine bestimmte Diät halten muß, hat unterwegs kaum Schwierigkeiten. Voraussetzung ist allerdings, daß er sein Reisebüro früh genug davon in Kenntnis setzt. Auch im Flugzeug bekommt man bei entsprechender Vorbestellung die gewünschte Diätmahlzeit serviert. Gegen Krankheit bei Antritt der Reise kann sich jeder für wenig Geld selber versichern. Bei teuren Reisen lohnt sich das allemal, denn wenn etwas Unvorhergesehenes dazwischenkommt, erhält man wenigstens das Geld zurück.

Es gibt übrigens auch Pensionierte genug, die von organisierten Reisen nicht viel halten und die fremde Länder lieber auf eigene Faust entdecken. Für sie gilt das gleiche wie für Jüngere: Sich vorher so umfassend wie möglich über die Stationen der Reise oder das Reiseziel zu informieren, ist das A und O. Man ist dann unterwegs aufnahmefähiger und kann die vielen neuen Eindrücke besser verarbeiten. Gerade die neuen Eindrücke sind es, die das Reisen für ältere Menschen so empfehlenswert machen; neue Eindrücke wirken psychisch wie physisch anregend und belebend und wiegen gelegentliche Strapazen auf.

Bei einer privaten Reise hat man zweifellos mehr Gelegenheit, Land und Leute kennenzulernen, als bei einer Gesellschaftsreise. Die inzwischen verstorbene Schriftstellerin Marianne Langewiesche unternahm, als sie Neunundsechzig war, mit ihrem zweiundsiebzigjährigen Mann noch eine Reise quer durch die Sinai-Wüste.

Wach im Zigeunerlager und wach im Wüstenzelt,
Es rinnt uns der Sand aus den Haaren,
Dein und mein Alter und das Alter der Welt
Mißt man nicht mit den Jahren.
Ingeborg Bachmann (1926–1973)

Mit ihrem klapprigen alten Wagen starteten die beiden jedes Jahr zu einer großen Reise, und zwischendurch reisten sie noch getrennt in der Welt herum. Obwohl sie in recht bescheidenen finanziellen Verhältnissen lebten, konnte sie nichts davon abhalten.

«Je weniger Geld man hat», berichtete die Schriftstellerin, «desto interessanter wird's. Wir machen das so: Ob im Orient oder in Afrika, wir sondern uns radikal von den Touristen ab und leben genauso wie die Einheimischen. Es ist erstaunlich, wie sauber, angenehm und billig man dann lebt. Und vor allem: wie gut man dann ißt.»

Marianne Langewiesche war begeistert von den Vorteilen einer alleinreisenden Frau ihres Alters: «Endlich bin ich für die Männer kein Sexualobjekt mehr und kann mich auf der Straße frei bewegen; es sind die interessantesten Jahre im Leben einer Frau.» Sie verstand es, jede Reise gründlich auszukosten, und schreckte auch nicht vor eher ungewöhnlichen Unterfangen zurück. Einmal, im westafrikanischen Dahomey, übernachtete sie mangels anderer Unterkunftsmöglichkeiten in einem Freudenhaus. Von dem Empfang, den man ihr dort zuteil werden ließ, war sie begeistert: «Man empfand meinen Besuch als eine Ehre», resümierte sie.

Die erste Anschaffung nach der Pensionierung ist für viele heute ein Wohnmobil oder ein Wohnwagen. Mit ihm erleben sie die neugewonnene Freiheit in ihrer ganzen Intensität, zigeunern in der Welt herum, machen Station, wo immer es ihnen gerade gefällt, und finden es wunderbar, nie auf ein Hotel angewiesen zu sein.

Die Freiheit ist ein Luxus,
den sich nicht jedermann gestatten kann.
Otto von Bismarck (1849–1904)

Gerade für die Übergangszeit vom Berufs- ins Privatleben ist das eine günstige Lösung. Ein bißchen mag sie, psychologisch gesehen, der Hochzeitsreise ähneln. Beide, die Frischpensionierten wie die Frischvermählten, freuen sich erst einmal ungetrübt des Lebens; der Ernst des Lebens, der nicht immer nur rosarot gefärbte Alltag, kommen noch früh genug. Also genießt der Rentner seine Unabhängigkeit abseits von Terminen, Chefs und Streß. Warum auch nicht!

Dann kommt unweigerlich der Tag, wo der neue Freizeitler genug hat vom Herumvagabundieren und vom Weltenbummel, auch dann, wenn der ihn nur bis zum nächsten Campingplatz geführt hat. Er kehrt gern wieder heim in die eigenen vier Wände – allerdings ohne seine Silber- oder Noch-mehr-Braut galant über die Schwelle zu tragen.

Später wohnt man anders

«Kommen Sie heute abend mit Ihrer Frau noch auf einen Sprung zu uns herüber?» frage ich den Architekten, der vor kurzem sein Büro aufgelöst hat und jetzt, wie er es ausdrückt, nicht etwa im Ruhestand, sondern im «Bewegungsstand» lebt.

«Tut mir leid», sagt er, «aber heute abend haben wir schon was anderes vor.»

«Was Besseres, hoffe ich!»

«Nun, wie man's nimmt.»

Und nach einer Pause, in der er überlegt, ob er's mir anvertrauen soll: «Wir wollen heute abend nämlich zu Hause bleiben und mal richtig wohnen.»

Ich habe Verständnis für ihn; er hat gerade erst eine neue Polstergruppe bekommen.

Wie wohnt man denn überhaupt in diesem Lebensabschnitt? – Nun, an eine Wohnung für Pensionierte werden grundsätzlich andere Anforderungen gestellt als an die von Berufstätigen.

Da ist zunächst einmal die Lage. Jede Generation hat ihre eigene Vorstellung von der idealen Wohnlage. Junge Familien bevorzugen häufig ein Häuschen weit draußen im Grünen, und ältere Berufstätige schätzen es, wenn der Weg zum Arbeitsplatz nicht zu weit ist. Wo aber wohnt man am vorteilhaftesten, wenn mal älter wird?

Man sollte kaum glauben, wie viele Leute in dieser Frage, von falschen Vorstellungen geleitet, falsch entscheiden und es nachher bitter bereuen. Denn in späten Jahren entschließen sie sich nur noch ungern zu einem Wohnungswechsel; das ganze Drum und Dran eines Umzugs übersteigt nur zu leicht ihre Kräfte.

Ein Alterssitz irgendwo in einer Traumgegend, im Tessin oder in Spanien, vielleicht auch am Atlantischen Ozean. Oder ein Häuschen im eigenen Land, irgendwo an einem schilfumstandenen See.

> *Ein hauß ist ein gut sicherheit,*
> *Ein zuflucht beid zu fräud' und leyd.*
> *Johann Friedrich Fischart (1546–1590)*

Oder am Waldrand, wo die Rehlein fromm ihre Zehlein falten und die Hasen vors Küchenfenster gehoppelt kommen und Männchen machen.

So ungefähr stellen sich viele – und keineswegs nur in jungen Jahren – das Wohn-Non-plus-Ultra vor.

«Nach der Pensionierung meines Mannes gaben wir unsere Stadtwohnung auf», erzählte Frau E., eine Zürcherin, die mir in einem Tessiner Grotto, vor sich auf dem Steintisch ein Glas Merlot, ihr Herz ausschüttete. «Wir zogen ins Tessin, denn das hatten wir uns ja immer schon gewünscht: das milde, sonnige Klima, die herrliche Landschaft – ein reines Paradies! Aber glauben Sie mir, es ist ein ganz gewaltiger Unterschied, ob man hier nur seine Ferien verbringt oder ob man ganz hier wohnt.»

Frau E. lächelte müde: «Wir sind früher jedes Jahr hierhergefahren; es war sozusagen unsere zweite Heimat. Aber später hatte ich dann doch mehr und mehr das Gefühl, in einem goldenen Käfig eingesperrt zu sein. Übrigens, schauen Sie sich doch einmal um, außerhalb der Saison trifft man hier nur alte und sehr alte Leute; es ist fast wie in einem riesengroßen Altersheim.»

Am stärksten vermißte Frau E. den Kontakt mit den alten Freunden. «Die meisten sind am Anfang einmal zu Besuch gekommen, haben sich angeschaut, wie wir hier wohnen, und gesagt, daß sie uns beneiden. Aber dann blieben sie bald aus. Ich kann es ja auch verstehen, daß sie die weite Fahrt scheuen.»

> *Der Zierat eines Hauses sind die Freunde,*
> *die darin verkehren.*
>
> *Ralph Waldo Emerson (1803–1882)*

Außer den Freunden entbehrte sie noch manches andere: die gewohnten Einkaufsquellen («Hier gibt es fast nur teure Geschäfte!»), das Theater, Nachbarn, die die gleiche Sprache sprechen.

Vor drei Monaten war Frau E.'s Mann gestorben. Jetzt suchte sie verzweifelt eine hübsche, nicht zu teure Wohnung in Zürich.

Das Sprichwort sagt, daß man alte Bäume nicht verpflanzen soll. Und es hat recht. Wenn Menschen nach der Pensionierung aus ihrem vertrauten Lebenskreis herausgerissen werden, geht das selten gut. Es müssen nicht einmal die Alpen zwischen dem alten und dem neuen Wohnort liegen; selbst der Umzug in einen benachbarten Ort oder gar ans andere Ende der eigenen Stadt kann schon Probleme mit sich bringen und zu kleinen Katastrophen führen.

Das beste wäre es, wenn man sich so um die Fünfzig nach dem Platz umschaute – und ihn auch fände –, wo man für immer wohnen möchte. Der Haken dabei ist meist nur die berufliche Bindung an einen bestimmten Ort, die man ja nicht einfach ignorieren kann. Trotzdem – spätestens in diesem Alter sollte man sich ernsthaft mit dem Problem beschäftigen.

Weniger über das Wo als über das Wie haben sich die Alterswissenschaftler längst ihre Gedanken gemacht. Dr. Hans-Dieter Schneider, Sozialpsychologe an der Zürcher Universität, gibt die ideale Wohnlage für Leute über Siebzig sogar in Metern an: «In einem

Aktionsradius von 600 Metern soll der alte Mensch alles erreichen können, was er zum täglichen Leben braucht: Geschäfte zum Einkaufen, die Post, die Bank und all das, was zum Dienstleistungssektor zählt, also auch ein Restaurant, die chemische Reinigung und den Schuhmacher.»

Den Hausarzt und den Zahnarzt, den Fußpfleger und den Masseur auch noch in unmittelbarer Nachbarschaft zu haben, wäre zwar wünschenswert, läßt sich aber wohl kaum immer realisieren. Dafür sollen aber wenigstens die Haltestellen der öffentlichen Verkehrsmittel in diesem Umkreis liegen. Möglichst sollten darüber hinaus noch ein Park, eine Wiese oder ein Wald in der Nähe sein, weil sie zu Spaziergängen anregen, und das ist für den Gesundheitszustand der alten Menschen wichtig.

Nun, vielleicht gehören Sie zu den Glückspilzen, die solch eine ideale Wohnlage bereits entdeckt haben. Dann bleibt nur noch die Frage der Wohnung selbst. Das geräumige Haus, das Sie jetzt bewohnen, möchten Sie vielleicht verkaufen, da es Ihnen später zu viel Arbeit machen wird. Denkbar wäre, daß Sie es gegen eine

Wer jetzt kein Haus hat, baut sich keines mehr.
Rainer Maria Rilke (1875–1926)

Eigentumswohnung eintauschen. Oder liebäugeln Sie als Mieter einer Wohnung mit einer Eigentumswohnung? Dann tun Sie gut daran, die finanzielle Belastung auf sich zu nehmen, solange Sie noch voll im Berufsleben stehen und gut verdienen. Dann können Sie später im Alter mehr oder weniger schuldenfrei wohnen. Und bis dahin läßt sich die Eigentumswohnung unter Umständen ja auch vermieten, falls Sie noch an einen anderen Ort gebunden sind.

«Im Alter brauchen wir nicht mehr so viel Platz; also werden wir uns verkleinern!» Das hört man zwar immer wieder, aber viele sagen das nur so dahin, ohne jemals gründlich darüber nachgedacht zu haben. Nach der Pensionierung benötigt man im allgemeinen mehr Platz als früher. Berufstätige halten sich ja nur die Abende und das Wochenende über in der Wohnung auf, Rentner hingegen verbringen mehr Zeit in ihren vier Wänden, und da kann es nur zu leicht passieren, daß man sich gegenseitig auf die Füße tritt.

Der Pensionierte braucht jetzt eine Arbeitsecke für sich, wo er ungestört sitzen kann und nicht immer alles wegräumen muß, wenn das Essen auf den Tisch kommt. Oder eine Bastelecke, besser noch einen Bastelraum! Und ebenso braucht die Frau des Hauses ein Plätzchen für sich allein. Unter diesen Aspekten ist es zweckmäßig, sich nach einer größeren Wohnung statt nach einer kleineren umzusehen.

Die Wohnung sollte so bequem wie möglich sein, damit sie Ihnen auch in späteren Jahren noch genügend Komfort bietet. Wenn sie im Parterre oder im ersten Stock liegt oder das Haus einen Lift besitzt, haben Sie auch dann noch genügend Bewegungsfreiheit, wenn Sie einmal nicht so gut zu Fuß sein sollten.

Es gibt eine ganze Reihe von Kriterien, die eine normale Wohnung von einer mit dem Prädikat «altersgerecht» unterscheiden. Zweckmäßig ist es, wenn sich auch Gehbehinderte – einen Knochenbruch holt man sich im Alter leicht! – relativ mühelos darin bewegen können. Durch Türen von 80 oder 90 cm Breite etwa kommt man auch dann noch gut hindurch, wenn man sich auf einen Stock stützt; notfalls kann man sie sogar im Rollstuhl passieren. Türschwellen, so noch vorhanden, reißt man am besten heraus; sie bilden nur eine unnötige Unfallgefahr. Und Unfälle in der eigenen

> *1974 überstieg in Nordrhein-Westfalen die Zahl der Todesfälle im Haushalt mit 3831 die der Toten im Straßenverkehr mit 3152.*
>
> *Prof. Dr. Friedhelm Farthmann, Minister*

Wohnung passieren weit mehr, als man gemeinhin annimmt. Dabei geht es nicht immer harmlos ab. Die Zahl der Todesfälle im

Haushalt liegt meist nur knapp unter der Zahl der Toten im Straßenverkehr.

Die altersgerechte Wohnung braucht in erster Linie einen Boden, auf dem man nicht ausrutscht: einen Kunststoffboden mit rauher Oberfläche oder aber einen durchgehenden Teppichbelag. Orientteppiche darauf bilden zwar einen hübschen Blickfang, doch Gehbehinderte können nur zu leicht darüber stolpern. Und Fliesen- oder Parkettböden erweisen sich als ungünstig, weil sie zu glatt sind.

Wenn die Toilette direkt neben dem Schlafzimmer liegt, kann man sie auch nachts oder im Krankheitsfall gut erreichen. Das Badezimmer bedarf der besonderen Aufmerksamkeit. In der Badewanne ist eine Haltestange ebenso erforderlich wie eine Gleitschutzeinlage. Außerdem gibt es heute Armaturen, die, im Gegenteil zum herkömmlichen Wasserhahn, auf geringen Druck reagieren und keine Kraftanstrengung voraussetzen. Und wenn dann noch das Waschbecken so angebracht ist, daß der Rand vom Boden aus ungefähr 70 cm hoch ist, kann man sich notfalls auch einmal im Sitzen waschen. Und sich, wenn darüber ein Kippspiegel angebracht ist, ohne Mühe rasieren oder frisieren.

Die Küche sollte so eingerichtet sein, daß man sich nicht ständig bücken oder recken muß. Ein erhöhter Kühlschrank und ein Backofen in Arbeitshöhe erleichtern das Arbeiten sehr. Die Schränke in der ganzen Wohnung haben mit 1,80 m ihre ideale Höhe. So elegant Schrankwände bis an die Decke hinauf auch aussehen mögen – die Kletterkünste, die sie alten Menschen abverlangen, sind wiederum Gefahrenquellen.

Die Möbelindustrie kümmert sich im allgemeinen noch immer viel zu wenig um die Bedürfnisse älterer Menschen. Obwohl einige wenige Hersteller hier inzwischen eine Marktlücke entdeckt haben, macht es immer noch Schwierigkeiten, Polstermöbel zu finden, in denen man nicht gleich versinkt und aus denen man sich einigermaßen mühelos wieder hochrappeln kann.

Wem Fortuna ein Haus geschenkt,
dem schenkt sie auch Möbel.
Wilhelm Busch (1832–1908)

Auch die modernen Betten sind meist zu niedrig. Das erschwert das tägliche Bettenmachen, und die Pflege eines Kranken in einem Bett, das nicht viel höher ist als eine Fußbank seligen Angedenkens, ist eine regelrechte Zumutung. 60 cm hohe Betten, auf deren Kante man bequem wie auf einem Stuhl sitzen kann, gelten als günstig. Sie ermöglichen es dem älteren Menschen auch, morgens beim Aufstehen erst einmal einen Augenblick auf dem Bett sitzen zu bleiben und zu warten, bis der Kreislauf auf «wach» umgeschaltet hat. Dadurch lassen sich Schwindelgefühle vermeiden, die durch zu rasches Aufstehen entstehen. Ins Schlafzimmer gehört übrigens auch ein Telefonanschluß, damit man vom Bett aus telefonieren kann.

Und wie sieht es mit der Wärme- und Schall-Isolation aus? Ältere Leute sind empfindlicher gegen Temperaturschwankungen und Zugluft, aber auch gegen den Lärm der Nachbarwohnungen. Andererseits kann mit der Zeit auch ihr Gehör nachlassen, so daß

Böse Nachbarschaft ist schlimmer als Bauchschmerzen.
Lombardisches Sprichwort

sie das Radio oder den Fernseher ziemlich laut einstellen. Und dadurch wollen sie ja schließlich auch die Nachbarn nicht stören.

Leider werden Sie kaum damit rechnen können, daß man Ihnen eine perfekte Alterswohnung nach diesem Muster – noch dazu Jahre vor Ihrer Pensionierung – einfach so anbietet und nur darauf wartet, daß Sie einziehen. Viele Annehmlichkeiten dieser Wohnung werden Sie nur mit eigener Initiative und eigenen Mitteln verwirklichen können. Falls Sie an eine Neubauwohnung denken, ist das meist nicht weiter problematisch, denn da können Sie vielfach schon beim Bau und der Ausstattung mitreden. Ausschlaggebend aber ist immer, daß Sie überhaupt an diese Dinge denken.

Wenn Sie eine alte Wohnung haben und auch später behalten möchten, können Sie früh genug, in aller Ruhe und zu einer Zeit, da es Ihnen finanziell keine Mühe bereitet, eines nach dem andern in Angriff nehmen. Sie haben ja noch viel Zeit, bis die Wohnung in eine Alterswohnung umfunktioniert sein sollte.

Selbstverständlich kann Ihre Alterswohnung auch ein Haus sein. Ein Haus, das Sie bereits besitzen oder eines, das Sie erst noch bauen wollen. Meist entschließt man sich zum Hausbau ja dann, wenn die Häupter der Lieben am zahlreichsten sind oder es – Hund, Katze, Wellensittich, Meerschweinchen und Zierfische eingeschlossen – zu werden drohen. Was gemeinhin also in jungen oder mittleren Jahren der Fall sein dürfte.

Daneben gibt es, wenn auch nicht so häufig, auch das Häuschen – klein, aber mein! –, dessen Bau erst später auf dem Programm steht und dann mit der Pensionierung zusammenfällt.

Für das Haus gelten die gleichen Überlegungen wie für die Wohnung; mit dem einzigen und erfreulichen Unterschied, daß Ihnen mit Sicherheit niemand dreinredet, wenn Sie Änderungen

> *Jeder Hund ist Löwe in seinem Hause.*
> *Italienisches Sprichwort*

vornehmen wollen. Noch ein Rat für die Hausbesitzer: Wenden Sie Ihr Augenmerk vor allem den Treppen zu. Sorgen Sie dafür, daß jede einzelne Stufe rutschsicher ausgelegt oder mit einem speziellen Stopprand versehen wird. Das ist zwar aufwendig, aber immer noch billiger als ein Beinbruch!

Trotz praktischer Wohnung und angenehmem Haus werden Sie – wer kann das heute schon wissen! – vielleicht doch eines Tages den Entschluß fassen, über kurz oder lang in ein Altersheim zu ziehen.

Die Wahl des Heims ist für Ihr weiteres Wohlergehen von ausschlaggebender Bedeutung; Sie sollten sich also schon lange vorher mit dieser Frage beschäftigen und sich in verschiedenen Häusern gründlich umschauen.

Gehen Sie, wenn Sie sich informieren wollen, nicht gleich zum Heimleiter. Der wird Ihnen ohnehin nur alles in den rosigsten Farben schildern. Setzen Sie sich lieber in das dazugehörige Café (oder eines in der Nähe, das von den Heimbewohnern frequentiert wird), und reden Sie mit ihnen. Auf diese Weise erfahren Sie weit mehr und vielleicht nicht nur Positives.

Sagt Ihnen indes alles zu, lesen Sie, bevor Sie sich die Räume zeigen lassen, vielleicht auch noch das Schwarze Brett in der Eingangshalle; das kann äußerst aufschlußreich sein und Ihnen manches darüber verraten, in welchem Sinn und Geist und mit wieviel oder wiewenig Toleranz dieses Heim geführt wird.

Erkundigen Sie sich, ob das Heim Ihrer Wahl über gutausgebildetes Personal verfügt, und lassen Sie sich auf alle Fälle die Hausordnung geben. Sie wollen mit dem Heim ja einen Vertrag eingehen; deshalb müssen Sie auch das Kleingedruckte mit aller Sorgfalt studieren. Wenn Sie dann etwa auf den Satz stoßen: «Duschen und Haarewaschen nur alle vierzehn Tage gestattet», dann wissen Sie gleich, woran Sie sind, und können sich auf dem schnellsten Weg verabschieden.

Und – last not least – achten Sie darauf, daß das Heim für Besucher gut erreichbar ist; schließlich wollen Sie ja dort kein Eremiten-Dasein führen. Ebenso wichtig für Sie sind die Verkehrsmittel, mit denen Sie beispielsweise zum Bahnhof, ins Theater oder zur Volkshochschule gelangen können.

> *Dein Heim kann dir die Welt ersetzen,*
> *doch nie die Welt dein Heim.*
>
> *Alter Spruch*

Erst dann, wenn all diese Voraussetzungen zu Ihrer Zufriedenheit ausgefallen sind, nehmen Sie die finanzielle Seite unter die Lupe. Die Rechnung darf nicht zu knapp aufgehen; ein Taschengeld von DM/Fr. 100,– bis 150,– sollte für Ihre persönlichen Bedürfnisse immer noch übrigbleiben.

Übrigens leben längst nicht so viele Menschen im Altersheim, wie man gemeinhin annimmt. In der Schweiz zum Beispiel sind es nur ganze sieben Prozent, die meisten davon schon weit über Achtzig und mehr oder weniger pflegebedürftig.

In der Bundesrepublik, in den Niederlanden und in der Schweiz zeichnen sich bereits neue Wege ab, das Altersheim zu umgehen. Unternehmungslustige Rentner finden sich zu Wohngemeinschaften zusammen – in alten Häusern, die sie selber wieder instand stellen, in einem Kloster etwa oder in einer weiträumigen alten Villa, in der wegen der hohen Unterhaltskosten niemand mehr wohnen will. Sie machen bei den Behörden Zuschüsse locker, jeder zahlt seinen Anteil, und die Hausarbeit und das Kochen übernehmen sie selbst. Oft tragen sie noch mit anderen Arbeiten zu ihrem Lebensunterhalt bei: Sie verkaufen Selbstgebasteltes, Gehäkeltes und Gestricktes, übernehmen Aufträge für Reparaturarbeiten, hüten Kinder und Hunde, oder sie pflanzen im Garten Obst, Gemüse und Gewürzkräuter an, wofür sich immer Abnehmer finden.

Solche Wohngemeinschaften erfreuen sich wachsender Beliebtheit. Die Alten wohnen also wie die Jungen in «Kommunen». Warum auch nicht – Hauptsache, daß sie sich dabei wohlfühlen! Und viele ziehen diese Möglichkeit dem umsorgten, reglementierten Leben im Altersheim vor.

Autofahren – bis zu welchem Alter?

Haben Sie sich schon Gedanken darüber gemacht, ob Sie Ihr Auto später, wenn Sie es für Ihren beruflichen Alltag nicht mehr brauchen, behalten wollen? Oder ob Sie sich dann vielleicht entschließen, auf die öffentlichen Verkehrsmittel umzusteigen? Solche Überlegungen sind nicht nur für die Lage Ihrer künftigen Wohnung wichtig.

Sie wissen es – die Meinungen darüber, bis zu welchem Alter man Autofahren und wann man damit Schluß machen sollte, sind geteilt.

«Unverantwortlich!», tadeln viele Junge, wenn sie einem älteren Autofahrer begegnen, dessen Fahrweise ihnen Anlaß zur Kritik gibt. Und sie plädieren lauthals dafür, daß jeder mit Fünfundsech-

> *Nur die allergescheitesten Leute benützen ihren Scharfsinn nicht bloß zur Beurteilung anderer, sondern auch ihrer selbst.*
>
> *Marie von Ebner-Eschenbach (1830–1916)*

zig, spätestens mit Siebzig, seinen Führerschein zurückgeben sollte. Daß sie später, wenn sie selber sich dieser Altersgrenze nähern, ganz anders darüber denken, steht auf einem anderen Blatt.

Wasser auf ihre Mühle gießen die sich in den letzten Jahren häufenden Meldungen über die Geisterfahrer auf der Autobahn, von denen, wie man hört, viele nicht mehr zu den Jüngsten zählen. Da war etwa der neunundsechzigjährige Autofahrer, der bei der Einfahrt auf die Gegenfahrbahn geriet und nach 400 Metern Fahrt auf der Überholspur mit einem ihm entgegenkommenden Wagen frontal zusammenstieß. Beide Lenker erlitten lebensgefährliche Verletzungen.

Und der dreiundsiebzigjährige Geisterfahrer, der bei einem ähnlich spektakulären Unfall den Tod fand, hätte wenig später zu einer ärztlichen Kontrolluntersuchung antreten sollen, weil Zweifel an seiner Fahrtüchtigkeit bestanden. Dieser Termin war schon zu einem früheren Zeitpunkt angesetzt gewesen, hatte dann aber verschoben werden müssen, weil der alte Herr seinen Führerschein nicht hatte finden können.

Zeitungsberichte dieser Art sind nicht gerade dazu angetan, eine Lanze für Autofahrer vorgeschrittenen Alters zu brechen. Um so mehr überraschte es mich, als mir kürzlich folgende Meldung in die Hand kam: «Bei einer Überprüfung von 600 Geisterfahrern auf deutschen Autobahnen hat eine Arbeitsgruppe der Bundesanstalt für Straßenwesen festgestellt, daß die Hälfte von ihnen zwischen fünfundzwanzig und fünfunddreißig Jahre alt war. 107 waren jünger als fünfundzwanzig Jahre, 192 älter. Aber nur 32 waren älter als fünfundsiebzig Jahre.»

Eine Schweizer Zeitung, die sich vor einiger Zeit mit der Frage befaßte, ob alte Leute überhaupt noch ans Steuer sollten, konnte sich hinterher vor Leserbriefen kaum noch retten. Eine Medizinerin schrieb: «Wieso, frage ich mich, hat noch niemand das Problem alter Menschen, ja sogar von Supergreisen am Steuer eines Staates

> *Es ist kein Krieg bekannt, der von einem Politiker von über fünfundsechzig Jahren ausgelöst worden wäre.*
> *Dr. Sigmund Widmer, Historiker*

aufgegriffen? Ich möchte aus begreiflichen Gründen keine Namen nennen, aber es gibt einige, bei denen diese Frage ebenso berechtigt wäre wie bei den autofahrenden Betagten.»

Eine schon einige Jahre zurückliegende amerikanische Studie «über den Einfluß des Alters auf den Leistungs-Aspekt der

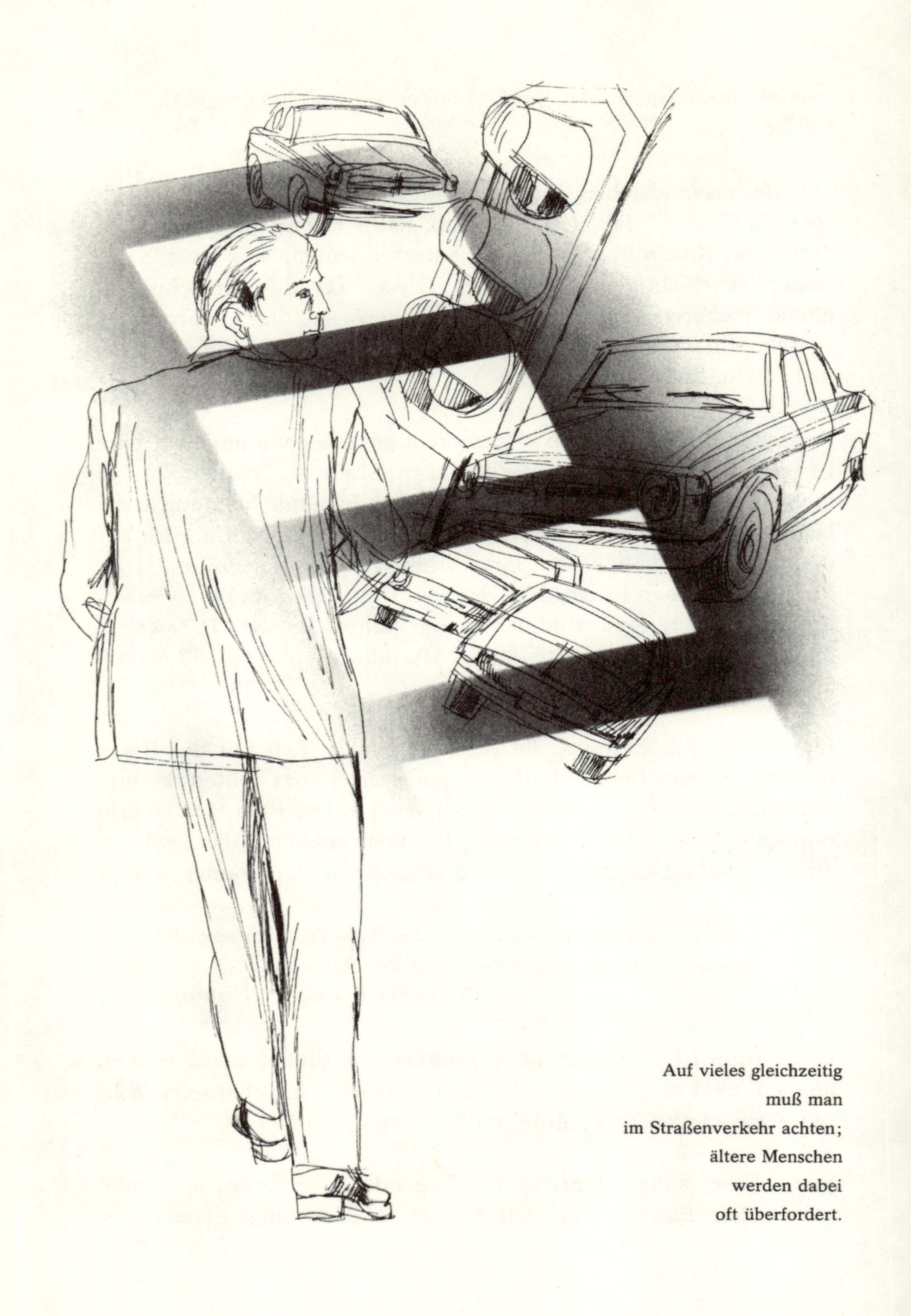

Auf vieles gleichzeitig
muß man
im Straßenverkehr achten;
ältere Menschen
werden dabei
oft überfordert.

Fahrtauglichkeit» hat ergeben, daß die Fahrtüchtigkeit sogar schon nach dem fünfundvierzigsten Lebensjahr nachläßt. Bei den Sechsundfünfzig- bis Fünfundsechzigjährigen kam die Untersuchung zu dem betrüblichen Ergebnis, daß die Mindestanforderungen an ein verkehrsgerechtes Verhalten nicht mehr gegeben seien. Bereits in diesem Alter hätten die Fahrer Schwierigkeiten, sich der ständig verändernden Verkehrssituation anzupassen. Zu hohe Geschwindigkeiten und falsches Überholen konnte man dieser Altersklasse zwar nicht vorwerfen, wohl aber das Mißachten des Vortrittsrechts, falsches Wenden und eben das so folgenschwere Fahren auf der falschen Fahrbahn.

Diese Erkenntnisse, die noch heute immer wieder herangezogen werden, stammen allerdings noch aus den fünfziger Jahren. Doch scheint sich seither bei den Autofahrern aller Altersklassen eine gewisse Wandlung vollzogen zu haben. Die steigende Zahl der Verkehrsopfer hat – das darf man wohl sagen – zu einer Sensibilisierung der Autofahrer bezüglich Vorsicht, Verkehrsdisziplin und Verantwortungsbewußtsein geführt. Die Ausnahmen bestätigen auch hier nur die Regel; sie sind aber weit eher unter den Jungen anzutreffen.

Nach wie vor schränkt die Wissenschaft ein, daß Fahrzeuglenker höheren Alters nicht generell als Verkehrsteilnehmer abzulehnen seien; es komme vielmehr ganz auf den körperlichen und geistigen

> *Ich halte die Selbstkenntnis für schwierig und selten, die Selbsttäuschung dagegen für sehr leicht und gewöhnlich.*
> *Wilhelm von Humboldt (1767–1835)*

Zustand des einzelnen an, der sich durch eine erneute Fahrprüfung kontrollieren lasse. Und eben diese Prüfung bestand ein Siebenundachtzigjähriger kürzlich problemlos beim ersten Anlauf.

Neuen Datums ist auch die Versicherung der Ärzte, daß Autofahren jung hält und bei richtiger Dosierung als regelrechte Altersbremse fungiert. «Kontinuierliches Autofahren», so die Mediziner, «bietet älteren Leuten nicht nur heilsame Zerstreuung und Entspannung; es garantiert auch ein permanentes Wachhalten der Reflexe und der allgemeinen Vitalität.» Das Autofahren, tun sie deutlich kund, dürfe aber nie das Zu-Fuß-Gehen, die Bewegung an der frischen Luft ersetzen.

Geradezu Erstaunliches hat eine Untersuchung aus jüngster Zeit ergeben, wonach in Paris, dessen Verkehrsschlamassel ja überaus beeindruckend ist, die besten Taxifahrer über Siebzig sind. Zahlreiche Pariser Taxifahrer gehen sogar schon an die Achtzig. Und gerade auf sie entfällt die bei weitem kleinste Unfallquote – absolut wie relativ.

Trotzdem – Selbstkritik tut auch hier not. Und die folgenden zehn Regeln für Autofahrer über Sechzig, von einer Psychologin zusammengestellt, sind sicher beherzigenswert:

1. Fahren Sie nach Möglichkeit keine zu langen Strecken mehr; Sie ermüden rascher als junge Leute. Wenn es jedoch nicht anders geht, machen Sie wenigstens öfter mal Pause.
2. Wann immer Sie sich ans Steuer setzen – vor allem müssen Sie ausgeschlafen sein (was natürlich ebenso für Jüngere gilt).
3. Sobald Sie merken, daß das Fahren Sie ungewöhnlich anstrengt, gehen Sie sofort vom Gaspedal. Hohe Geschwindigkeiten erfordern verstärkte Konzentration, und die wiederum führt zu vorzeitiger Ermüdung.
4. Wenn Sie es vermeiden können, fahren Sie lieber nicht nachts oder in der Dämmerung. Ältere Menschen haben oft ein schwächeres Nachtsehvermögen und eine höhere Blendempfindlichkeit.
5. Essen Sie vor und während der Fahrt möglichst wenig; besonders nichts, was Ihnen schwer im Magen liegt.
6. Wenn das Verkehrsgewimmel Sie merklich anstrengt und Ihre Nerven strapaziert, meiden Sie besser die allzu stark befahrenen Straßen und Stadtzentren.
7. Als Pensionierter können Sie es sich leisten, auf das Fahren

während des Berufsverkehrs zu verzichten. Richten Sie sich so ein, daß Sie von den verkehrsarmen Tageszeiten profitieren.

8. Nehmen Sie regelmäßig Medikamente? Dann fragen Sie unbedingt Ihren Arzt, ob diese Medikamente sich auf Ihre Fahrtüchtigkeit auswirken können; auch dann, wenn in der Gebrauchsanweisung nichts Entsprechendes vermerkt ist. Nach neuesten Untersuchungen haben Medikamente, die die Fahrtüchtigkeit reduzieren, den Alkohol als Unfallursache bereits überrundet.
9. In Ihrem eigenen Interesse empfiehlt es sich, sich in regelmäßigen Abständen – etwa einmal pro Jahr – vom Arzt auf Ihre generelle Fahrtüchtigkeit hin untersuchen zu lassen.
10. Wenn Sie erst im Alter das Autofahren erlernen wollen, gehen Sie auf alle Fälle schon vor der ersten Fahrstunde zum Arzt und fragen ihn nach seiner Meinung. Ist die Auskunft negativ, tun Sie besser daran, sich die Ausgaben für Fahrstunden und Führerschein zu ersparen.

Wer mit Autofahren aufhört, entzieht sich dadurch ja nicht dem Straßenverkehr; Fußgänger bleibt er immer. Und die Fußgänger sind noch weit mehr gefährdet als die Autofahrer, insbesondere in den Städten, die von Tag zu Tag mehr von der Blechlawine durchrollt werden.

Als Fußgänger werden alte Menschen vornehmlich in ihrer Reaktionsfähigkeit überfordert. Das heißt nicht etwa, wie Professor C. Haffter in der Schweizerischen Ärztezeitung es formuliert, daß die geistigen Leistungen der älteren Menschen abnehmen, wohl aber, daß sie sich bei psychomotorischen Aufgaben – wie der Fortbewegung im Straßenverkehr – auf charakteristische Weise von jüngeren Leuten unterscheiden. Da bei den Älteren die Geschwindigkeit der Auffassung abnimmt, verlängert sich die «Entscheidungszeit», das heißt, daß die Verarbeitung einer Information langsamer vor sich geht. Bei der Vielfalt von Informationen, die man im Straßenverkehr gleichzeitig beachten muß, können Ältere gegenüber Jüngeren also benachteiligt sein.

In der Praxis sieht das so aus: Wenn ein Jüngerer in eine

gefährliche Situation gerät, kann er oft noch rasch genug reagieren, wogegen der ältere Mensch, wenn er blitzschnell zwischen zwei oder drei verschiedenen Möglichkeiten die Wahl treffen soll, leicht überfordert ist. Er kann sich eben nicht so rasch entscheiden, wenn beispielsweise ein Auto seinetwegen anhält, ein zweites auf der Nachbarspur aber dahergerast kommt, ob er stehenbleiben, weitergehen oder zurücklaufen soll.

Und wie kann man sich vor kritischen Situationen dieser Art schützen?

Dazu können beide Seiten etwas beitragen: der Fußgänger, indem er sich korrekt an die Fußgängerstreifen und die Lichtsignale hält und nicht glaubt, die Straße sei für ihn allein da; der Autofahrer, indem er im Stadtverkehr nicht immer unbedingt auf sein Recht pocht, sondern noch vorsichtiger und rücksichtsvoller fährt und falsche Reaktionen im voraus einkalkuliert. Die Verständigung

> *Es wird das «Recht auf der Straße» verkündet. Die Straße dient lediglich dem Verkehr ... Ich warne Neugierige.*
> *T. von Jagow, Berliner Polizeipräsident (1910)*

zwischen Autofahrer und Fußgänger per Handzeichen wird noch immer zu wenig praktiziert oder – vor allem vom Fußgänger – falsch verstanden oder angewandt. Man kann genug alte Leute beobachten, die einfach ihren Arm ausstrecken und dann schnurstracks, ohne erst nach links und rechts zu schauen, die Straße überqueren. Offenbar sind sie sich gar nicht darüber klar, wie gefährlich ihr Tun ist.

Was für die Erhaltung der geistigen Fähigkeiten und der körperlichen Kraft und Beweglichkeit gilt, läßt sich auch auf den Straßenverkehr ummünzen: Wer nicht mehr trainiert, dessen Kräfte bauen sich im Alter schnell ab. Mit anderen Worten: Wer selten ausgeht, findet sich bald im Tohuwabohu der Straße nicht mehr zurecht und wird unsicher.

Die Verkehrserziehung älterer Fußgänger ist sicher lobenswert, doch allein damit, meint Professor Haffter, sei es nicht getan. Er kommt zu dem Schluß: «Hilfe können nur Maßnahmen bringen, welche die Anforderungen an den Fußgänger reduzieren, und zwar im Sinn der Vereinfachung und der Verlangsamung der Verkehrsregelung und des Fahrzeugstroms.»

Die «Verlangsamung der Verkehrsregelung» zielt darauf ab, die Grünlichtphase der Verkehrsampeln zu verlängern, weil ältere Verkehrsteilnehmer den Weg ans andere, ans rettende Straßenufer oft nicht in der vorgesehenen knappen Zeit schaffen.

Immerhin beginnen sie sich zu wehren. Der neunköpfige Seniorenbeirat in Hannover, ein auf Anregung des Oberbürgermeisters ins

> *Kein Problem wird gelöst, wenn wir träge darauf warten, daß sich andere darum kümmern.*
> *Martin Luther King (1929–1968)*

Leben gerufener Altenrat, der sich als Sprachrohr aller über Sechzigjährigen sieht, hat schon vor einigen Jahren die Verlängerung der Lichtphasen gefordert.

Solch eine beherzte und tatkräftige Lobby für die älteren Mitbürger möchte man jeder Stadt wünschen.

Man ist nur einmal alt!

Den Spazierweg, der bei Ottenbach im Kanton Zürich an der Reuss entlangführt, gab es noch vor ein paar Jahren gar nicht. Damals verlief der Weg weiter unten und wurde bei jedem Hochwasser des Flusses, also ziemlich oft, überschwemmt. Und ein Weg war es eigentlich auch nicht, eher ein Trampelpfad, gerade zwei Fuß breit. Der neue Weg ist so breit, daß zwei Personen bequem nebeneinandergehen können.

Viele kommen von weither, um von diesem idealen Wanderweg aus den Blick über die Reuss zu genießen. «Ein paar ganz prominente Persönlichkeiten sind darunter», erzählt Albert Hegetschweiler stolz. Er betrachtet die Spaziergänger dort quasi als seine Kunden; mit Recht, denn den Weg hat er angelegt, ganz allein und aus eigener Initiative.

Eigentlich wäre es ja Sache der Gemeinde gewesen, meint er, und auch für die Instandhaltung des Weges sei sie verantwortlich, aber für so etwas fehle es immer an Geld. Nach seiner Pensionierung – dreißig Jahre lang hatte er als Schweißer gearbeitet – beschloß er, die Sache selber in die Hand zu nehmen.

«Meine Arbeit ist zwar manchmal anstrengend», sagt er, «aber ich bin immer an der frischen Luft, und es macht mir viel Freude.» Drei Stunden jeden Vormittag gehen jetzt, nachdem der Weg fertig ist, für die Pflege drauf.

Von Arbeit stirbt kein Mensch, aber von Ledig- und Müßiggehen kommen die Leute um Leib und Leben.
Martin Luther (1483–1546)

Er hält den Weg pieksauber, duldet kein heruntergefallenes Herbstlaub und repariert sogar die Bänke, wenn es nötig ist; das Holz dafür überläßt ihm eine in der Nähe stationierte Militäreinheit. Und zu verbessern gibt es natürlich auch noch immer etwas. «Dort, wo der Weg so steil abfällt», überlegt Albert Hegetschweiler, «sollte ich eigentlich noch Stufen anbringen, damit die älteren Spaziergänger es leichter haben!»

Der ehemalige Schweißer hat es geschafft. Er hat für seinen Ruhestand, der in Tat und Wahrheit eher ein Unruhestand ist, eine Aufgabe gefunden, bei der er Nützliches leistet und die ihm Selbstbestätigung bringt. Viele nette Bekanntschaften trägt ihm seine freiwillige Arbeit auch noch ein, denn kaum jemand geht vorüber, ohne mit dem «Wegebauer» ein paar freundliche Worte zu wechseln und ihm verdientes Lob zukommen zu lassen.

Mit Dreißig oder Vierzig träumt es sich noch gut und angenehm vom Ruhestand. Mit Fünfzig und Sechzig werden die Träume schon mit einem Schuß Realistik durchsetzt; dann träumt es sich nicht mehr ganz so süß, denn nun geht es ja nicht mehr allzu lange, bis der Tag X Wirklichkeit wird. Manch einer beginnt sich vor der kommenden großen Freizeit sogar ein wenig zu fürchten und denkt voller Neid an die Leute in den freien Berufen, die zum größten

> *Ewige Freizeit – das müßte die Hölle auf Erden sein!*
> *George Bernard Shaw (1856–1950)*

Teil selber bestimmen können, wann sie mit ihrer Arbeit aufhören möchten; wenn überhaupt! Arzt oder Anwalt hätte man werden sollen, Schriftsteller, Schauspieler oder Maler; oder ein eigenes Geschäft sollte man haben – dann könnte man jetzt frei über seine Zukunft entscheiden.

Ein Hobby, denkt er, ein Hobby muß her – ein interessantes, fesselndes, rundherum befriedigendes. Das ist der Ausweg!

Die Vorstellungen von einem solchen Hobby sind oft allerdings recht illusorisch; von verwirklichungsreifen Plänen ist da noch nicht viel vorhanden. Der Wunsch, mit Fünfundsechzig noch über den Atlantik zu segeln oder Europa mit dem Fahrrad zu bereisen, wird sich zwar in Einzelfällen, kaum aber für die große Masse der Rentner realisieren lassen. Die Ausnahmen, die es auch hier gibt, sind dünn gesät.

«Könnte ich morgen nachmittag wohl frei haben?» fragt die Sekretärin, «Meine Großmutter . . .»

«Natürlich», unterbricht sie der Chef, «die berühmte Großmutter. Was ist denn mit ihr? Ist sie schwerkrank, oder müssen Sie gar schon zu ihrer Beerdigung?»

«Nein, nein», bekommt er zur Antwort, «aber sie macht morgen ihren ersten Fallschirmabsprung, und das möchte ich auf keinen Fall verpassen!»

Nun ja, ein hübscher Witz, in vielen Varianten immer wieder unter der Rubrik «Humor» zu lesen. Aber eben – ein Witz! Oder doch nicht?

Da landete die Amerikanerin Ardath Evitt kürzlich bei ihrem ersten Fallschirmabsprung aus tausend Metern Höhe mit einer Präzision in der Zielmarkierung, daß selbst ihr Lehrer verblüfft war. Es gab Applaus von allen Seiten. Mrs. Evitt war immerhin schon Vierundsiebzig und Urgroßmutter. Ihre Landsmännin, die mit einundsechzig Jahren noch fliegen gelernt hatte, startete mit Dreiundachtzig allein in einem Sportflugzeug und flog von Washington über Europa in den Nahen Osten. Und sie fand gar nichts Besonderes dabei.

Luftige Hobbies dieser Art sind sicher nicht jedermanns Sache und auch nicht die jeder Groß- und Urgroßmutter. Man kann ja auch auf dem Teppich beziehungsweise auf dem festen Erdboden bleiben. Doch für das Altershobby gilt wie für jede Vorbereitung auf das Alter die Devise: Früh genug damit anfangen! Wer erst

Das Steckenpferd ist das einzige Pferd,
das über jeden Abgrund trägt.
Friedrich Hebbel (1813–1863)

kurz vor der Pensionierung danach Ausschau hält, hat wenig Erfolg.

Denn nur fünf Prozent von denen, die mit Fünfundsechzig ein neues Hobby beginnen, bleiben auch tatsächlich «bei der Stange»; die anderen geben es schon nach kurzer Zeit wieder auf. Will man sich ein Hobby zulegen, sollte man sich schon zwischen Vierzig und Fünfzig darauf besinnen, was man mit Vierzehn oder Fünfzehn am liebsten getan hat. Und wozu man dann später durch die Anforderungen in der Schule, in der Ausbildung und im Beruf nicht mehr kam. Ein solch altes Steckenpferd wieder neu aufzuzäumen, lohnt sich allemal.

Hobbies gibt es mehr, als ein Dorfköter Flöhe hat. Die Frage ist jedoch, ob ein Hobby überhaupt ausreicht, die alten Tage auszufüllen. In manchen Fällen gelingt das sicher. Und am besten dann, wenn ein Ziel damit verbunden ist.

Da ist zum Beispiel der Rentner, der mit seiner Frau zusammen eine Reise ins ferne Ostafrika plant. Er verbringt viel Zeit mit der Vorbereitung. Und eines Tages kommt er – Perfektionist, der er ist – auf die ausgefallene Idee, Kisuaheli zu lernen. Seine Freunde lachen ihn aus, und seine Frau sagt: «Du bist ja wohl nicht ganz bei Trost; mit Englisch kann man sich doch heute überall verständigen.»

Ohne die Kenntnis der fremden Sprache wirst du niemals
das Schweigen des Ausländers verstehen können.
Stanislaw Jerzy Lec, polnischer Schriftsteller

Doch dann kommt der große Augenblick, wo ihn in einem kleinen Dorf in Kenya die Bewohner mit einem freundlichen «Jambo» begrüßen. Als er ihren Willkommensgruß in der Sprache des Landes erwidert und sogar eine erste kleine Unterhaltung ohne große Mühe über die Runden bringt, ist die Begeisterung groß, und er und seine Frau werden überall mit großer Herzlichkeit aufgenommen. Er wirft seiner Frau einen triumphierenden Blick zu und ist der glücklichste Mensch unter der Sonne Afrikas.

Wenn vom Hobby die Rede ist, denkt alle Welt ans Briefmarkensammeln. Dabei ist es fast unglaublich, wie viele Variationen zu diesem Thema es gibt. Und an manchen hat man nicht nur selber Spaß, sondern macht sich damit auch noch nützlich.

Oder wußten Sie etwa – Hand aufs Herz! –, daß man sich eine Wurm- und Madenzucht zulegen und damit Angler beglücken kann? Daß man Schmetterlinge züchten, sich auf das Entwerfen von Briefen an Behörden spezialisieren und sich als Spielplatzmutter oder Festköchin betätigen kann? In den Altenzentren liegen seitenweise Listen mit solchen Vorschlägen aus. Ich habe gerade eine vor mir, die 86 Positionen mit Vorschlägen für Naturliebhaber, Tierliebhaber, Bastler, Handwerker, Hausfrauen, kulturell Interessierte und sozial Begabte enthält.

Aber man kann noch weit mehr machen. So gibt es in Zürich seit Jahren eine eigene Seniorenbühne, die mit weithin beachteten Theateraufführungen an die Öffentlichkeit tritt. In Wuppertal trägt ein Ehepaar seit langem allerlei Krimskrams zusammen, den es der Wohlstandsgesellschaft aus dem Abfall gefischt hat. Inzwischen ist daraus ein Museum mit 6000 zum Teil recht wertvollen Stücken geworden.

Für einen siebenundsiebzigjährigen Mechaniker im Schweizer Kanton Aargau ist ein Bubentraum in Erfüllung gegangen: Er ist heute Lokomotivführer. Wenn er auf seiner 2-PS-Dampflokomotive thront und die Wagen mit seinen meist sehr jungen Passagieren spazierenfährt, würde er mit niemandem auf der Welt tauschen. Die Fahrt geht über eine 220 Meter lange Strecke auf – selbstverständlich ebenfalls selbstgebauten – Schienen rund um eine Pferdewiese. Daß die ganze Zugkombination nur Miniaturformat hat, tut seinem Stolz und der Begeisterung der Kinder keinen Abbruch. Pate dazu stand die Inselbahn von Wangerooge, und es liegt wohl am Nord-Süd-Gefälle, daß das Aargauer Bähnchen siebenmal kleiner ist als das Original. Als nächstes steht eine Dampflokomotive à la Wildwest auf dem Bastelprogramm; deren Fahrt wird dann sogar mit einer echten Stationsglocke der schweizerischen Bundesbahnen eingeläutet.

Eine Altersturngruppe organisiert mit viel Engagement und Fleiß regelmäßig Flohmärkte. Die alten Damen und Herren waren von dem Erfolg ihrer Idee selber überrascht, denn in sieben Jahren brachten sie damit fast eine halbe Million zusammen. Das Geld stifteten sie für den Bau eines Altenheims.

Das sind nur ein paar Beispiele dafür, daß man auch in seinen alten Tagen keineswegs auf der faulen Haut zu liegen braucht. Und wer es nicht im Alleingang schafft, seine Pläne in die Tat umzusetzen,

> *Auch das Nichtstun ist ein Metier; es stellt sehr viele Anforderungen. Nüchterne und fleißige Leute haben davon keine Ahnung.*
>
> *Robert Walser (1878–1956)*

der findet immer andere, die gern mitmachen. «Mitenand gaht's besser», lautet eine Schweizer Redensart, die sich auch bei solchen Aktionen bewahrheitet.

Unternehmungen dieser Art müssen nicht unbedingt durch den Beruf vorgeprägt sein – durch den bisherigen Lebensstil aber sind sie es fast immer. Wer schon mit Vierzig in der Passivität verharrt, kann nicht damit rechnen, daß er sich im Rentenalter so mir nichts, dir nichts zum Hansdampf in allen Gassen mausert.

Um den Übergang vom Berufs- zum Freizeitleben möglichst fugenlos zu bewältigen, streben viele Pensionierte eine Teilzeitarbeit an. Und das nicht nur der Abwechslung, sondern auch der zusätzlichen Verdienstquelle wegen. Doch diese Art Beschäftigung trifft in Zeiten der Arbeitslosigkeit auf ebensowenig Gegenliebe wie die gleitende, die flexible Pensionierungsgrenze, bei der jeder sein Rücktrittsdatum selber bestimmen kann. Um so erfreulicher ist es, daß bereits in verschiedenen Städten Selbsthilfegruppen entstanden sind; so etwa «Der tätige Lebensabend» in Emden, eine Initiative, die Teilzeit-Arbeitskräfte vermittelt und damit großen Zuspruch findet. Ob Hilfsarbeiter oder Gymnasiallehrer – für alle setzt die Gruppe sich ein.

Mit genügend Phantasie und etwas Glück kann sich jeder auf eigene Faust eine Gelegenheitsarbeit suchen. Im Zahnärztlichen Institut in Zürich zum Beispiel sitzt an mehreren Tagen in der Woche eine alte Dame, strickt Pullover und Schals am Laufmeter und lutscht dazu Bonbons.

> *Das Ungeheure des Lebens ist nur durch Zutätigkeit erträglich zu machen; immer nur betrachtet, lähmt es.*
> *Hugo von Hofmannsthal (1874–1929)*

Nur eine Voraussetzung für den süßen und wohlbezahlten Job (das Stricken ist lediglich eine private Nebenbeschäftigung) muß sie mitbringen: Sie darf nicht mehr sämtliche Zähne ihr eigen nennen; erwünscht ist eine Halbprothese. In einem falschen Zahn der Strickenden verbirgt sich eine winzige Sonde, die anzeigt, wie sich der Säuregrad auf dem Zahnbelag verändert. Auf diese Weise werden künstlich gesüßte Produkte getestet.

Einen Hauch von der geheimnisvollen Welt der Kunst bekommen andere zu schnuppern. Sie haben sich beim Fernsehen beworben und sind – weil ihr Typ gerade gefragt war – in die Statistenkartei aufgenommen worden. Für Fernsehfilme und ähnliche Produktionen bedarf es ja nicht nur der großen Stars, sondern auch des Fußvolks, das sich meist diskret im Hintergrund aufhält und von dort aus die Szene belebt. Wenn dann eine «Großmama mit Nickelbrille» oder ein «alter Herr mit Glatze und Wohlstandsbauch» gebraucht wird, bietet man sie anhand der Statistenkartei auf. Und sie haben die Möglichkeit, bei einer Sendung von A bis Z dabei zu sein und dem Fernsehen dabei nach Herzenslust hinter die Kulissen zu schauen. Gegen Gage, versteht sich. Schauspielerische Begabung ist nicht unbedingt erforderlich, wohl aber freie Zeit. Und gerade daran herrscht bei zahlreichen alten Leuten ja kein Mangel.

Oder kennen Sie die Pink Ladies? Sie kommen, wie ihr Name sagt, aus dem angelsächsischen Raum, und sie heißen so, weil sie früher einen rosafarbenen Kittel trugen. In den USA und in England gibt

> *Man wird beliebt, indem man sich bemüht,*
> *anderen nützlich zu sein.*
> *Pierre Jean Béranger (1780–1857)*

es sie schon seit Jahrzehnten. In der Schweiz haben sie den rosa Titel beibehalten, in deutschen Landen dagegen kleiden sie sich in dezente dunkelblaue Nadelstreifenkostüme und werden nach diesem Farbwechsel «blaue Damen» genannt.

Doch ob blau, rosa oder «blausa» – ihre Aufgabe ist überall die gleiche. Es handelt sich um freiwillige (und unbezahlte) Helferinnen in Krankenhäusern, die sporadisch eingesetzt werden. Unter anderem erfüllen sie ihre Funktion als Hostessen, weisen neuen Patienten den Weg durch das Gewirr der Korridore und helfen ihnen bei den Aufnahmeformalitäten.

Ihre Pflichten reichen aber noch weiter: Sie leisten den Bettlägerigen Gesellschaft oder führen Rollstuhlpatienten spazieren, begleiten sie zum Einkaufen und ins Café. Dann wieder waschen sie Kranken die Haare oder lesen ihnen vor, spielen Mühle oder

> *Denkt an das fünfte Gebot:*
> *Schlagt eure Zeit nicht tot!*
> *Erich Kästner (1899–1974)*

Schach mit ihnen und begleiten sie bei schönem Wetter in den Garten. Kurzum: Sie übernehmen den menschlichen Part der Pflege, für den die überlasteten Krankenschwestern zu wenig Zeit finden. Und sie sind die guten Engel der Spitäler.

Nicht nur Ladies, auch Gentlemen werden überall für diese stets willkommenen kleinen Dienstleistungen gesucht. Gerade männliche Patienten führen gern mal ein «Gespräch unter Männern» oder dreschen ebensogern einen zünftigen Skat.

Es gibt kaum eine dankbarere Aufgabe für ältere Menschen als diese, und bei kaum einer anderen haben sie so sehr das befriedigende Gefühl, gebraucht zu werden.

Möglichkeiten also in Hülle und Fülle, dem sogenannten dritten Lebensalter Sinn zu geben, es auszufüllen und sich auf jeden neuen Tag zu freuen! Man darf nur nicht die Hände in den Schoß legen und resignieren.

Wir haben heute die Chance, länger zu leben als die Generationen vor uns. Die Zeit nach der Berufstätigkeit umfaßt – wir wissen es – für viele ein Viertel, für manche sogar ein Drittel ihres ganzen Lebens. Wenn man sich beizeiten darauf vorbereitet, können es die schönsten Jahre des Lebens werden.

Der englische Mathematiker, Kulturphilosoph und Nobelpreisträger Bertrand Russell wurde siebenundneunzig Jahre alt. Er wußte also, worauf es im Alter ankommt, als er den folgenden Satz niederschrieb:

«Die Fähigkeit, Mußezeit und Ruhestand klug auszufüllen, ist die höchste Stufe der persönlichen Kultur, zu der sich wenige aufgeschwungen haben, die aber jeder erreichen kann.»

Versuchen wir es also auch – es wird sich lohnen. Schließlich ist man nur einmal alt!